作为他者的东邻

近现代日本知识分子的中国研究

何鹏举 著

中国社会科学出版社

图书在版编目（CIP）数据

作为他者的东邻：近现代日本知识分子的中国研究／何鹏举著.—北京：中国社会科学出版社，2023.6

ISBN 978-7-5227-1886-6

Ⅰ.①作… Ⅱ.①何… Ⅲ.①汉学—研究—日本—近现代 Ⅳ.①K207.8

中国国家版本馆CIP数据核字（2023）第092440号

出 版 人	赵剑英
责任编辑	吴丽平
责任校对	季　静
责任印制	李寡寡

出　　版	中国社会科学出版社
社　　址	北京鼓楼西大街甲158号
邮　　编	100720
网　　址	http://www.csspw.cn
发 行 部	010-84083685
门 市 部	010-84029450
经　　销	新华书店及其他书店

印　　刷	北京君升印刷有限公司
装　　订	廊坊市广阳区广增装订厂
版　　次	2023年6月第1版
印　　次	2023年6月第1次印刷

开　　本	710×1000　1/16
印　　张	18.25
插　　页	2
字　　数	225千字
定　　价	89.00元

凡购买中国社会科学出版社图书，如有质量问题请与本社营销中心联系调换
电话：010-84083683
版权所有　侵权必究

前　　言

本书以"近现代日本知识分子的中国研究"为主题，既是"以中国为目的"考察近代日本思想史的专题研究，同时又是"以日本为方法"思考近现代以来中国变革道路的理论探索。书名中所谓"中国研究"是指近现代以来日本知识分子对中国变革历程的研究。如果说存在的话，本书的创新之处是从"政道与政体的矛盾关系"出发，考察近现代日本国内以各种方式参与或研究中国变革的知识分子围绕"如何重构近代中国"这一课题所进行的思索。书中梳理、剖析了那些同时代的他者是如何认识、分析、评价中国变革道路的，并在前人的基础上形成了关于近现代日本思想史内围绕"中国研究"问题的新的学术话语。

书稿主要从典型人物思想研究和重大主题研究两方面出发，从历史纵向维度与领域横向维度来探究近现代日本思想家对中国变革道路的观察与思索。本书选取了学界公认的几位思想立场各异，但都对中国进行过独到研究或与中国具有千丝万缕联系的日本知识分子，包括对近代中国思想界产生过重要影响的思想家中江兆民；参与民国初年宪法制定的法学家有贺长雄；开创研究中国的"京都学派"的东洋史学家内藤湖南；长年旅居北京、时刻关注"二战"时局的汉学家中江丑吉；扎根中国大地、对中国政治社会变革抱有深刻认识的中国研究者橘朴；鲁迅的知音、对中国革命持同情理解态度的思想家竹内好；以及倡导以中国为方法来研究中国的思想史家沟口雄三等。本书通过兼顾人物与主题两个维度，研究典型人物的思想，分析他们的中国研究，从中寻找回答"如何重构近代中国"的理论线索。

在研究视角上，运用"政道与政体的矛盾关系"分析框架研究近现代日本思想史。通过分析明确在研究对象的思想中近现代中国政道与政体矛盾关系的各自呈现形式，探究研究对象为了解决中国所存在的政道与政体间的矛盾而进行的思想努力。

关于日本对近现代中国的看法，学界目前主要成果集中在日本的中国观等领域，存在忽略近现代日本是如何观察、思考中国变革这一更为本质问题的倾向。为此，拙作不仅涉及对中国的认识，更深入考察了近现代日本知识分子对中国变革道路在政体变革与政道价值上所具文明意义的探索。

正是在前述意义上，本书可以说是探索近现代日本知识分子研究中国变革的思想史的创新研究，如果这本小册子对完善关于近现代日本的中国研究这一学术领域的知识构建、为思考中国道路的相关理论建设能够有一点裨益的话，将是笔者的荣幸。同时，笔者也愿意同中日两国学界的师友们一道重新思考研究对方时所应采取的态度与方法，期待当代日本学界能够汲取他们前辈在研究中国问题时的经验与教训，反思其在近现代中国研究中的偏见与不足。

目 录

绪论 以日本思想史为方法 …………………………………（1）
 第一节 日本思想史何以成为方法——问题提起……………（1）
 第二节 传统意义上的"中国认识"——国内外
     研究现状……………………………………………（4）
 第三节 聆听东邻的声音——本书的目标……………………（7）

第一篇 跨越时空的对话

第一章 "改良""变法"抑或"革命"?
    ——近代中日两国的明治维新论 ………………（15）
 第一节 日本是如何维新的? ………………………………（18）
 第二节 维新的主体是谁? …………………………………（31）
 结语 近代中国与倒错的明治维新观 ………………………（37）

第二章 "余信真理":李大钊的日本经验与其真理
    世界观的形成 ……………………………………（42）
 第一节 李大钊的真理世界观 ………………………………（44）
 第二节 中江兆民与李大钊真理世界观的形成 ……………（49）
 第三节 幸德秋水与茅原华山对李大钊的影响 ……………（57）

结语　跨越时空　追寻真理 …………………………………… (62)

第二篇　追求理想政治

第三章　在旧政道与新政体之间
　　——日本"新儒家"有贺长雄的政体构想 ………… (67)
第一节　有贺长雄的中国观 ……………………………… (71)
第二节　有贺长雄的宪政观与对中国变革的观察 ……… (79)
第三节　日本"新儒家"的政体构想 …………………… (86)
结语　新文化与"新儒家"的碰撞 ……………………… (95)

第四章　历史中的人性
　　——"北漂"汉学家中江丑吉的中国观察 ………… (97)
第一节　"北漂"生活 …………………………………… (99)
第二节　求道古典 ………………………………………… (103)
第三节　洞穿历史 ………………………………………… (109)
结语　尊重人性的理想秩序 ……………………………… (114)

第三篇　传统思想资源的近代转化

第五章　日本中国学中的"中国模式"
　　——内藤湖南论近代中国的重构 …………………… (119)
第一节　中国的"内忧"与"外困" …………………… (122)
第二节　内藤湖南的"药方" …………………………… (133)
结语　另一种"中国模式"？ …………………………… (144)

第六章　王道政治如何成为可能？
　　——橘朴的王道论与近代中国 (146)

第一节　橘朴早期的王道论 (148)

第二节　王道政治重构中国 (160)

结语　与橘朴对话王道政治 (169)

第四篇　从特殊建构普遍

第七章　重读竹内好：中国革命如何成为"作为方法的亚洲" (173)

第一节　读不懂的竹内好 (175)

第二节　两种现代化 (178)

第三节　作为革命的现代化 (181)

第四节　永久革命？抑或现代化？ (185)

结语　作为方法的中国道路？ (188)

第八章　明清变革与现代中国
　　——沟口雄三的思想世界 (191)

第一节　中国从何处来 (193)

第二节　中国向何处去 (203)

结语　沟口雄三的思想价值 (208)

第五篇　构建可比较的话语

第九章　代议者如何负责？
　　——中江兆民的"有限委任论"与"一院两层"的代议制结构 (213)

第一节　中江兆民的议会观 …………………………………（216）
第二节　"有限委任论"的提出 ………………………………（223）
第三节　有限委任论视角下的一院两层制 …………………（230）
结语　创新中国的制度话语 …………………………………（239）

终章　为了世界的中国研究 ………………………………（241）

参考文献 ……………………………………………………（259）

人名索引 ……………………………………………………（277）

后　记 ………………………………………………………（281）

绪 论

以日本思想史为方法

第一节 日本思想史何以成为方法
——问题提起

> 据我看来，日本和中国的人们之间，是一定会有互相了解的时候的。
>
> ——鲁迅，1935年

近现代中国对于日本的思想界而言到底意味着什么？近现代日本的思想史又能给中国提供什么？正所谓：

> 一衣带水为比邻，同文同种若分身。
> 脱亚入欧成恶友，交好对立见知音。

这四句顺口溜里出现了几种很典型的描绘中日两国关系的话语，有的是客观现实的反映，比如"一衣带水"；有的近乎是想象，比如"同文同种"；有的则是一种理念，比如"脱亚入欧"，当然近代日本的历史并非单纯按照"脱亚入欧"的逻辑展开，但视中国为"恶友"的日本确实变成了中国的"恶友"甚至是"恶敌"，这也是周恩来总理所概括的"两千年友好，五十年对立"。不过无论从什么角度讲，恐怕世界上还没有哪两个国家间的关系如中日两国这样"剪不断理还乱"，所以当代有学者就用"分身"① 这样一个比喻来描绘两国历史的互鉴意义。也恰恰由于近代中日两国历史的深度相互嵌入，才有可能聆听到互为"他者"的不同声音。具体而言，本书是一部关于近现代日本政治思想史的专著，是一部研究近现代日本人中国论的著作，不过本书也仅是一部探究围绕"中国变革道路"的近现代日本思想史"支流"的小册子。

众所周知，近代之前中国是日本思想资源的最大提供者。到了近代，日本的思想曾经又一度影响到了中国的变革与重构。然而事情并没有那么简单，对于日本的思想界而言，"中国"始终是一个问题。这个问题影响到了日本的自我与他者认识，也影响到了日本对发展道路的选择，特别是近代以降，围绕中国的言说又成为日本思想史中的一条重要脉络，直接关系到日本的思想尤其是其政治思想的建构。可以说，中国足以成为剖析日本思想史的一个独特的切入点。

此外，近现代中国所走过的以革命、建设、改革为主题的艰辛而独特的道路，为凝练升华出以中国实践为源头的中国话语、中国学派奠定了坚实基础。近年来国内外学术界，围绕着"中国变革道路""中国模式"等热点理论问题展开了深入的研究。不过，无论是所谓的"北京共识"也好，还是"中国模式"也罢，学者们主要将目光集中在改革开放之后中国的发展历程。但正如越来越多的人所认识到的那样，历史的脉络是不能完全割裂的，中国的发展道路也应该放到更长视野的历史语境当中去考察，也即需要通过考察整个近现代中国的变革历程来思考中国道路问题。

---

① 参见李永晶《分身：新日本论》，北京联合出版公司 2020 年版。

"不识庐山真面目，只缘身在此山中"，他者的视角往往能够为我们更清晰地思考问题提供多样的研究线索。本书以"作为他者的东邻"为题的本意也就在于此。在近现代中国的发展历程当中，与中国关系最为密切，对中国变革历程产生影响最为巨大的一个国家，无疑就是日本。无论是清末的立宪改革，还是民初的宪政建设，或是后来的军阀割据、侵略战争等，在这些历史变局中日本对中国的影响是全面而深刻的。而就在这一系列历史进程中，又涌现出许多日本学者、思想家，虽然其学术专长各有不同，对中国的态度也各异，但他们都以极大的兴趣观察在中国所发生的一切变革，并做出了至今依然引人深思的论述。之所以他们的思考值得我们品味，是因为他们不仅是近现代中国的观察者、理解者，或在某种意义上说甚至是"知音"，更是因为他们所处的作为他者的立场。"中国"到底是什么，中国从何处来，处境如何，又会向何处去？围绕"如何重构近代中国"这一历史问题，他们都给予了不同角度的解答。而他们所具有的他者视角，则成了其所思所想的价值所在，这一点是需要我们时刻注意的。

因而可以说，中国与日本思想史之间呈现出了一种互为方法的关系。中国问题是考察日本思想史的切入点，而近现代日本思想史又可以为思考中国道路提供参考。所以，本书以"近现代日本知识分子的中国研究"为研究主题，重新审视近现代日本的思想成果，回顾那些同时代的身为他者的中国观察者们是如何认识、分析、研究中国问题，探索、评价中国变革道路的。相信本书对思考有关中国道路理论建设的问题将会具有一定的启示意义，同时也能够在一定程度上弥补近现代日本思想史研究中关于中国问题研究的理论空白。当然，这并非因为本书本身具有多么高的学术价值，而是由于所探究的研究对象都对中国有着深邃的认识。

第二节 传统意义上的"中国认识"
——国内外研究现状

之所以说本书的内容是日本思想史研究中的"支流",是因为目前围绕近现代日本的中国研究这一课题,主要成果都还是集中在日本的中国观、日本的中国认识等领域,代表著作有日方学者野村浩一的《近代日本的中国认识》[1]、马场公彦的《战后日本人的中国像》[2]、松本三之介的《近代日本的中国认识——从德川儒学到东亚共同体论》[3] 等,以及国内学者钱婉约的《从汉学到中国学:近代日本的中国研究》[4] 与杨栋梁等编著的《近代以来日本的中国观》[5]、王美平的《日本对中国的认知演变 从甲午战争到九一八事变》[6] 等。这些学术成果都是通史类型的研究,主要涉及日本的对华态度与对华政策,特别是探讨大亚洲主义等思潮对日本的中国认识的影响。比如,野村的著作主要从思想史的角度,讨论了大亚洲主义给日本政治家与学者的中国认识带来的负面影响。马场的著作则着眼于战后日本对华态度的变化,从冷战格局以及中日两国国内环境变化角度考察了日本知识文化界对华认识的演变,而松本的研究则在更长的

---

[1] [日] 野村浩一:《近代日本の中国認識》,研文出版1981年版。
[2] [日] 馬場公彦:《戦後日本人の中国像》,新曜社2010年版。
[3] [日] 松本三之介:《近代日本の中国認識——徳川期儒学から東亜共同体論まで》,以文社2011年版。
[4] 钱婉约:《从汉学到中国学:近代日本的中国研究》,中华书局2007年版。
[5] 杨栋梁等编著:《近代以来日本的中国观》,江苏人民出版社2012年版。
[6] 王美平:《日本对中国的认知演变 从甲午战争到九一八事变》,社会科学文献出版社2021年版。

历史视野中考察了日本对华蔑视观的起源与流变。此外，钱婉约的研究从学术史的角度梳理了近代日本中国研究的发展脉络，杨栋梁等的系列著作则聚焦于近代以来日本一直存在的对中国的"蔑视感"及"中国亡国论"等现象，深入分析这些思潮是如何左右日本中国观的形成的，王著则梳理了近代日本对中国改革、革命、转型与统一的否定、逆解、贬低与排斥。这些研究无疑对于我们了解日本如何看待中国具有很大帮助，不过此类研究所共有的一个问题是，其视角停留在"认识"层面，属于就"认识"谈"认识"的研究，其理论框架也多拘泥于"亚洲主义"等静态范式，忽略了近现代日本是如何观察中国变革道路、思考如何重构中国这一更为本质的问题。因此很有必要进一步从思想史角度，深入挖掘近现代日本对中国变革问题研究的思想成果，唯有如此，才能更加全面而深刻地理解日本对中国的认识。

而从特定角度，例如特定主题或人物群体、特定历史阶段研究近代日本人的中国论的著作在最近一些年来也开始崭露头角。钱昕怡的《近代日本知识分子的中国革命论》[①]、刘家鑫的《日本近代知识分子的中国观——中国通代表人物的思想轨迹》[②]、薛天依的《辛亥革命至国民革命时期日本的对华认识》[③]、赵京华的《中日间的思想：以东亚同时代史为视角》[④]、刘岳兵的《近代中日思想文

---

① 钱昕怡：《近代日本知识分子的中国革命论》，中国人民大学出版社 2007 年版。

② 刘家鑫：《日本近代知识分子的中国观——中国通代表人物的思想轨迹》（第二版），南开大学出版社 2015 年版。

③ 薛天依：《辛亥革命至国民革命时期日本的对华认识》，社会科学文献出版社 2019 年版。

④ 赵京华：《中日间的思想：以东亚同时代史为视角》，生活·读书·新知三联书店 2019 年版。

化交涉史研究》①及笔者在日出版的《政道与政体——近代日本的中国观察》②就是这一研究趋势的代表。钱著将视角定位于中国的革命运动，挖掘近代日本知识界对于中国革命道路的考察与思索，通过对大隈重信、长谷川如是闲、吉野作造等人的详细分析，展现了近代日本知识界对中国革命运动乐观与悲观、理解与否定等多种态度与评价，并深入讨论在这些论述背后两国民族主义的碰撞所带来的冲击。刘著将研究聚焦于后藤朝太郎与长野朗两位近代日本的"中国通"，将"中国通"与所谓的"日本浪人"区分出来，给予他们一个准确的历史定位，并客观总结了近代日本"中国通"的复杂性格与思想特征。薛著将研究的时间段严格限定在了辛亥革命至国民革命期间，探究了内藤湖南、吉野作造、北一辉等人关于辛亥革命、五四运动、北伐战争等历史事件的评价与看法，归纳出这一时期日本对华认识的性格特征与思想类型。赵著旨在构筑思想、文学上的中日同时代史，以鲁迅、橘朴、尾崎秀实等为研究对象，勾勒出中日间你来我往的"思想连锁"，还原20世纪东亚思想、文学的历史原生态。而刘岳兵则通过中日思想文化间的互动研究纠正了以往片面强调日本对中国的影响的单向思维定式，深入分析近代日本知识建构中的中国因素的作用。笔者2016年出版的小著则着重讨论围绕政体变革的近代日本知识分子的中国研究，归纳出"变革旧政道以建立新政体、为巩固新政体而寻求新政道"这样两条近代日本的中国研究的思想脉络与近代中国变革的历史脉络。笔者试图探索日本政治思想史学科内"中国研究"的新领域，同时也提出了观察近代中国变革道路的"政道与政体的矛盾关系"这一新理论视角。不过，前述几项研究在不同程度上都存在着研究对象相对局

---

① 刘岳兵：《近代中日思想文化交涉史研究》，江苏人民出版社2019年版。
② 何鹏举：《政道と政体——近代日本における中国観察》，劲草书房2016年版。

限、涉及领域相对单一、宏观视野欠缺等问题。

为了进一步深入对日本的中国研究这一学术领域的探索，也为了更加全面地分析近现代日本对中国道路的观察与思考，十分有必要在上述先行研究的基础之上，将视角和时间跨度进一步扩展，不仅仅涉及对华认识、革命运动或政体变革的分析，还需要在文明论、社会变迁、文化多元性等领域探讨近现代中国变革道路的意义，特别是近现代日本知识分子对这一问题的思考，以期最终获得一个相对完整且立体的近现代日本的中国研究。

第三节　聆听东邻的声音——本书的目标

本书的目标是，在进一步检验"政道与政体的矛盾关系"这一理论假设的同时，勾画出近现代日本知识分子观察分析中国变革道路的更加全面的思想图景，最终为重新理解日本的对华认识与思考中国道路的理论建设提供有益参考。

而说到近代中国的日本知音就不得不提及宫崎滔天，他是近代日本史上为数不多的诚心实意投身于中国革命的日本人，他把自己的"共和之治"这一在日本无法实现的梦想寄托于孙中山及革命党，为此奔波辛劳了大半生。[①] 青年毛泽东曾致信称赞他"高谊贯于日月，精诚动乎鬼神"。本书接下来所涉及的研究对象则不如宫崎滔天那样纯粹，个别人甚至还被认为是"问题人物"，然而正是因为声音的复杂，他们的思想理路才更值得我们深入探究，他们能给中国的启示也才更加深厚，值得我们细细品味。

为此将主要通过典型人物思想研究和重大主题研究两个方法从历史纵向维度与领域横向维度，来探究近现代日本知识分子对中国

---

① 参见何鹏举《革命から改造へ——宫崎滔天の夢と中国》，《日本研究》（日文研）2016年第52集。

变革道路的观察与思索。通过对典型人物的中国论的一系列研究回答围绕中国变革道路的相关重大理论课题。在接下来的章节中,笔者选取了在学术界公认的几位思想立场各异、但对中国进行过独到研究,或与中国具有千丝万缕联系的日本知识分子,包括:中江兆民、有贺长雄、中江丑吉、内藤湖南、橘朴、竹内好、沟口雄三等;涉及的主题包括:政治真理与优良政体、文明的传承与民族国家建构、传统社会的转型与传统思想的近代转换、革命与现代性、特殊性与普遍性等理论课题。通过研究典型人物的思想,分析他们的中国研究,从中寻找回答上述问题的线索,并进一步检验"政道与政体的矛盾关系"这一观察分析近现代中国变革道路的理论假设。

本书的主体内容分为五篇共十章。第一篇,以跨越时空的对话为主题,展现近代中日两国思想界的"分流"与"共振"。第一章以近代中日两国的明治维新论为切入点,分析两国知识分子思维方法的差异。自明治维新之后,日本走上了与中国不同的变革道路,而两国思想界也同样分道扬镳。可以说造成近代中国知识分子难以洞察明治维新革命性特质的一个重要原因在于,他们的明治维新论的出发点是基于其改革主张的需要,这种基于误读他者的明治维新观给重构近代中国的探索造成了不可估量的负面影响。第二章以李大钊为典型案例探究近代日本的思想资源对其真理世界观建构的影响。近代中日思想界之间不仅出现了"分流"也存在着相互作用,特别是近代日本的思想成果曾经成为近代中国思想家建构其思想的资源。本章向读者展示了一次近代中日间意想不到的思想"共振"。通过李大钊的个案,笔者认为近代日本政治思想的一脉在追求真理的政治观念上潜移默化地影响了中国知识分子对新政道的追寻。

第二篇,围绕思考中国变革时遇到的政治真理与优良政体、文明的传承与民族国家建构等课题,深入分析有贺长雄与中江丑吉的思想。第三章分析了有贺长雄为民国宪法草案提出的建议与当时中国社会所经历的新文化变革之间所产生的深刻矛盾。有贺长雄作为法学家先后参与了接待清末宪政考察团和民国初年的宪法制定过程。笔者认为有贺对于中国的文明传承有着独到的理解，希望能够在文明传承的基础上建设以大总统为核心的新政体。但由于有贺的制宪主张，目的在于改革新生共和国的代议制政体以和旧政道相互协调，当旧政道不再成为中国社会共识之时，他的政体试验就难免失败的结局。第四章剖析了在马克思主义影响下中江丑吉从中国传统思想中寻找思考中国未来走向密码的探索。中江丑吉是一位长期旅居北京的汉学家，他对于中国古代政治思想与德意志哲学进行过深入而独到的研究。中江丑吉对基于关怀人性和尊重生命的新政道的追求，是他能够超越狭隘的极端民族主义而勇于批判其祖国日本的法西斯侵略行径的思想根源，也是他超越"中国停滞论"而对近代中国的重构寄予期待的主要动力。

第三篇，聚焦传统社会的转型与传统思想的近代转换，这是思考如何重构近代中国的重要环节，为此将探究内藤湖南与橘朴的思想。第五章聚焦内藤湖南提出的带有殖民色彩的解决重构中国问题的方案，揭示其思想理路与内在矛盾。内藤湖南作为近代日本杰出的"东洋史学家"，对民国时期的政治精英持极为否定的蔑视态度，他把重构中国的希望寄托于传统基层社会——通过"国际管理"来稳固"乡团"。然而，内藤湖南希望通过"外部"势力以维持旧政道来适应共和制新政体的探索在思想理路上自相矛盾，因而也是注定要失败的。第六章解析了橘朴的王道论与其提出的通过政党重构中国基层社会主张之间的理论关系。橘朴是近代日本著名的中国研究者，对中国社会特别是中国的农村有着深入的考察和独到的理解。即便20世纪30年代"转向"后，他也不曾放弃对于如何重构中国这一命题的思考，并进行了将传统的"王道"思想运用于中国建设的理论尝试。可以说橘朴的王道思想中包含了许多矛盾的成分，但其重视理论建构，重视解决基层问题的思路仍具有时代意义。

第四篇，指出回答革命与现代性、特殊性与普遍性等问题是审视重构近代中国时需要面临的重大课题，竹内好与沟口雄三为解答这些问题提供了契机。第七章通过解读竹内好的思想，思考了中国革命对回答"作为方法的亚洲"这一命题的贡献。竹内好是现代日本的一位中国文学研究者和思想家。为了能够实现"近代的超克"这一历史任务，他提出了"作为方法的亚洲"的命题。笔者认为沿着竹内好的思想理路，中国革命展现出的价值转化的实践经验可以成为思考在超越"现代性"问题上"中国道路"所具政道价值的新契机。第八章通过对沟口雄三的中国论，特别是其"明清变革"说的考察，进行了从特殊性出发建构起新的普遍性的尝试。沟口雄三是当代日本的中国思想史学家，沿着竹内好的思路，他提出"作为方法的中国"这一命题。读者会看到，沟口雄三的目标不是在于普遍性的建构，而是在于对特殊性的彻底追求，沟口始终站在人类的立场上思考中国问题，他也期待中国能够以参与创造新的人类普遍原理的精神创造新的基体，开展新的思想、社会变革实践。

第五篇，将从政治思想史过渡到政治制度史的比较研究，为建构可比较的中国制度话语提供思路。第九章剖析了中江兆民的政体思想对现代中国代议制度设计的借鉴价值以及完善中国人大制度的可能路径。中江兆民被称为"东洋的卢梭"，他虽然没有直接大量地开展针对近代中国的研究，却提出了以"有限委任论"为核心的政体思想，并对近代西方的代议制展开批判性分析。然而，与世界上大多数国家的议会不同，人民代表大会是基于"有限委任"原则的，同时还通过"一院两层"制结构在理论上克服了有限委任自身存在的缺陷。笔者相信坚持"有限委任"并充分发挥"一院两层"

的制度灵活性优势是当代中国创造新的人类政治文明的可能路径。在终章将对以上各章内容进行汇总，深入发掘贯穿这些思想资源内部的思想理路。作为本书的主要观点将指出：近现代日本思想史中关于中国问题的研究与日本思想界围绕现代性的思考具有"一体两面"的本质关联，解决近代以来中国所面临的政道与政体间矛盾关系，是本书所考察的日本知识分子在思考如何重构近代中国时所关注的主要问题，近现代中国的变革与发展也是在不断处理政道与政体间矛盾中进行的，而创造出一套全新的、相互协调适应的政道与政体将是中国道路对人类政治文明的历史贡献。

综上，本书是一部关于近现代日本思想史里的中国变革道路问题研究的阶段性学术成果，期待能够为思考有关中国道路的理论建设问题提供思想史意义上的借鉴。

最后还需要向读者简单介绍一下本书的主要研究方法。为了解决研究中遇到的重点与难点，首先采用的是政治思想史的研究路径。其核心是通过历史纵向维度的典型人物研究与横向维度的重大主题研究来探究近现代日本知识分子对中国变革道路的观察与分析。所谓典型人物是指近现代日本中以各种形式参与或研究中国变革的重要知识分子，而重大主题是指前述所列思考近现代中国变革时不可忽视的多重维度。

其次，通过扩大研究对象与领域，进一步检验"政道与政体的矛盾关系"这一分析框架的有效性。在本书中，政道是为政体提供支持的意识形态、思想理论与基于前者的具体方针政策的统称；政体则是指政治体制，包括前近代的君主制及近现代的代议制等。[1]本书将探究"政道与政体的矛盾关系"的呈现形式给前述日本知识

---

[1] 参见王绍光《理想政治秩序：中西古今的探求》，生活·读书·新知三联书店2011年版，第89—91页。与王绍光提出的"政道思维"与"政体思维"的二元对立不同，在本书中所强调的是政道与政体之间的动态的矛盾关系。

分子的中国研究所带来的影响。

此外，本书还采取了多学科交叉综合研究的方法，比如围绕思想史问题采用文献分析的方法，而围绕具体政治制度变革的过程，则采用政治学中制度主义特别是新制度主义的方法。同时注重比较研究，既有不同时代人物间思想的纵向比较，也有中日两国间思想的横向比较。另外，近现代中国的变革又不仅仅限于政治领域，还是一个全社会领域的变革，因此本书还重视文化乃至文学思想等在这一过程中的作用，通过对包含文化论等更广范围文本的分析，探究近现代日本知识分子关于中国道路的文化价值与文明意义的讨论。

第一篇

跨越时空的对话

近代以来中日之间发生了持久而影响深远的思想互动，第一篇将通过比较与案例的方法，向读者展示两场跨越时空的对话，呈现中日思想界间的"分流"与"共振"。

明治维新之后，日本成为中国有识之士观察、评论、模仿和比较的对象。关于维新的原因、过程和主体，以黄遵宪、康有为等为代表的知识分子注意到了"尊王攘夷"主张的推动作用，他们把维新看作是一个改良的过程，特别是康有为更加强调制度变革的重要性和天皇个人的领导作用。而作为明治维新的经历者，福泽谕吉、大隈重信等则把维新的原因归于冲破封建门阀制度的历史潮流，同时认为这是一场充满变数、前所未有的政治和社会革命。比起个人，他们更看重在这个过程中由下级武士构成的组织性政治力量的作用。造成近代中国知识分子难以洞察明治维新革命性特质的一个重要原因在于，他们的明治维新论的出发点是基于其改革主张的需要，是一种典型的缺乏"他者"意识的日本研究。而基于误读的"他者"研究，又给近代中国对新政道的探索产生了不可估量的负面影响。

作为中国马克思主义最早传播者之一的李大钊，其思想在留日期间发生了巨大变化。一方面，在保持了对现实强烈关注的同时，他树立起了"追求真理、信仰真理、实践真理"的真理世界观。而影响李大钊真理世界观形成的日本因素主要是中江兆民追求政治之理的政治思想。另一方面，幸德秋水的崇高形象也促进了李大钊真理世界观的建构，而茅原华山关于文明的地理决定论则为李大钊提供了最初的真理的实质内容。李大钊还通过一系列努力，在思想上成功地处理了自由、权力与真理世界观之间的矛盾，为最终全面接受马克思主义信仰铺平了道路。通过李大钊的个案，我们可以看到近代日本政治思想是如何潜移默化地影响了中国知识分子对新政道的追寻。

第 一 章

"改良""变法"抑或"革命"？

——近代中日两国的明治维新论

呼天不见群龙首，动地齐闻万马嘶。
甫变世官封建制，竞标名字党人碑。

曾长期驻日的黄遵宪在晚年给自己的《日本杂事诗》中加入了这样一首回忆明治维新的诗。[①] 可以说，黄遵宪的这一首诗道尽了明治维新的奥秘，而作为历史事件的明治维新距今也有150余年了，迄今为止人们的评价却仍然是众说纷纭。当我们把明治维新看作是从其前奏即"王政复古"一直持续到明治宪法颁布的历史变革进程时，这一进程所包含的历史意义与影响又是深刻而持久的。因此，近代以来许多中国的仁人志士都把明治维新作为观察、评论、模仿、比较的对象。而将明治维新与近代中国的变革历程进行比较则更成为当代学界的一个热门话题。比如研究者们非常热衷于将明治维新与戊戌变法或清末新政进

---

① 黄遵宪：《日本杂事诗》，《黄遵宪全集》上册，中华书局2005年版，第9页。

行比较,①还有人甚至将时间段上相对重叠的洋务运动拿来作为比较的对象。②虽然日本学者井上清早已指出,从性质上讲与洋务运动具有可比性的是幕末改革而非明治维新,③但国内学界仍然乐此不疲。其实,这些比较研究背后所隐藏的是研究者对于明治维新这一变革历程性质的判断。也即人们更愿意将明治维新看作是一场"改良"运动而非"革命"或其他。

在日本同属马克思主义史学的"讲座派"与"劳农派"围绕明治维新曾展开过激烈的论争,而"劳农派"的"资产阶级革命"说传入中国后,"不彻底的资产阶级革命"说则一度成为描绘明治维新的教条式论断,虽然这一论断也饱受争议,④但"不彻底性"的言说仍然是将明治维新与中国的改良运动相比较的逻辑基础。近年随着日本学界对近世、近代历史的重新解读,认为明治维新就是一场持久的政治、社会革命的观点逐渐成为主流,"明治革命"或"维新革命"的提法层出不穷。比如,渡边浩从明治维新前近世日

---

① 相关研究参见王晓秋《戊戌维新与明治维新之比较》,《文史知识》1998年第6期;田正平、良小朋《中国和日本近代化改革的比较考察——以戊戌变法和明治维新为中心》,《浙江大学学报》(人文社会科学版)1999年第6期;冯帆《从改革主体看中日改革的差距——明治维新与戊戌变法成败缘由新探》,《湖北社会科学》2009年第5期;贾艳《对明治维新与戊戌变法的比较研究》,《济南职业学院学报》2014年第3期,以及许知远主编《脆弱的新政:明治维新与清末新政比较》,《东方历史评论》(14),贵州人民出版社2018年版。

② 相关研究参见崔新京《关于中国"洋务运动"和日本"明治维新"的文化思考》,《日本研究》1999年第2期;呼艳芳《从洋务运动和明治维新看近代中日改革之成效》,《内蒙古农业大学学报》(社会科学版)2012年第6期;周杰生《制度变迁理论视角下的洋务运动与明治维新之比较》,《中共福建省委党校学报》2017年第12期等。

③ [日]井上清:《中国的洋务运动与日本的明治维新》,《近代史研究》1985年第1期。

④ 刘毅:《关于明治维新性质的几点质疑》,《日本研究》2001年第1期。在文中,作者就指出明治维新前日本并不存在所谓的"资产阶级",是维新创造了"资产阶级",而不是"资产阶级"进行了一场"不彻底的革命"。

本所积累的社会、思想变化与维新后所带来的巨大社会变革两个角度，将明治维新与法国大革命相比较，认为两者在产生的原因与所带来的变化上具有高度的可比性。① 而在日法籍学者蒂里（音）从消极意义上指出，明治维新与法国大革命在革命过程中的死亡人数、革命后向威权体制发展等方面都具有高度相似性。② 苅部直则从文明的连续性角度上论证日本的文明开化并非始于明治维新，明治维新本身源于一场起于19世纪的"漫长的革命"，是近世日本社会、思想内在变革与近代西方相遇后所产生的革命性成果。③

前述日本学界的研究是揭开了明治维新的另一面还是民族主义情绪的"自卖自夸"，为什么中日学界对明治维新的看法如此截然不同，这些差异难道仅仅是因为学者的身份？从思想史角度看到底是什么因素影响了中日两国对明治维新这一变革过程的性质判断？为了解答上述问题，本章将视线再次投放到19世纪下半叶至20世纪初，围绕日本如何"维新"与谁推动了"维新"的两大问题，通过梳理近代中日两国典型人物的明治维新论试图寻找到两国明治维新观差异的思想根源。当然，由于篇幅有限，涉及的研究对象只是少数影响力较大的知识分子或政治家，并不能构成中日两国明治维新论的全景，但通过下文的分析，本章将给读者展示的是一种为两国明治维新观差异提供有力解释的思想史假说。并且，读者还能在这一过程中体味到双方在观察、分析问题时展现出的思维方法上

---

① ［日］渡辺浩：《アンシャン・レジームと明治革命——トクヴィルをてがかりに》，松本礼二等（編）：《トクヴィルとデモクラシーの現在》，東京大学出版会2009年版，第222—246頁。

② 参见［法］Guthmann Thierry《明治維新とフランス革命の類似——日本史の独自性神話批判》，《人文論叢》2013年第30号。

③ 参见［日］苅部直《「維新革命」への道——「文明」を求めた十九世紀日本》，新潮社2017年版。国内学界实际上对于明治维新前日本的思想变革也早已有所关注，最近研究参见郝秉键《试论明治维新的思想条件》，《中国高校社会科学》2016年第6期。

的显著差异。

第一节　日本是如何维新的？

"维新"一词在中文文献中最早见于《诗经》，在《诗·大雅·文王》中有"周虽旧邦，其命维新"之语。实际上，在此处"维新"一词虽然不如"革命"那样的直白而激烈，但也已经蕴含了"天命"变更的意义。而于1868年年初在日本发生的那场重大变革，首先是用"王政复古"一词来形容的，以天皇名义发布的"王政复古之大令"宣布诸事要"基神武创业之始"。① 在此之前，朝廷的重臣岩仓具视曾经就"王政复古"一事征求过日本国学者玉松操的意见，得到的回答是"当基神武帝之肇基，图寰宇之统一，以从万机之维新为规准"，在这里复古成为具有革命意义的维新的启动力量。② 然而即便"复古"与"维新"可以在国学者的思想中达成统一，但在现实中"复古"又如何能成为"维新"呢。维新又是如何展开的呢。首先，让我们重新审视一下同时期中国人的维新观察。

一　"势也"

清末时期，人们十分关注日本的动向。比如由傅兰雅、林乐知创办的《上海新报》就对日本给予了持续报道，据考证在王政复古20个月后，该报就介绍了日本的政治制度变革并认为日本通过学

---

① 《王政復古ノ大号令》，[日]多田好问：《岩仓公实记》，皇后公职1906年版，第148页。

② [日]苅部直：《「維新革命」への道——「文明」を求めた十九世紀日本》，新潮社2017年版，第51页。

习西方必能"日益富强"。① 而"明治维新"一词最早见诸报端则是在1883年,《申报》报道了日本树立大久保利通与木户孝允铜像的新闻,在其背景资料中说"日廷近来悉仿西法,自明治维新以来,所有功臣例准立像,永远供奉,以垂不朽"。② 不过这一时期,《申报》对于明治维新并未持一味赞赏的立场,其对日本的态度也仍然没有摆脱"天朝上国"的心态。③ 这种对明治维新亦褒亦贬的看法也并非《申报》所独有,曾经于1879年应邀参访日本的王韬就在其《扶桑游记》中指出,"余谓仿效西法,至今日可谓极盛;然究其实,尚属皮毛。并有不必学而学之者;亦有断不可学而学之者。又其病在行之太骤,而摹之太似也"④。由于明治维新不仅仅是物质上的"富国强兵",同时还包含了制度上的"变法",所以在这一时期具有儒学修养的知识分子对此多持疑虑。比如,1881年朝鲜曾经派出了大型赴日考察团,而这个"朝士视察团"的大多数成员也对明治维新采取了二分法,一方面赞赏其物质文明的成就,一方面对日本全盘西化表示疑虑和反对。⑤ 当然,前述的新闻报道或评论都还属于"走马观花"式的感想,真正称得上对明治维新和日本进行深入细致考察的文献还要数黄遵宪的《日本国志》。

黄遵宪从1877年起出任清政府的驻日参赞,就在王韬访日并结识了黄遵宪的1879年冬,黄遵宪开始着手《日本国志》的写作,几经周折、增补历时8年最终成稿,而正式出版则又是等了8年。《日本国志》是一部对日本历史和现实进行全方位考察的重要著作,

---

① 郑翔贵:《晚清传媒视野中的日本》,上海古籍出版社2003年版,第14页。
② 《申报》,第3736号,1883年,国家图书馆藏。
③ 郑翔贵:《晚清传媒视野中的日本》,上海古籍出版社2003年版,第94—96页。
④ 王韬:《漫游随录·扶桑游记》,湖南人民出版社1982年版,第248页。
⑤ 张礼恒:《朝鲜人眼中的日本明治维新——以1881年"朝士视察团"鱼允中的记录为中心》,《东岳论丛》2014年第11期。

黄遵宪在书中对维新前奏的王政复古过程进行了详细描述，力求符合史实本来面貌，并且还同步记录了正在进行的维新变革。对于明治维新的根本动力，黄遵宪在其"外史氏曰"的短评中认为这是"势"之所驱，而非某个人或团体的意志。

> 德川氏之盛时，诸侯凡二百六十余国。……以故父老子弟不见兵革，世臣宿将习为歌舞，弦酒之欢溢于街巷，欢虞酣嬉，二百余载，可谓盛矣。夫源氏种之，织田氏耕之，丰臣氏耘之，至德川氏而收其利。柳子厚曰："封建之势，天也，非人也。"岂其然乎？抑非德川氏之智勇，不克收此效乎？然如津岛之萨摩，毛利之长门，锅岛之肥前，始于足利、织、丰、之间，袭于德川之世，族大宠多、兵强地广，他日之亡关东而覆幕府，又基于此。斯又人事之所料不及者矣。①

"封建之制"对于德川氏而言可谓是"成也萧何，败也萧何"，在黄遵宪看来大势所趋，首先就体现在"变封建为郡县"的制度变化上，而其背后的推动力非别恰恰是"汉学之效"②，即《春秋》学说的普及。他说"前此之攘夷，意不在攘夷，在倾幕府也；后此之尊王，意不在尊王，在倾幕府也。嗟夫！德川氏以诗书之泽，销兵戈之气，而其末流祸患，乃以《春秋》尊王攘夷之说而亡，是何异逄蒙学射，反关弓而射羿乎？"③ 其次，这种势的推动还体现在维新后的制度变革上，黄遵宪分析指出，由于德川时代的封建统治

---

① 黄遵宪：《日本国志·卷三》，《黄遵宪全集》下册，中华书局2005年版，第928页。

② 黄遵宪：《日本国志·卷三十二》，《黄遵宪全集》下册，中华书局2005年版，第1410页。

③ 黄遵宪：《日本国志·卷三》，《黄遵宪全集》下册，中华书局2005年版，第929页。

导致了"上之于下,压制极矣。此郁极而必伸者,势也"。所以维新之后,为了巩固政权,"务结民心",日本才采取了"悉从西法"的改革措施。① 另一方面,就在黄遵宪编纂《日本国志》期间,日本国内围绕立宪法、开国会也展开了各种斗争。而这一切,黄遵宪同样认为也是因"势"所致。

独于泰西最重之国会,则迟迟未行,曰国体不同也,曰民智未开也,论非不是,而民已有所不愿矣。今日令甲,明日令乙,苟有不便于民,则间执民口曰西法西法;小民亦取其最便于己者,促开国会亦曰西法西法。此牵连而并及者,亦势也。②

就在这种"势"的推动下,黄遵宪记载说"朝廷下诏已以渐建立宪政体许之民,论其究竟,不敢知矣"。③ 可以看出,在黄遵宪的笔下,明治维新首先是由于"汉学之效"引发的、以"尊王攘夷"为名义打破德川封建之制的"顺人心"的政权交替,同时还是一场为了"结民心"而展开的"悉从西法"的社会变革。因而,这一变化过程是渐进的,且不是一帆风顺的。黄遵宪对此也毫不讳言,比如他指出维新"其所失,在易服色,变国俗,举全国而

---

① 黄遵宪:《日本国志·卷三》,《黄遵宪全集》下册,中华书局 2005 年版,第 929 页。

② 黄遵宪:《日本国志·卷三》,《黄遵宪全集》下册,中华书局 2005 年版,第 930 页。需要注意的是,国志卷三之后的本段"外史氏曰"的内容是于黄遵宪参与戊戌变法期间所增补,黄本人在驻日起初阶段对日本的制度改革颇感忧虑,经阅读卢梭、孟德斯鸠等著作和考察欧美后才有所变化,此处所表达的较为谨慎中立的态度乃是其戊戌期间的看法。参见戴东阳《论黄遵宪对日本明治维新的认识》,《日本学刊》2018 年第 3 期。

③ 黄遵宪:《日本国志·卷三》,《黄遵宪全集》下册,中华书局 2005 年版,第 930 页。

步趋泰西，凡夫礼乐制度之大，居处饮食之细，无一不需之于人，得者小而失者大，执政者初不料其患之一至于此也。迩年来，杼柚日空，生计日蹙，弊端见矣"。① 表面上，黄遵宪的看法与王韬等人类似，担忧日本的制度变革，实际上这是明治维新的复杂性在作为记录者的黄遵宪笔下的真实反映。随着维新成果的逐渐显现，也随着黄遵宪对日本和西方了解的日益加深，到后来他很自然地对明治维新给予了全面肯定。② 他在《日本杂事诗》的自序中就透露说，"及阅历日深，闻见日拓，颇悉穷变通久之理；乃信其改从西法，革故取新，卓然能自树立。……久而游美洲，见欧人，其政治学术，竟与日本无大异。今年日本已开议院矣，进步之速，为古今万国所未有"③。综上可知，在黄遵宪眼中，日本的明治维新并非一蹴而就，可谓是一个在历史大势中"摸着石头过河"的改革试错过程，在某种程度上这也符合现代研究者对明治维新过程的看法。④

二 "变法"

《日本国志》一经出版就引起了筹划变法的人士的关注，梁启超曾评价说，"中国人寡知日本者也。……乃今知日本之所以强，赖黄子也；敢告读是书者，论其遇，审其志，知所戒备，因以为

---

① 黄遵宪：《日本国志·卷二十》，《黄遵宪全集》下册，中华书局2005年版，第1235页。

② 关于黄遵宪对日本及明治维新观察的阶段性变化，可参见戴东阳《论黄遵宪对日本明治维新的认识》，《日本学刊》2018年第3期。

③ 黄遵宪：《日本杂事诗·自序》，《黄遵宪全集》上册，中华书局2005年版，第6页。

④ 参见张跃《还历史本来面目——重新审视日本明治维新》，《东北亚论坛》2006年第5期；宋成有《明治维新若干问题的再思考》，《日本学刊》2018年第3期。

治，无使后世咨嗟而累欷也。"①而作为"戊戌变法"主要推动者的康有为更是将《日本国志》作为变法的主要参考。康有为曾经向光绪帝进呈过《日本变政考》一书，一般认为在此书中康有为直接借鉴了许多《日本国志》的内容，包括像"哲学"这样的新词汇都是转引自《日本国志》。②然而，当我们仔细分析之后就会发现，康有为的明治维新论与黄遵宪的相比有着天壤之别。

首先，康有为在《日本变政考》中删改了一些历史事实。比如，他将宣布五条誓文的时间由历史上的庆应四年三月十四日（1868年4月6日）改为明治元年正月元日，③还将设立"总裁、议定、参与"三职等官制改革由庆应三年十二月九日（1868年1月3日）改为明治元年正月二日。④此外在《日本变政考》中对于明治维新的前奏也即包含着戊辰战争的王政复古的史实也没有任何详细的介绍，除了因为康有为本人不赞成武力斗争外，⑤更重要的原因则是康有为对明治维新这一历史过程性质的判断。从结论上讲，康有为并不看重作为政权更替的王政复古的重要性，也不认为明治维新是一场不断探索的社会变革，在他眼里明治维新是一场由"顶层设计"推动下的"变法"运动。所以，在《日本变政考》中

---

① 梁启超：《日本国志后序》，《黄遵宪全集》下册，中华书局2005年版，第1565—1566页。

② 朱天忆：《论康有为明治改革思想之来源》，《华东理工大学学报》（社会科学版）2010年第5期。

③ 康有为：《日本变政考·卷一》，《康有为全集》第4卷，中国人民大学出版社2007年版，第105页。由于明治改元是在庆应四年九月八日（1868年10月23日），实际上"明治元年正月元日"是指庆应四年一月一日（1868年1月25日）。此处"正月"写法为康的原文，用引号""标识，与文中写法加以区分。

④ 康有为：《日本变政考·卷一》，《康有为全集》第4卷，中国人民大学出版社2007年版，第106页。所谓"明治元年正月二日"是指庆应四年一月二日（1868年1月26日）。

⑤ 吕万和：《明治维新与中华民族的觉醒——近代中国人"明治维新观"的考察》，《天津社会科学》1991年第2期。

不需要记载武力讨幕的史实,一切维新的历史过程都要按照"变法"的逻辑被重新安排。比如,他将维新比作改造新房,"而改作新室,又必先选匠人,绘定图样,而复鸠工庀材,匠人又必通土木学者乃能为之"①。按照康有为的逻辑,明治维新就如同建房是设计出来的。不过,中国的重构显然不是建造新房而是"二手房"的重装,康有为在这里忽视了如何处理原有"装修"的课题。

其次,康有为在《日本变政考》中宣扬了一种"制度决定论",书中有很大篇幅介绍日本各种政治制度的沿革。他反复强调"凡百政事,皆待官而始行……彼日本所以能推行各种富强之政者,以改变官制、扫除积弊故也"②。而"日本变法所以能有成者,以其变官制也。而其最要者,尤在分议政、行政为二官"③。不过,官制在制度中还不是最重要的,康有为在一段颇为著名的变法论中不仅指出"变法""定国宪"乃是根本,而且也将"制度决定论"的思维表达得淋漓尽致。

> 购船置械,可谓之变器,不可谓之变事。设邮便,开矿务,可谓之变事矣,未可谓之变政。改官制,变选举,可谓之变政矣,未可谓之变法。日本改定国宪,变法之全体也。④

这种富强源于变法,变法基于宪政的"制度决定论"思维的影

---

① 康有为:《日本变政考·卷一》,《康有为全集》第4卷,中国人民大学出版社2007年版,第109页。
② 康有为:《日本变政考·卷二》,《康有为全集》第4卷,中国人民大学出版社2007年版,第130页。
③ 康有为:《日本变政考·卷二》,《康有为全集》第4卷,中国人民大学出版社2007年版,第135页。
④ 康有为:《日本变政考·卷七》,《康有为全集》第4卷,中国人民大学出版社2007年版,第198页。

响是巨大的,①乃至日后当中国思想界许多人都在拿中国与日本进行比较、寻求日本富强的原因,并把这一原因归结于日本实行了立宪政治之时,重视各国历史沿革的东洋史学家内藤湖南不得不对此思潮提出质疑,他在分析了英德日的政体变革与国运盛衰后曾总结指出,"(以德国为例)如此看来,也不知道国运的盛衰到底是否只与立宪政治有关。……就结果而言,国家的盛衰根本上恐怕未必与政体有关"②。显然,内藤湖南的分析是更加贴近于历史事实的。当然康有为还没有到"指鹿为马"的程度,特别是日本明治维新的过程前后经历了二十余年,康有为不可能完全不顾实际将其简化为一蹴而就的制度变革,他也清楚"欲由粗而求精,变通而尽利"必须要"朝立而夕废,日增而月改"。③但问题在于,在康有为的构想中,由于明治维新已将试错过程展现,同时维新的关键又在于"变法",所以对于中国而言,"维新"就不再是难事,成为一场彻底的由上而下推动的制度改良。康有为在《日本变政考》的结论部分中说,

> 然日本政经百变,几阅欧美之考求,几经再三之改错,而后得此。我坐而用之,其事至逸,其途不误,而措天下于泰山之安,未有易于此者矣。其条理虽多,其大端不外于:大誓群臣以定国是,立制度局以议宪法,超擢草茅以备顾问,纡尊降贵以通下情,多派游学以通新学,改朔易服以易人心数者,其余自令行若流水矣。我朝变法,但采鉴于日本,一

---

① 参见金欣《中国立宪史上的"宪法—富强"观再探讨》,《交大法学》2018年第1期。

② [日]内藤湖南:《清国の立憲政治》,《内藤湖南全集》第5卷,筑摩书房1972年版,第412页。

③ 康有为:《日本变政考·卷十》,《康有为全集》第4卷,中国人民大学出版社2007年版,第228页。

切已足。①

康有为这种对明治维新的抽象概括,在思想的逻辑上虽然通顺,却与历史演变的逻辑不符,忽略了这一变革过程中的多重偶然性与可能性。历史本身自然拒绝了这种简单的"变法路线图",而中国也为此付出了沉重代价。当然,笔者绝非在此苛求古人,通过前述分析目的是要挖掘出康有为明治维新论中思维特质的一个侧面——这种"制度决定论"的简单化思维逻辑也许是"他者"在观察历史进程时存在的普遍现象。那么,身在历史进程中的人们又都感受到了什么呢?

三 "革命"

首先,所谓明治维新是否是一个统一而连贯的过程呢,作为维新亲历者的福泽谕吉给予了否定回答,比如从"王政复古"到"废藩置县"等一系列国家制度的变化,他就不认为这是一个由事先设计好的方案推动的改革。关于"废藩置县"改革的原因,福泽谕吉分析指出"或者有人说,王制革新,是由于王室的威严,废藩置县是由于执政者的英明果断才完成的。这完全是不识时务(日文原文为'時勢'——笔者注)者的臆测"②。原因在于"尊王"与"攘夷"的口号即便能够为倒幕提供舆论支持,但在逻辑上并不能直接推导出"废藩置县""四民平等"等废除武士阶级特权的一系列改革,更何况推动明治维新进程的是萨摩、长州等少数雄藩,他们为什么要进行如此的"自我革命"呢。福

---

① 康有为:《日本变政考·卷十二》,《康有为全集》第4卷,中国人民大学出版社2007年版,第274页。
② [日]福泽谕吉:《文明论概略》,北京编译社译,商务印书馆1960年版,第65页。

泽谕吉所指出的"时势"就是郁积在人们心中的对封建门阀制度的憎恨。

> 我国人民长期遭受专制暴政的压迫，门阀成了他们发号施令的资本，即使才华过人，如果不依靠门阀就不能施展其才能，也不能有所作为。在当时由于被这种势力所压制，全国已经找不到可以发挥智力的余地，一切事物都陷于停滞不前的状态。但是，人类智慧发展的力量，是怎样压制也压制不住的，在这停滞不动的期间，人们也能不断前进。到了德川氏的末期，社会人士已经开始产生了厌恶门阀的心情。①

所以明治维新"既不是复古，也不是攘夷"，而是要讨伐"根深蒂固的门阀专制"②。这是明治政府成立后，福泽谕吉冷静分析这一变革过程后而得出的结论。他所经历的维新并不是一个目标明确、方法清晰的变革过程，而是一个充满变数甚至前后矛盾的政权革命过程。因此，福泽希望找到一个足以说明维新原因的解释，最终他找到的是厌恶门阀专制的"时势"。在这种"时势"下，虽然维新的口号是"尊王攘夷"，但经过几番曲折最终还是走向了结束封建身份等级制的社会革命。不过即便是福泽谕吉，在王政复古的进行时刻他也并没有先见之明认清这一"时势"，在晚年回忆为什么拒绝与明治政府合作参与维新事业时，他说"我之所以讨厌政府，归根结底，在于我有一先入为主的观念，即明治政府是个守旧的攘夷政府。我最讨厌攘夷了，我认为如果主张攘夷，那么即使政

---

① ［日］福泽谕吉：《文明论概略》，北京编译社译，商务印书馆1960年版，第65页。
② ［日］福泽谕吉：《文明论概略》，北京编译社译，商务印书馆1960年版，第69页。

府改变了，国家也没有办法维持下去，日本将四分五裂。没想到后来政府渐渐走向文明开化的康庄大道，真是可喜可贺。然而我当时无法预测会有今天的情景，只以当时的情况来评价"①。与其说福泽谕吉没能预测到，倒不如说是明治政府成立之初时没能让福泽谕吉感受到除"攘夷"以外维新还有什么明确的"初衷"②。

明治维新过程的不确定性还具体体现在政治制度构想的变化上。西乡隆盛在1859年的"萨土盟约"中曾提出构想，建立以列藩为基础的两院制议会——由包括德川将军及各大名组成的上院与由各藩家臣组成的下院，此想法一直延续到"大政奉还"之时。③这个方案很显然与明治日本的政体大相径庭。而1862年起作为英国外交使团翻译的萨道义也亲身经历了维新前后的全过程，在1868年年初明治政府颁布"太政官"制时，他得到了大隈重信的对改革的解释。大隈向其说明"太政官"中"行政"之职是借鉴了美国宪法中总统及其幕僚组成的定义，而萨道义本人也嗅到了些许"政党分赃制"的气味。④ 不过正如萨道义本人所叙述的那样，明治初

---

① [日]福泽谕吉：《福泽谕吉自传》，杨永良译，文汇出版社2018年版，第167页。对于明治维新过程中的不确定性，现代的学者甚至使用Multi-Agent系统（MAS）模型对其过程进行量化分析，得出明治维新并非沿着朝廷或天皇的意志进行，是具有多种可能性的动态过程的结论，参见[日]光辻克馬·山影進《明治维新はどれほど蓋然的だったのか：幕末動乱期のマルチエージェントシミュレーション（MAS）分析》，《青山国際政経論集95号》2015年11月，第81—108页。

② 参见杨鹏飞《论明治维新的初衷与维新的双重命运》，《历史教学》2017年第10期，该文认为明治后改革基本上符合维新的初衷。然而杨文并没有明确指出，维新的初衷到底是什么，具体又是谁的初衷。从本章论述可知，至少福泽谕吉在当时并没有观察到明治政府有什么明确的初衷。虽然1868年4月日本新政府发布了"五条御誓文"，但政治口号与行动之间毕竟还存在着巨大鸿沟，况且由于誓文本身内容过于简单因而对其解释同样存在多种可能性。明治政府内部的意见也并非一致，正因此才导致了后来的"西南战争"与"明治十四年政变"的发生。

③ [日]坂野潤治：《日本近代史》，筑摩书房2012年版，第28—29页。

④ [英]萨道义：《明治维新亲历记》，谭媛媛译，文汇出版社2017年版，第367页。

期的政治安排最终还是被伊藤博文主导的《明治宪法》所取代了。但明治维新对伊藤博文而言，首先却并非立宪意义上的改革，早在1869年伊藤担任兵库县知事时他便上书，提出了将全国兵马大权统归朝廷的中央集权化改革建议。① 与黄遵宪相同，伊藤博文晚年回忆时也认为明治维新首先实现了由"封建"到"郡县"的变革，他说：

> 余少时爱读山阳（赖山阳，笔者注）之《日本政记》，感慨彼之勤王论。同时，想到我王朝盛时行今日所谓郡县之制，深感此制度乃我王朝之生命。之后赴英国留学，目击欧洲诸国亦实施郡县之制致国家隆盛，愈加确信必须废除封建之必要。②

而同为维新功臣的大隈重信后来在评论地方势力尾大不掉状况下的清末立宪改革时也指出，立宪的基础在于中央集权，这是立宪的"必要之案件。……日本在封建时代宛如今日之支那，然维新后改此制，统一税权……国家财政困难得到救济"③。从伊藤和大隈的话可知，如果说明治维新的主体在制度变革上有什么目标的话，那么这一目标首先也是"变封建为郡县"而并非立宪，更谈不上"改定国宪，变法之全体"。很显然，明治宪政体制并非维新的直接成果，而是经历了20年的政治、经济、社会变革后的结果。

维新所带来的一系列变革在福泽、伊藤、大隈的后一代日本人眼中，则完全可以称得上是一场"革命"了。竹越與三郎（1865—

---

① ［日］瀧井一博：《伊藤博文 知の政治家》，中公新书2010年版，第19页。
② ［日］小松绿编：《伊藤公直话》，千仓书房1936年版，第208—209页。
③ ［日］大隈重信：《大家论丛 清国立宪问题》，清韩问题研究会1908年版，第143—144页。

1950年）在1891—1892年先后出版了两卷《新日本史》，这套书的题目并非"新的日本史"之意，而是"新日本的历史"。在书中他用"维新革命"一词来概况从王政复古到明治宪法颁布前后二十余年的历程。在下卷中，竹越用"代朝革命"来指代王政复古，而对于政权以外的变革则使用了"社会的革命"一词来指称。在竹越看来，明治以来的变化是政治和社会两方面的革命，不过这场革命与英国的光荣革命不同并非是"复古的革命"——虽然一开始这场变革被称为"王政复古"，但很显然革命政权采取的并非神武天皇时期的制度。正如现在有研究指出的那样，维新时强调复古的意义无非是要创制出一个新的具有超越性的终极权威用以推动之后的变革，① 正是在这个意义上通过"复古"最终才实现了"维新"。同时，竹越还认为"维新革命"与美国革命、法国大革命也不同，并非是"理想引发的革命"。那"维新革命"到底是一种什么性质的革命呢？

> 不幸的是历史与既有的制度中没有自由快乐的光明，充斥着被压抑的惨状，国民的胸中也毫无理想，眼前一片黑暗，在后无希望、前无光明之国家中的革命，既不可能是理想的，也不可能是复古的，只不过是无法忍受现在的痛苦而发生的，可将其命名为真正的迷茫之中的"乱世革命"……②

对于明治维新这场充满变数的历史进程，竹越最终选择了用"乱世革命"一词来形容，既不是单纯的王权复辟，又没有什么高

---

① ［日］小关素明：《明治维新"革命"论——权力的"起点"与普遍化的手段》，张东译，《日本研究》2012年第1期。持类似观点的还有［日］安丸良夫《近代天皇观的形成》，刘金才、徐滔等译，北京大学出版社2010年版，第213页。

② ［日］竹越與三郎：《新日本史》下卷，岩波文库2005年版，第22頁。

远新奇的理论口号，这恐怕是明治维新与光荣革命和美法两国革命在呈现状态上的最大区别。所以，如前文所述在亲身经历过明治维新的一部分日本政治家、思想家的眼中，明治维新并非是一个预设好的完整的变革过程，而是一场受破除封建门阀之"时势"推动的，在"复古"名义下建立起中央集权制基础之上展开的不断试错的政治、社会革命。如果考虑到英语中的"Revolution"本身就含有"恢复"和"革新"的双重含义的话，① 那么明治维新的英译恐怕为"Meiji Revolution"而非单纯的"Meiji Restoration"最合适不过了。

第二节 维新的主体是谁？

一 处士

对于推动明治维新的主体是谁这一问题，现代的研究者也许会认为这是一个毋庸赘言的问题，因为大家都知道是所谓的下级武士掀起了这场变革。而就历史上同时代的观察者们，这个答案也许并不那么简单。比如，黄遵宪便给武士集团又做出了进一步区分，他说"幕府之亡，实亡于处士"。理由是处士不同于一般的下级武士，因为"即为藩士者，亦皆顾身家、重俸禄，惴惴然惟失职之是惧。独浮浪处士，涉书史，有志气，而退顾身家，浮寄孤悬，无足顾惜"②。而这些处士之所以奋起倒幕，黄遵宪把主要原因归于"尊王攘夷"之说，认为"豪杰之士，或陷狱以死，或饮刃以殉，碎身

---

① [英]威廉斯：《关键词：文化与社会的词汇》，刘建基译，生活·读书·新知三联书店 2016 年版，第 462 页。

② 黄遵宪：《日本国志·卷三》，《黄遵宪全集》下册，中华书局 2005 年版，第 929 页。

粉骨有不恤者，为尊攘也"①。与身为下级武士家庭出身的福泽谕吉不同，黄遵宪没能体会到武士特别是下级武士阶层对于封建门阀制度的愤恨，他虽然注意到了"汉学"对维新的推动作用，但其观察视角没能够跳出"尊攘"口号的束缚，也未能认识到江户时期的门阀体制与崇尚"贤能政治"的儒学之间存在的根本矛盾。当然，这种局限并不能完全磨灭黄遵宪观察维新视角的价值，在"处士论"的思维延长线上，他认为明治新政的起因"在庶人议政，倡国主为共和"，一系列变革都是为了"结民心"②。也就是说总体上黄遵宪的视角还是下沉在基层的，他非常重视日本社会内部所发生的种种变化，认为这些变化推动了明治维新这一历史进程。

二 日主

康有为的看法却与黄遵宪大为不同，虽然在为其女康同薇的《日本变法由游侠义愤考》所写序言中，他也承认"游侠"的重要作用，③ 但在《日本变政考》中他所突出的却是"日主"即天皇。比如他提到：

> 日主孝明天皇阴护开新尊王之士，屡诏赦之。……苟非遇之如是厚，望之若是之殷，焉得天下之士争感激效死，奋不顾身耶？……故日本自强中兴之故，孝明其功最伟哉！④

---

① 黄遵宪：《春秋大义》序，《黄遵宪全集》上册，中华书局2005年版，第264页。

② 黄遵宪：《日本国志·卷三》，《黄遵宪全集》下册，中华书局2005年版，第929页。

③ 刘岳兵：《清末维新派的明治维新论及其对日本研究的启示》，《日本问题研究》2017年第4期。

④ 康有为：《日本变政考·卷二》，《康有为全集》第4卷，中国人民大学出版社2007年版，第141—142页。

不仅王政复古的功劳在天皇，康有为还认为明治之后对推动变法起决定性作用的仍然是天皇，因为在他看来维新的仁人志士并非维新的主体，他们是受到了"日主"的重用之后才得以施展才华的，所谓"日主之破除常格，知人善任，亦有足多者。其成维新之功，岂无故欤？"① 特别是在维新过程中的关键时刻，康有为发现天皇也起到了重要作用。比如他记述说，明治天皇为了将维新深入，曾经与臣下谋划通过"易服"以"变易其内心"，虽然"易大朝之衣冠，变天下之视听"乃是非常举动，可是年轻的日主却能够"举重若轻如此"。感触颇深的康有为便在此借题发挥，他说反观中国"君权最尊，但定心一意，雷厉风行以变之，无藩侯之阻挠，其势最易"②。

由此可见，康有为如此推崇"日主"在维新过程中的作用，意在鼓动光绪帝主导变法，他希望光绪帝能够像孝明和明治那样为变法保驾护航。可众所周知的是，孝明天皇本人是"公武合体"论的支持者，而明治天皇在维新过程中仍然年少，他们所能发挥的作用其实有限。更何况，日本的维新"豪杰"们虽然采取"挟天子以令诸侯"的策略，但他们绝不会主动将天皇置于政治斗争的中心位置，因为这样既会对天皇这一他们所倚重的新的终极权威造成危险，又不便于他们维新事业的推进。康有为名义上提倡学习明治维新谋求变法，实则采取了与日本完全相左的策略，这一点在他的《日本变政考》中显露无遗。他一方面急于变法忽视了明治维新是一充满各种矛盾和可能性的试错过程，另一方面又搞错了维新的主体，最终也成为他错误地选择依靠光绪帝推动变法的一个重要原

---

① 康有为：《日本变政考·卷一》，《康有为全集》第 4 卷，中国人民大学出版社 2007 年版，第 114 页。

② 康有为：《日本变政考·卷一》，《康有为全集》第 4 卷，中国人民大学出版社 2007 年版，第 125 页。

因。也正因为如此，戊戌政变前夕抵达北京的伊藤博文，在与康有为等维新派官员及庆亲王等重臣会面时，对当时急于求成的改革做法曾多次表达了忧虑。① 而就在伊藤博文与光绪帝会面后的第二天，这场百日维新便宣告失败了。

三 党派

作为身处维新变革之中的观察者，福泽谕吉对于是谁推动了明治维新曾经做出过详细的考察。他分析说，在江户末期日本的三千万人口中，处于统治地位的华族、士族最多占五百万，而剩下的则是从未参与国事也对维新漠不关心的平民。在那五百万人口中赞成改革的多是"在藩府中没有门阀的，或虽有门阀，但经常不得志心怀不满的，或是无官无禄的贫寒书生"，他们"在五百万士族中，还不够十分之一"，不过因为他们富有才智发出了"新奇的学说"，认同追随他们的人越来越多，"终于成了全国的舆论，压倒了天下大势，打倒了暴虐如桀纣的政府"。而对于后来实行的废藩置县，赞成的人就更少了，"十之七八的人数，就是所谓的守旧派"，不过他们由于智力短浅，所以"在分量上远不及占总人数十之二三的改革派"。虽然人数上守旧派远胜于改革派，但在智力的分量上却截然相反，所以最终他们也不能"恣其所欲"阻挠改革。②

福泽谕吉在文本中所要表达的重点是"智力"在社会变革中的重要性，然而我们从中却可以发现，他对维新的主体——下级武士重新做出了一番划分，那就是在他们中存在"守旧派"与"改革派"，维新的主体也绝非是铁板一块。维新是在不同时期的"守旧

---

① ［日］瀧井一博：《伊藤博文 知の政治家》，中公新書2010年版，第250—253页。

② ［日］福泽谕吉：《文明论概略》，北京编译社译，商务印书馆1960年版，第70—71页。

派"与"改革派"之间的斗争中不断发展的。可以说，在福泽谕吉的分析视角下，明治维新不再是一个静态的制度变革过程，而成为一个动态的政治斗争过程。[①]

而身为明治维新推动者的大隈重信则进一步深化了这一观点，不愧是日本政党政治家的先驱，他在明治维新中甚至发现了"党派"，也就是本章开头黄遵宪诗中提到的"党人碑"。在1906年对清末留学生的演说中，大隈指出在江户末期，受到黑船来航的外交刺激，在日本出现了"开国"与"锁国"的党派，之后尊王派与攘夷派结合，开国派与佐幕派结合，双方展开了斗争。最终虽然尊王攘夷派获胜，但新政府的政策一夜之间"君子豹变"变成了"开国进取"。因而在政治上又出现了"王政维新党与复古党"，而"王政维新党是进步党、复古党是顽固党——保守党"[②]。在理论上大隈所说的"党派"与现代政治中的政党当然并非一物，可身为政党政治家的他却并不这么认为。或许是他亲身感受到了这些政治力量之间的连续性，他就认为维新过程中的"党派"最终演变为明治中后期的自由党、改进党等推动立宪政治的政党。姑且不论大隈的上述看法是否正确，单就其认为是不同的"党派"推动了维新这一观点而言，确实可以给人们提供一个思考明治维新的别样视角。那就是在他看来明治维新是由具有各种政治理念的、组织性的政治力量——最终演变为政党——推动的变革。在历史的大变革过程中，能够起到决定性作用的，既不是分散性的杰出个体——豪杰、处士，也非处于政治顶层的领袖——日主，而是有组织的政治力量——党派。所有的行动个体，包括维新的领袖与一般士族，都是

[①] 关于明治维新及之后日本国内动态的政治斗争过程，可参见崔世广《明治维新与近代日本》，《日本学刊》2018年第3期。

[②] ［日］大隈重信：《日本政党史论》，《大隈伯演说集》，早稻田大学出版部1907年版，第236—237页。

在各种"党派"中发挥了他们的作用,通过"党派"凝聚政治力量并将其转化为政治行动的。而这种变革模式在日本确实是前所未有的,因而它所带来的变化也是革命性的。所以,大隈重信在给清末立宪改革提建议时,就认为政党将会成为重要的政治力量,他建议在中国可以考虑实行两大政党制,但要注意限制地方型和学术型两种政党组织以免出现分裂纷争。① 而就在同一年,处于革命立场的刘师培在《经学教科书·伦理教科书》中发出呼吁,在中国"欲成立完全社会,贵于有党",因为"盖各国均以党而兴,日本有萨长党而后兴,意大利有马志尼党而后兴。则欲兴中国,亦不得讳言朋党"。② 只不过在清末,历史并没有给政党发挥其功能的舞台。

亦为启蒙思想家的杉亨二在明治八年(1875年)的一次演讲中这样说道:

> 此世之变化有"驷马难追"之势。从锁国变攘夷,从攘夷变开港,从封建变郡县,国内的状况因经历了一场历史上未曾经过的大变革,使人有穿越了百年之感。③

结合前述分析,在维新经历者的眼中,明治维新之所以是前所未有的变革,首先,就在于其变革的起点是革命性的,通过暴力及作为政权更替的"代朝革命",维新志士们创造出了新的具有超越性的终极权威;其次,推动维新的还是破除门阀的历史大势,正是

---

① [日]大隈重信:《日本政党史论》,《大隈伯演说集》,早稻田大学出版部1907年版,第311—312页。

② 刘师培:《经学教科书·伦理教科书》,广陵书社2016年版,第276—277页。

③ [日]杉亨二:《想像鎖国説》,《明六雑誌(下)》,岩波文库2009年版,第156页。

在这一潮流下维新才走上了革命者对其所属阶级进行"自我革命"的变革道路；最后，维新的主体还是具有划时代意义的（多个）组织性政治力量，正是这些力量的坚持与斗争，不仅驾驭了充满变数的"代朝革命"与"自我革命"，还通过此后复杂的政治、经济、社会变革最终结出明治宪政的果实——即便这一成果是存在巨大缺陷的并埋下了日本走向军国主义的隐患。

结语 近代中国与倒错的明治维新观

人们常说"当局者迷，旁观者清"，但他者的观察与思考也可能会由于各种原因产生诸多"美丽的误会"，有时一些误会的结果还并不美好。近代中国人的明治维新论就是一个典型。比如，黄遵宪和康有为，两人都忽视了明治维新所具有的革命性，将其局限为制度的"改良"。黄遵宪虽然较真实地记录了维新中的暴力过程和政权更替，但除了"封建、郡县"之变以外，他没能意识到政权革命与武士统治集团的"自我革命"对后来改革所具有的基础性意义。这一点也体现在他晚年对中国是需要立宪还是革命的看法上，由于他认为"今日大势，在外患不在内忧"，所以"爱国之士反唱革命分治之说，授之隙而予之柄，计亦左矣"[1]，因而即便到其生命最后阶段虽认为"今日当道实既绝望"，也还是坚持要采取"避其名而行其实"[2] 的策略而非暴力革命。此外黄遵宪虽然观察到了在明治维新中"党"的兴起，但对于政党的作用则完全从其负面效应加以把握，他认为政党政治的斗争"譬之汉、唐、宋、明之党

---

[1] 黄遵宪：《致梁启超函》（1902年），《黄遵宪全集》上册，中华书局2005年版，第449页。

[2] 黄遵宪：《致梁启超函》（1905年），《黄遵宪全集》上册，中华书局2005年版，第456页。

祸，不啻十百千倍"①。而康有为的维新论实则是他的"戊戌变法"论。② 他一方面突出"日主"的作用，鼓动光绪帝积极介入并主导变法，另一方面又在《日本变政考》中表达出强烈的"制度决定论"，把动态的明治维新过程描绘成静态的制度改革过程。虽然他也以民智未开为由，认为当时的中国"开国会，尚非其时也"③，但实际上在这前后他给清廷提出的种种建议中都包含了开设"制度局、议政处、立法院、参议局"等要求，这些都是他的上议院构想。④ 从根本上而言康有为仍然认为制度、特别是顶层的政治制度的设计是推动变法的基础。康有为没有认识到明治维新从"封建变郡县"的中央集权化过程是基于倒幕的革命斗争，是在创造出新的权力主体的前提下进行的，他也忽视了日本的立宪政治乃是维新之果而非富强之因。归纳而言，日本的明治维新是在改变政道（比如封建门阀）的基础之上确立的新政体，而康有为则希望在维持清朝旧政道的前提下建立君主立宪的新政体，这是二者的根本区别。同时，康有为还忽略了一个重要问题，那就是他期待的光绪帝是否能成为一个新的权力主体、而新的权力主体又该如何创造？对此问题，反而是革命派做出了相应的探索。

就在黄遵宪离开人世的六个多月后，革命派志士陈天华发表了如下看法：

---

① 黄遵宪：《日本国志·卷三十七》，《黄遵宪全集》下册，中华书局 2005 年版，第 1493 页。

② 黄遵宪日后曾反思，康有为的仿照日本变法是"欲以依样葫芦收其效果，此必不可能之事"。见黄遵宪《致梁启超函》（1904 年），《黄遵宪全集》上册，中华书局 2005 年版，第 453 页。

③ 康有为：《日本变政考·卷六》，《康有为全集》第 4 卷，中国人民大学出版社 2007 年版，第 170 页。

④ ［韩］李春馥：《戊戌时期康有为议会思想研究》，人民出版社 2010 年版，第 203 页。

> 日本之奏维新之功也，由于尊王倾幕。而吾之王室既亡于二百余年之前，现之政府，则正德川氏之类也。幕不倾则日本不能有今日，满不去则中国不能以复兴，此吾侪之所以不欲如日本之君主立宪，而必主张民主立宪者，实中国之势宜尔也。①

黄遵宪和康有为所忽视的环节被革命派捕捉到了，革命派看到了另外一种大势，即需要革命而非改良的大势，因为日本的变革也并非单纯地经改良而得，反而是一种基于多重革命的产物。这一认识在对现代政党政治具有自觉的革命领袖孙中山那里更为清晰，比如在1901年与美国记者的谈话中，孙中山就透露他要做的是一场"如三十年前日本所发生的革命"②。他还说"夫中国民党者，即五十年前日本维新之志士也"③，"夫日本之维新实为支那革命之前因，支那革命实为日本维新之后果"④。孙中山这样说绝非简单地博取日本政客的同情，因为他的政治行动确实在一定程度上受到明治维新的启发与日本友人的协助，同时这些论断也还是基于他对明治维新所具革命性的认识而做出的。以孙中山为代表的革命者们在一次次革命行动中就在探索着创造新的、能够重构近代中国的政治权力主体。而近代中国历史所呈现的就是，辛亥革命及其之后中国社会的种种变革都是在政党——通过革命创造出的新的政治权力主

---

① 陈天华：《论中国宜改创民主政体》，《陈天华集》，湖南人民出版社1982年版，第209页。

② 《与林奇谈话的报道》，《孙中山全集》第1卷，中华书局1981年版，第210页。

③ 孙中山：《答朝日新闻记者问》，《孙中山全集》第5卷，中华书局1985年版，第72页。

④ 孙中山：《致犬养毅书》，《孙中山全集》第8卷，中华书局1986年版，第404页。

体的推动之下展开的。① 正是在这个意义上，无论是洋务运动也好，还是戊戌变法或清末新政也罢，由于这些改革都没能创造出新的权力主体，也未经过政权革命或"自我革命"（比如对满族统治集团），因此虽然貌似但在本质上与明治维新却是截然不同的，将其进行比较无异于南辕北辙。

而将辛亥革命与明治维新相提并论，这在现代国人眼中也许显得有几分突兀或者荒唐。其中一个原因恐怕就是，辛亥革命之后中国近四十年的革命道路是伴随着与日本对外扩张之间的历史性冲突进行的。正因如此，竹内好曾经指出，与日本不同，"革命"一词在中国是具有神圣感的。② 所以在中国，人们一般很难将使日本成功"列强化"的明治维新理解为"革命"。然而通过本章前述分析可知，把明治维新简单地理解为"改良"或者"改革""变法"又是一种多么倒错的明治维新论，③ 而且这种观点使得现实的中国变革又付出了多么沉重的代价。恐怕缺乏他者意识的"中国式日本研究"的问题绝非仅存在于当下，④ 为了我们自

---

① 与之相呼应，从新文化运动之后在思想界有一股追求"组织""主义""政党"的潮流，也直接影响到了此后的中国变革道路的选择。参见王汎森《思想是生活的一种方式——中国近代思想史的再思考》，北京大学出版社2018年版，第89—99页。

② ［日］竹内好：《日本・中国・革命》，《竹内好全集》第4卷，筑摩书房1980年版，第309页。

③ 当然，本书通过比较最终得出近代中国特别是"维新派"知识分子持有一种倒错的明治维新观，并不意味着日本人的明治维新论的所有观点都是正确的，或者认为他们的自我认识毫无问题。实际上，众所周知近代以来日本人的明治维新论也是多种多样的，本书所选取的是近代日本明治维新论的一个侧面而已。只不过，本书所选取的这一侧面与近代中国的明治维新论形成了鲜明对比。通过这种比较，近代中国明治维新论所蕴含的问题点可以更加清晰地呈现，比较的目的在于提出这些问题引发今人的重新思考。

④ 刘岳兵：《清末维新派的明治维新论及其对日本研究的启示》，《日本问题研究》2017年第4期。

身的问题意识而误读他者也许有着更为深远的思想脉络，而如何将那些倒错的认识再颠倒过来应成为新时代作为他者的研究者们的重要任务。

第 二 章

"余信真理":李大钊的日本经验与其真理世界观的形成

自清末以来中国寻求变革的努力从未终止,当一部分思想者开始寻求新政道之时,中日思想界之间又发生了意想不到的"共振"。

为世界进文明,为人类造幸福,以青春之我,创建青春之家庭,青春之国家,青春之民族,青春之人类,青春之地球,青春之宇宙,资以乐其无涯之生。

这是一位誓把"老大国"改造为"青春之国"的青年——李大钊。而青年时期的李大钊,就曾一度借助过日本的思想资源得以开启其追求政治之理的革命人生。李大钊思想中的日本因素历来也是学界关注的一个热点。迄今为止,研究者们主要将目光集中于文本的考察,通过文本的对比推断李大钊的哪些作品直接或间接地借鉴了日本学者的论述。例如,后藤延子曾论证河上肇对李大钊的影响主要体现在李写作《我的马克思主义观》前后而并非其日本留学期间,同时后藤还否定了幸德秋水对李的影响。[①] 而李的《我的马

[①] [日]后藤延子:《李大钊思想研究》,中国社会出版社1999年版,第81—82页。

克思主义观》中的经济论也被证明是大量直接引用日本经济学家福田德三的《经济学讲义》。① 石川祯浩通过对比认定李大钊的前引名作《青春》就直接受到了日本评论家茅原华山《悲壮精神》等著作的影响。② 当然，李大钊所援引的名单远不止这些，还有加藤弘之、吉野作造、安部矶雄、今井嘉幸、浮田和民等的作品。但也有研究认为，由于许多日本学者的思想本身来源于近代西方，而且李大钊的写作又是一个广泛学习的过程，因而不能一看到某些段落与日本某学者著述相似就轻率地认为是受其"影响"③。实际上，随着这些争论而来的是一个无法回避的问题，那就是对于李大钊而言，包括其留日经历、阅读日本书籍在内的日本经验的意义到底为何？如果李大钊早期主要作品多为日本学者著述的"翻版"，那么研究这些作品可能就不再重要，因为它们无法直接反映李大钊的思想。如果这些援引只是李大钊学习过程的体现，那么通过此过程李大钊的思想又产生了哪些本质变化？之所以会产生上述疑问，原因就在于目前的研究主要还停留在文本对比分析层面。而本章将从思想史的角度，透过文本聚焦李大钊思维方法的转变，论证"追求真理，信仰真理，实现真理"的真理世界观的形成乃是李大钊的日本经验给其思想带来的本质变化，同时也是李大钊日本经验的意义所在。

---

① ［日］后藤延子：《李大钊思想研究》，中国社会出版社1999年版，第100—128页。
② ［日］石川祯浩：《李大钊早期思想中的日本因素——以茅原华山为例》，《社会科学研究》2007年第3期。
③ 李权兴：《李大钊文章"援引说"释义——以李大钊对日本学者学术观点的援引为例》，《滨州学院学报》2006年第4期。

第一节　李大钊的真理世界观

　　之所以认为李大钊的变化是一场思想的"共振",就在于这并非是日本的思想资源对李大钊的单向影响,而是通过促成李大钊思维方式的转变,"激活"了其所接受的各种思想资源,在其精神世界中产生了连续不断的思想认识上的"化学反应"。而这一切在李大钊留日之前是观察不到的,在那个阶段里李大钊思想的一个特点就是,对民国初年的政局抱有十分清醒的认识,始终贯穿着一种危机感。其《隐忧篇》《大哀篇》① 就是这种意识的直接反映。在充斥着"党私""省私""匪氛"② 的局面前,他选择了一种对袁世凯政权容忍、甚至近乎是"拥袁"的态度。他把以国民党为代表的政党势力和以都督为代表的地方军阀都视为国家统一的严重障碍,而结束内乱、维护国家统一成为其至高无上的目标。为了更加直观地分析日本经验对李大钊思想变化的影响,先引用一段他对民初时局的论断,我们可以看出在这里并没有什么理论,也没有什么信仰,反而充斥着一种十分强烈的现实主义。同时,这一段文字也反映出早年的李大钊对于代议制度就并不抱有完全的信任。他说:

　　　　方风驰云扰之会,所以震伏群魔、收拾残局者,固不得不惟此枭雄是赖也。……世之倚重于彼者,其效用乃随时势而有所蜕减,终且视为祸根,则疑而防之诚宜矣。……防总统政府

---

　　① 通过实证分析,李大钊的《大哀篇》与其同学、北洋法政学会会员郭须静的《愤世篇》在内容上也高度相似。应该说,这种危机意识是当时知识界所共有的。参见〔日〕后藤延子《李大钊と中国社会党——加入か否かをめぐって》,《人文科学論集》1997年第2号,第127—130页。

　　② 李大钊:《隐忧篇》,《李大钊全集》第1卷,人民出版社2006年版,第1—3页。

专制者，吾闻之矣；防议会专制者，未之闻也。虑中央集权，启政府专制之患者，吾闻之矣；虑地方分权，召国家分崩之祸者，未之闻也。……自今而后，政权不入于军人，则入于暴党，其为少数柄政、暴民专制一也。军人与暴党何择焉，以暴易暴而已矣！①

然而，随着1913年年末开启留日行程之后，李大钊的思想出现了显著变化。在早稻田大学期间，他主要学习了以下课程：浮田和民的"国家学原理""近代政治史"，美浓部达吉的"帝国宪法"，天野为之的"应用经济学"，盐泽昌贞的"经济学原理"，牧野之助的"民法要论"，井上忻治的"刑法要论"等②，内容涉及政治、经济、社会、历史等各领域。③ 随着课程的学习与阅读经历的积累，再加上日本兴起"托尔斯泰热"的影响，李大钊逐步认识到了"群众"在历史进程中的重要作用，他明确指出，"新势力为何？即群众势力，有如日中天之势，权威赫赫，无敢侮者"④。经历了"二十一条"事件和激烈的"反袁"斗争后，李大钊的民主思想更趋成熟，终于在留日后期的1916年写出了《民彝与政治》这一标志性作品。一般研究认为，在此文中受到托尔斯泰的影响，李大钊特别重视"民众之思想"的重要性，将"民彝"即民众生存的本性看作是政治社会结构的原理。⑤ 而有研究在谈及影响此文

---

① 李大钊：《论民权之旁落》，《李大钊全集》第1卷，人民出版社2006年版，第41—42页。

② ［日］川尻文彦：《マルクス主義受容以前の李大釗初探》，《愛知県立大学外国語学部紀要》2015年总第47号，第126页。

③ 关于李大钊的留学期间的学习经历，详细请参见韩一德《李大钊留学日本时期的史实考察》，《近代史研究》1989年第2期。

④ 李大钊：《政治对抗力之养成》，《李大钊全集》第1卷，人民出版社2006年版，第105页。

⑤ ［日］后藤延子：《李大钊思想研究》，中国社会出版社1999年版，第15页。

的日本因素时则认为，李大钊的"惟民主义"受到了当时在日本流行的吉野作造所提倡的"民本主义"的启发。① 但当滤过所谓"某某"对李大钊思想影响这一分析层面，直接深入到李大钊思维方法的内核时，就会发现，这一时期李大钊的思想基础已经发生了根本性转变，那就是他从单纯关注现实危局转变为追求社会变革的根本动力——真理。关于民彝，他就明确地说"盖政治者，一群民彝之结晶，民彝者，凡事真理之权衡也"②。而社会历史的演变动力又是什么呢？答案就是"理"：

> 群演之道，在一方固其秩序，一方图其进步。前者法之事，后者理之事。必以理之力著为法之力，而后秩序为可安；必以理之力摧其法之力，而后进步乃可图。是秩序者，法力之所守，进步者，理力之所摧也。……国之存也存于法，人之生也生于理。国而一日离于法，则丧厥权威，人而一日离于理，则失厥价值。……既以理之力为法之力开其基，更以理之力为法之力去其障，使法外之理，无不有其机会以入法之中，理外之法，无不有其因缘以失法之力。平流并进，递演递嬗，即法即理，即理即法，而后突发之革命可免，日新之改进可图。③

这一段看似是在讨论法与理的关系，仔细阅读就会发现实则不然。法与理的关系，在其中是不平等的。法，作为政治社会的

---

① 吴汉全：《留学日本与李大钊早期思想的发展》，《徐州师范大学学报》（哲学社会科学版）2000年第4期。
② 李大钊：《民彝与政治》，《李大钊全集》第1卷，人民出版社2006年版，第150页。
③ 李大钊：《民彝与政治》，《李大钊全集》第1卷，人民出版社2006年版，第162页。

第二章 "余信真理"：李大钊的日本经验与其真理世界观的形成　　47

现实存在，起到的作用是维护秩序。可李大钊认为，根本上推动社会变革进步的是，理！对于法而言，"必以理之力著为法之力，而后秩序为可安；必以理之力摧其法之力，而后进步乃可图"。显然，李大钊所真正重视的是理，而写作民彝一文也是他探索政治社会，乃至人类历史演变之理的一个阶段过程。随着探寻真理的不断努力，终于在结束了留日经历之后，李大钊发出了信仰真理的呼喊：

> 余信宇宙间有惟一无二之真理。此真理者，乃宇宙之本体，非一人一教所得而私也。
> 余信世界文明日进。此真理者，必能基于科学，循其逻辑之境，以表现于人类各个之智察，非传说之迷信所得而蔽也。
> 真理乃自然的因果的，宗教传说乃神秘的迷信的。故吾人与其信孔子，信释迦，信耶稣，不如信真理。[1]

也就是说到了1917年这一阶段，在李大钊的思维中形成了一种真理世界观，这种认识世界的方法，与其留日之前基于现实关注的危机意识是截然不同的。在这里关注的重点并非李大钊如何认识真理的真理观，[2] 而是李大钊追求真理、信仰真理、实现真理的这种真理世界观。用他的话说，就是"真理者人生之究竟"，"人生最高之理想，在求达于真理"[3]。之所以真理世界观的问题重要，

---

[1] 李大钊：《真理·真理（二）》，《李大钊全集》第1卷，人民出版社2006年版，第244—245页。

[2] 关于李大钊的真理观，可参见郑伟健《李大钊真理观探略》，《齐鲁学刊》1990年第2期；吴汉全《李大钊早期真理初探》，《贵州教育学院学报》（社会科学版）1992年第1期。

[3] 李大钊：《真理之权威》，《李大钊全集》第2卷，人民出版社2006年版，第103页。

就在于留日期间李大钊借鉴各家学说的主要动力是为了满足其真理世界观的需要，也即他需要找到一个能够解释世界、甚至是改造世界的真理，直至后来他遇到了马克思主义。此外，由于李大钊对现实的强烈关注并没有因其寻找真理而减退，科学社会主义使得他不仅仅找到了一个能够解释世界的真理，而且还成为他改造世界的武器。所以可以说，在李大钊留日后一直到他成为一个坚定的马克思主义者这一段期间，李大钊博采众长吸收各种观点是其真理世界观所驱动的，不能简单地把李大钊借鉴各种学说理解为各种学说对他的影响，甚至认为他的思想——至少一段时期——是各种学说的"大杂烩"。

当然，围绕李大钊的真理世界观，还需要注意几点。第一，其真理世界观的形成并非一蹴而就，正如后文所述，影响其形成的原因也是多样的。第二，真理世界观的形成受到了当时中国社会文化大环境的影响。在这一时期，传统的"天理世界观"开始解构，受到科学主义思潮的影响，在许多知识分子的思想中出现了一种"公理世界观"[①]。这是李大钊真理世界观能够形成的大环境。但其真理世界观与一般意义上的公理世界观的不同之处在于，首先他对真理有一种强烈的信仰；其次他对真理抱有一种强烈的实践意识。也就是说，作为学者认同一种主义，并不等于信仰这种主义，作为思想家相信一种主义不等于能够在实践中去努力实现这种主义。李大钊的真理世界观的特征就在于，他不仅仅强烈信仰真理，更愿意为了真理的实现而不惜献身。这也是他与众多"新文化运动"领袖的不同之处。

第三，真理世界观的形成也离不开中西方思想资源的滋养。虽然近代西方的政治思想与中国传统政治思想有许多本质区别，但正

---

① 汪晖：《现代中国思想的兴起》，生活·读书·新知三联书店2008年版，第1107—1279页。

如渡边浩指出的，以进化论为代表的近代西方的价值一元论思维与相信"天理"存在、人人皆能成为"圣贤"的"程朱理学"在思维方式上具有高度的共通性。① 这也是李大钊能够形成真理世界观的文化大背景。不过，正如许多知识分子并没有能够形成真理世界观这一事实所显示的，仅凭大环境、大背景的影响还不足以促使李大钊产生思想转变，其思想变化的背后必然还有一些特定的因素。如前所述，他的变化恰恰产生于留日期间，那么李大钊的日本经验对其真理世界观的形成起到了哪些作用呢？

第二节　中江兆民与李大钊真理世界观的形成

通过什么线索才能找到影响李大钊真理世界观形成的日本因素呢？一个可行的方法就是在李大钊的阅读文献或其著作中检索他直接或间接阅读、引用过的日本思想家或学者，看看谁的思想方法与真理世界观有共通之处。通过考察，本章得出的一个假设性结论就是，影响李大钊真理世界观形成的主要的日本思想因素是——本书第九章的主人公中江兆民。

一　中江兆民的影响

中江兆民是近代日本的著名思想家，自由民权运动的理论家，被称为"东洋的卢梭"。他一生的思想活动都是在追求政治之"道""理"，在日本积极宣传"人民主权"并将其认定为是政治的根本之"理"。同时，他也是一位唯物主义者、无神论者，著有《民约译解》《三醉人经纶问答》《平民之觉醒》《国会论》《一年

---

① 参见［日］渡边浩《东亚的王权与思想》，区建英译，上海古籍出版社2016年版，第166—174页。

有半·续一年有半》等。一般认为，中江兆民的唯物主义思想曾经影响过李大钊，① 但本书认为中江兆民对李大钊影响最大的层面还在于思维方法上。

就在李大钊写作《民彝与政治》的一年前，他在《甲寅》杂志上发表了《厌世心与自觉心》一文。而在此文中，李大钊直接将中江兆民作为具体事例来激励民众。他写道：

> 日人中江兆民，晚年罹恶疾不治，医言一年有半且死。兆民曰："命之修短，宁有定限，若以为短，则百年犹旦夕耳。若以为修，则此一年有半，亦足以余寿命之丰年矣。"遂力疾著书不稍倦。愚今举此，或且嗤为拟于不伦，但哲士言行，发人深省，吾国今日所中之疾，是否果不可为，尚属疑问。即真不可为，犹有兆民之一年有半，为吾民最终奋斗之期，所敢断言。吾民国能谛兆民精勤不懈之意，利此余年，尽我天职，前途当法曙光，导吾民于光华郅治之运，庸得以目前国步之崎岖，猥自沮丧哉！②

由此可见，中江兆民的人格精神对李大钊是十分具有感染力的。兆民将其去世前出版的名著命名为《一年有半》，这也是李大钊在其文中提及的事迹，因此有理由相信李大钊对《一年有半》等中江兆民的主要著作是熟悉的。再比如，中江兆民在1882年就用汉文的形式将卢梭的《社会契约论》翻译为《民约

---

① 吴汉全：《留学日本与李大钊早期思想的发展》，《徐州师范大学学报》（哲学社会科学版）2000年第4期。

② 李大钊：《厌世心与自觉心》，《李大钊全集》第1卷，人民出版社2006年版，第140页。

译解》①。而李大钊对卢梭的理解在很大程度上依赖于兆民的译著，在论述邦国之本时，他给下面这段文字加上了"见日人中江兆民译《民约论》第三页"②的注释。

> 卢骚不云乎："……然则邦国者，果何所本也？曰：此非本于天理之自然，而本于民之相共为约也。"斯透宗之旨，当永悬为政理之鹄。③

李大钊在这里是通过中江兆民对卢梭的译解来探讨作为邦国之本的政治之理的。而探索政治之理恰恰就是中江兆民一生的追求。他在《民约译解》中开篇就用"东洋式"的表达，对卢梭的论述展开了独具特色的"译解"，兆民说：

> 政果不可得正邪，义与利果不可得合邪。顾人不能尽君子，亦不能尽小人。则置官设制，亦必有道矣。余固冀有得呼斯道，夫然后政之与民相适，而义之与利相合其可庶几也。④

中江兆民实际上是通过"译解"的形式告诉读者，他一生的追求就在于寻找"政"之"道"，而人民主权原则对于兆民而言就是政

---

① 当时中江兆民只翻译了原书的前言至第一卷第六章。1898 年，上海同文书局根据中江兆民的译文刻印《约译解》第一卷，题名《民约通义》。关于中江兆民著作在中国的影响，请参见［日］岛田虔次《中国での兆民受容》，《中江兆民全集月报2》，1983 年。

② 李大钊：《暴力与政治》，《李大钊全集》第 2 卷，人民出版社 2006 年版，第 181 页。

③ 李大钊：《暴力与政治》，《李大钊全集》第 2 卷，人民出版社 2006 年版，第 175 页。

④ ［日］中江兆民：《民約訳解·卷之一》，《中江兆民全集》第 1 卷，岩波书店 1983 年版，第 73 页。

治的真理。在《一年有半》中，兆民依然高呼，"民权是至理也，自由平等是大义也"①，可见他对自己认定的政治之理是坚信不疑的，甚至说是抱有一种信仰的。此外，中江兆民认为不但存在着政治的根本道理，而且在具体的政治过程中也存在"理"。正如读者在第九章会读到的，兆民把"理"的实现寄托于国会内民选议员②的讨论，他相信"无论何事道理都只有一个，但又难于很快发现，所以由甲乙丙丁各个党派相互争论、切磋，这其间那个道理也会逐渐抬出头来映入人们的眼帘"③。兆民还将政党分为"自然之党派"与"私意之党派"，兆民认为，政党就应当如同学术团体一样追求真理，且只有自然之党派才重视真理，有时为了追求真理即便放弃自己的主张也在所不惜。而私意之党派恰恰就是"朋党""徒党"④。

  以上介绍的中江兆民追求政治之理的政治观就是影响李大钊真理世界观形成的一个重要因素。虽然现在无法准确得知李大钊到底阅读过多少中江兆民的著作，但从其文章中透露的内容看至少可以肯定，他阅读过中江兆民的《民约译解》与《一年有半》等。相信阅读广泛的李大钊是有机会接触到中江兆民的其他著作的。退一步而言，即便仅仅是这两部著作，也足以对李大钊的思维方法产生以下两点影响。第一点，就是促使李大钊树立起"人民主权"的观念。无论是提出"民彝"这一概念，还是后来关注劳工、关注"面包问题"，呼吁进行"普通选举"，通过中江兆民所阐释的卢梭

---

  ① ［日］中江兆民：《一年有半》，《中江兆民全集》第 10 卷，岩波书店 1983 年版，第 177 页。

  ② 中江兆民一直呼吁实现（男子）普选，不过当时日本实行的是限制性选举制度，兆民没能看到自己愿望的实现。

  ③ ［日］中江兆民：《平民の目さまし》，《中江兆民全集》第 10 卷，岩波书店 1983 年版，第 31 頁。

  ④ ［日］中江兆民：《政党ノ論》，《中江兆民全集》第 14 卷，岩波书店 1984 年版，第 97—98 页。

的"人民主权"是其思想发展的基础。如果说这一点还不能完全说是中江兆民原创思想的影响,那么第二点,即对政治之"理"的追求,则直接影响到了李大钊真理世界观的形成。可以断言,留日后期李大钊著作中出现的探寻真理的思索,是直接受到了中江兆民思想的影响而写就的。因为兆民不仅仅在思想方法上追求真理,更在其一生的实践中(例如自由民权运动)追求真理,信仰真理,他的行动感染了李大钊。当然,对于中江兆民和李大钊而言,真理的具体内容是不同的,兆民对李大钊的影响主要体现在真理世界观的思维方法上,而把何种思想、哪种主义作为真理,对于李大钊来讲在一段时期内还是一个未解的课题。

二 自由、权力与真理世界观

在李大钊真理世界观的形成过程中,作为一位思想家,他需要处理好两个与真理世界观具有张力关系的思想问题。即自由、权力与真理之间的张力关系。而中江兆民也同样遇到过这两个问题。李大钊在这两个问题上的处理上又与中江兆民有何异同?当然,本章在此进行比较分析,并非意味着在这些问题的处理上李大钊也是直接受到了中江兆民的影响,比较的目的在于通过分析二者的异同进一步明确真理世界观思维方法的特点。

第一,李大钊需要处理自由,特别是思想、言论自由与真理之间的张力关系。这是因为,如果存在真理,那是不是就意味着不再需要讨论,也没有言论自由的必要呢?李大钊对此的回答是坚决的,那就是:否!在他看来,广泛的讨论,思想与言论的自由是通向真理的必然途径。因为他深知,"言真理者之所谓真理,虽未必果为真理,即含有真理而未必全为真理"①。所以他说:

---

① 李大钊:《真理之权威》,《李大钊全集》第2卷,人民出版社2006年版,第103页。

> 思想自由与言论自由，都是为保障人生达于光明与真实的境界而设的。无论什么思想言论，只要能够容他的真实没有矫揉造作的尽量发露出来，都是于人生有益，绝无一点害处。①

真正相信真理追求真理的人一定也是主张讨论、主张言论自由的人。启发李大钊形成真理世界观的中江兆民在这一点上立场也十分明确，在谈到如何发现政治之中的"理"时，他就主张要不断讨论，因为只有通过国会内外、政党内外广泛的讨论才能发现真理。他曾经倡导说：

> 设置两三处会议所一起讨论政治的纲领吧……从前政党中的人物或政党外的人物有希望成为候选人的，立即来会议所成为一员吐露自己的意见吧，候选的竞争者两人也好三人也罢都成为会议所一员各自吐露自己的意见吧……总之，各选区里设置两三处或五六处这样的会议所一起讨论吧……如此各会议所中人们都吐露意见、倾听意见、比较意见、进行论战，分析、综合、增减、变更，记录涂抹再记录再涂抹，经过五天、十天，再过一个月，在其间一定能涌现出二十条、三十条或四五十条的好意见。②

这一段可以称为是兆民式的"协商民主论"。当然，在这里讨

---

① 李大钊：《危险思想与言论自由》，《李大钊全集》第2卷，人民出版社2006年版，第345页。
② ［日］中江兆民：《選挙人目さまし》，《中江兆民全集》第10卷，岩波書店1983年版，第119—121頁。

论也好，协商也罢，都不是目的，为的是能够找到"好意见"，能够发现政治中的"理"。因此，兆民才非常重视言论自由，他相信"舆论虽然并非都是好的、没有错误的，但十之九是符合道理的"①。虽然李大钊重视言论自由的思想不能说是直接受兆民的影响，然而通过展示这两位思想家在处理真理与自由问题上的高度相似性，可以表明具有真理世界观的人在追求真理的过程中是崇尚自由的理论探讨的。所以，重视自由讨论、重视探索真理的李大钊不会采取胡适所倡导的"实用主义"立场，② 因为对他而言"主义"本身就是"问题"，主义与问题是不可分的。

另外一个李大钊需要处理的重大思想问题就是如何处理真理与权力之间的张力关系。众所周知，李大钊曾经是一位激进的民主主义者，他对于近现代西方的代议制一度持十分认同的立场。而在西方政体中，无论是权力分立也好还是政党轮替也罢，其思想基础都是"多元主义"，也即建立在不存在绝对真理的认知前提之下。但真理世界观则要求李大钊不断追求真理。既然是真理，其本身就包含有绝对性，当李大钊后来找到了马克思主义这一真理时，他又该如何处理真理的绝对性与民主的多元性要求之间的矛盾呢。

同样，追求政治真理的中江兆民也遇到过相似的理论难题。不过，中江兆民的回答十分干脆，因为当"无论何事道理都只有一个"时，真理就有可能因为被不断地追求而穷尽。到那个时候，也许就不再需要许多党派了，所以兆民便说"当关于政治的大大小小的宗旨、主义都已明确，加之以意气投合、道德信用，他日在我日

---

① ［日］中江兆民:《平民の目さまし》,《中江兆民全集》第 10 卷，岩波书店 1983 年版，第 32 页。

② ［日］坂元ひろ子:《中国近代の思想文化史》，岩波新书 2016 年版，第 125 页。

本拥立起庞然的一个大日本党也未可知"①。在兆民看来,绝对的真理是会导致绝对权力的。李大钊在这一点上则颇为纠结,他信仰真理,但他同样相信真理应该实现的是真正的民主而不是相反。因而他才不会相信有什么"平民独裁政治",他说"平民政治的真精神,就是要泯除一切阶级,都使他们化为平民","所以我说只有君主、贵族、资本家的独裁政治,断乎没有'平民独裁政治'"。②

但现实中,根据马克思主义真理进行革命之后,俄国却实行了无产阶级专政。这又该如何解释呢。这里出现了一个如何看待解放过程中的革命权力的问题。③ 在真理世界观的引导下,不断追求真理的李大钊需要找到一个合理的解释,也即一个能够同时满足解释真理实现过程中的不合理现象,又揭示出真理所必然包含的民主价值最终如何实现的答案。最终李大钊给出的答案,就是用"工人政治"代替"平民政治"。

> 后德谟克拉西而起者,为伊尔革图克拉西(Ergatocracy)。Ergates 在希腊语为"工人"(Worker)之意,故伊尔革图克拉西可译为"工人政治",亦可以说是一种新的德谟克拉西。在俄国劳农政府成立以后……大权皆集中于中央,而由一种阶级(无产阶级)操纵之;现在似还不能说是纯正的 Ergatocracy,不过是无产阶级专政的制度而已。他们为什么须以此种阶级专政为一过渡时期呢?因为俄国许多资本阶级,尚是死灰复燃似的。为保护这新理想、新制度起见,不能不对于反动派加以提防。

---

① [日]中江兆民:《政党論》,《中江兆民全集》第 11 卷,岩波書店 1984 年版,第 182 頁。

② 李大钊:《平民独裁政治》,《李大钊全集》第 2 卷,人民出版社 2006 年版,第 277 頁。

③ [日]野村浩一:《近代中国の思想世界——『新青年』の群像》,岩波書店 1990 年版,第 206 頁。

将来到了基础确立的时候……阶级全然消灭，真正的伊尔革图克拉西，乃得实现。这种政治完全属之工人；为工人而设，由工人管理一切事务，没有治人的意义。这才是真正的工人政治。①

就这样，通过对"工人政治"的远景设计，李大钊解决了真理实现的价值与现实之间的矛盾，满足了其真理世界观的逻辑需要。李大钊虽然没有像中江兆民那样，预想真理的实现带来一党制，但通过"工人政治"的设计彻底消灭了人对人的"统治"，这种统治权力的消解，实现了他所要求的最为彻底的民主，也为其坚持真理世界观扫清了思想障碍。

第三节　幸德秋水与茅原华山对李大钊的影响

如前所述，李大钊真理世界观形成的影响因素不是单一的，除中江兆民以外，第二位影响李大钊真理世界观形成的日本人就是中江兆民的弟子——幸德秋水（1871—1911年）。虽然没有证据表明李大钊接触马克思主义与其留日期间受幸德秋水的作品影响有关，②但不能因此就认为李大钊在思想形成上与幸德秋水毫无关系。1912年10月，具有对外扩张思想的亚洲主义者中岛端出版了《支那分割之命运》一书，对中国的历史与现实肆意诋毁，对中国的命运做出了毫无根据的悲观预测。这本书一出版就引起了许多中国学子的强烈愤慨。当时正在北洋法政专门学堂读书的李大钊和他的同学们也对此义愤填膺。他们决定以北洋法政学会的名义编辑一部著作对

---

① 李大钊：《由平民政治到工人政治》，《李大钊全集》第4卷，人民出版社2006年版，第4页。

② ［日］后藤延子：《李大钊思想研究》，中国社会出版社1999年版，第82页。

此书进行逐一批驳，而李大钊就是法政学会的编辑部长。在两个月后，经过李大钊和同学们的努力，《〈支那分割之命运〉驳议》一书出版，有力地驳斥了中岛的荒谬言论。

由于该书的署名是学会之名，通过分析可以明显看到既有李大钊的文风，也有一些可能是出自郁嶷之手①。但不管怎样，作为编辑部长的李大钊对于该书的内容应该是熟知的，而且在立场上也是积极赞同的，到他留日之后还专门为此书做过广告，称此书"字字皆薪胆之血泪"②。在中岛的原书中，他将幸德秋水斥为"大逆不道之凶贼"。那是因为转向无政府主义后的幸德秋水在1910年的"大逆事件"中，被诬陷为谋害天皇的主谋，于1911年1月18日被判处死刑并于24日被处决。③ 幸德秋水在得知判决后写下了"区区成败且休论，千秋唯应意气存，如是而生如是死，罪人又觉布衣尊"的绝命诗。作为中江兆民的弟子，幸德秋水十分敬重自己的老师，和兆民一样，也用自己的生命在实践着对真理的追寻，只不过对于他而言，社会主义或无政府主义才是真理。

就是这样一种通过不惜牺牲生命来坚持真理的幸德秋水的形象，在1912年已经渗入李大钊的内心。李大钊与他的同学们也对幸德秋水给予了高度评价。在驳斥中岛原文的译按中，他们写道：

> 译者曰：物极必反，天之道也。印度阶级之制严，而佛氏倡平等之教；法国专制之风酷，而卢骚倡民约之论；日本伪立宪而有幸德秋水鼓吹社会主义。佛氏也、卢骚也、幸德秋水

---

① ［日］后藤延子：《中島端『支那分割の運命』とその周辺（一）——アジア主義者の選択》，《人文科学論集》2005年第3号，第187頁。

② 李大钊：《新书广告三则》，《李大钊全集》第1卷，人民出版社2006年版，第122页。

③ ［日］林茂：《近代日本の思想家たち——中江兆民・幸徳秋水・吉野作造》，岩波新書1958年版，第96—103頁。

也,之三人者,虽生不同时,居不同地,而其慈祥恻怛,为吾人人类一大救世主则一也。①

将幸德秋水称为"救世主"完全是李大钊等人对他崇敬心情的体现,而幸德秋水追求真理、坚持真理的崇高形象,也有充分理由相信,一直深埋在李大钊的心底。随着李大钊留日后,对幸德秋水的恩师——中江兆民的政治思想理解的不断加深,这一对师徒从理性上、感性上两方面促成了李大钊真理世界观的初步形成。

第三位对李大钊真理世界观的初步形成起到了促进作用的日本人就是评论家茅原华山(1870—1952年)。他本人著作颇丰,比如《世界文明推移史论》《第三帝国论》《人类生活史》等,内容涉及从文明论到政治评论等多个领域。之所以说他对李大钊的真理世界观的形成产生了影响,那是因为茅原的一些学说——当然其思想本身也受到了近代西方,比如基佐、巴克尔、爱默生等人的影响——给李大钊的真理世界观赋予了初步的实质内容,给他提供了一个具有客观内涵的"真理"。

根据文本的对比分析,现在可以得知,李大钊的名作《青春》直接受到了茅原华山的论文《悲壮精神》的影响,李大钊的《第三》与《今》《东西文明根本之异点》则分别受到了茅原《第三帝国》与《人类生活史》的影响。② 而其中给李大钊的真理世界观提供初步实质内容的,就是茅原所主张的地理环境决定论或可称为地理史观的思想。茅原华山以欧亚大陆中部高原为界大胆地将东西方

---

① 此文转引自刘民山《李大钊与幸德秋水》,《近代史研究》1995 年第 4 期。从这段文字可知,通过在法政学堂的学习,李大钊与同学们对于卢梭的思想已经具备了一些基本知识。同时,李大钊在这一时期可能已经接触到了兆民的译本也未可知。但从此时李的其他文章中可以看出,他还没有建立起真理世界观。

② [日]石川祯浩:《李大钊早期思想中的日本因素——以茅原华山为例》,《社会科学研究》2007 年第 3 期。

文明分为"南道"与"北道",认为今后世界的出路将是两种文明的调和,他指出"未来时代人类生活伟大的进行曲是从南北两道朝向一致的世界而奏响的"①。在《东西文明根本之异点》中,李大钊全盘接受了茅原的地理环境决定论,他也将中国文明与西方文明定义为"南道文明"与"北道文明",认为二者的根本差异就是一"静"一"动"。李大钊之所以能够接受地理决定论,就在于这种观点具有高度的客观性,在一定程度上符合"真理"的客观、科学的本质属性要求。可以说,地理决定论是李大钊寻找真理过程中的初步结果。所以,直到李大钊后来接受唯物史观写作《由经济上解释中国近代思想变动的原因》时,里面仍然夹杂着"南道文明""北道文明"②的话语也就不足为奇了。

李大钊并非只是真理被动的接受者,他还是主动的追寻者,因而与茅原华山不同的是,他将调和东西方文明以产生新式文明的希望寄托于俄罗斯,③应该说这是李大钊在探寻真理的过程中开始注意俄国革命动态的具体表现。在谈到中国时,李大钊的主张更非简单的中西融合,他希望能够用"动"的文明改造"静"的文明以实现进步。而这一过程也是真理探寻的过程。

> 然在动的生活中,欲改易一新观念,创造一新生活,其事较易;在静的生活中,欲根本改变其世界观,使适于动的生活,其事乃至难……竭力铲除种族根性之偏执,启发科学的精神以索真理,奋其勇气以从事于动性之技艺与产业……如斯行

---

① [日]茅原华山:《人間生活史》,弘学館書店1914年版,第471页。
② 李大钊:《由经济上解释中国近代思想变动的原因》,《李大钊全集》第3卷,人民出版社2006年版,第143页。
③ 李大钊:《法俄革命之比较观》,《李大钊全集》第2卷,人民出版社2006年版,第227页。

第二章 "余信真理"：李大钊的日本经验与其真理世界观的形成　　61

之不息，科学之演试必能日臻于纯熟，科学之精神必能沦浃于灵智。此种精神，即动的精神，即进步的精神……时时创造，时时扩张，以期尽吾民族对于改造世界文明之第二次贡献。①

当了解到李大钊在这里吸收茅原华山的文明论的根本动力是受其真理世界观形成的本质需要所驱动时，就可以发现他论述东西文明融合的过程其实就是不断探索真理的过程，也便不会简单地认为李大钊在这一时期是在主张"调和论"。关于这篇文章中表达的文明论，汪晖虽然受于资料所限，误认为李大钊"可能受到了论敌的影响"将东西文明的差异理解为静与动，但他还是注意到了文章的重点其实是在叙述对真理的追寻，指出"本质主义的真理概念是整个叙事的核心"②。对于李大钊来讲，地理环境决定论由于其内容本身的"客观性"特征，便成为他在追寻解释人类历史发展真理过程中的初步结论。直到后来李大钊接受了唯物史观，地理决定论起到了一种"承上启下"的作用。石川祯浩认为在当时的知识分子思维中，从东西文明论到主张地理环境决定论再到接受唯物史观，三者之间存在着一定内在逻辑关系。③ 从本章的角度看，至少就李大钊而言，贯穿其中的就是他的真理世界观，真理世界观促使了他不断地寻求真理，不断地吸收各种学说，直到最后找到了他认为是最具客观性、科学性，也最具实践性的马克思主义。马克思主义曾经只是李大钊寻找真理过程中遇到的一种学说，但它最终战胜了其他学说，成为李大钊所坚持、

---

① 李大钊：《东西文明根本之异点》，《李大钊全集》第2卷，人民出版社2006年版，第217页。
② 汪晖：《现代中国思想的兴起》，生活·读书·新知三联书店2008年版，第1296—1298页。
③ ［日］石川祯浩：《李大钊早期思想中的日本因素——以茅原华山为例》，《社会科学研究》2007年第3期。

信仰的真理，除了其内容本身具有的"客观性""科学性""实践性"特征之外，还和李大钊本人坚持不懈探索、追寻真理的努力有关。最终，马克思主义成为李大钊所坚持、所信仰的真理，李大钊也如同中江兆民、幸德秋水那样，最终用自己的生命捍卫了信仰。

结语　跨越时空　追寻真理

1916年春，为了参加讨袁护国运动而短暂回国的李大钊从上海返回东京，其挚友幼衡（本名朱尔英）恰欲归国，李大钊在东京神田的一家小酒馆为其饯行，还特意送诗一首：

> 壮别天涯未许愁，尽将离恨付东流。
> 何当痛饮黄龙府，高筑神州风雨楼。

从留日前对袁世凯抱有一分期待，到如今誓言再造神州，就是在这种思想上发生巨大变化的情况下，李大钊于同年5月写下了《民彝与政治》的名篇。在本章中着眼于李大钊留日前后思想方法上出现的这个重大变化，也即其真理世界观的形成，深入探究了这其间源自日本的影响因素。通过分析可以相信，本书第九章的主人公中江兆民对李大钊真理世界观的形成产生过重要的影响，而且二人在处理自由、权力与真理之间的张力关系等问题上，具有一定的相似性。在这里我们可以梳理出一条从卢梭对人民主权与"一般意志"的尊崇，到中江兆民对政治之理的追求，再到李大钊对真理的信仰的思想脉络。此外，幸德秋水也至少在感性上促进了李大钊真理世界观的形成。而茅原华山的地理环境决定论则给李大钊带来了一个最初的"真理"。也就是说，从江户末期开始日本思想界寻求新政道的各种努力，在民国初年通过留日学生这一群体与中国的思想界发生了"共振"，而李大钊则是其中的典型。

正是在留日期间树立起了真理世界观，才促使李大钊不断探索、追求真理。在这一过程中，无论是托尔斯泰也好，还是密尔、卢梭也罢，抑或是日本的河上肇、福田德三，以及最终的马克思主义，对于李大钊而言都是其寻找真理的对象，他们都在给李大钊提供真理的具体内容。而李大钊最终选择马克思主义，就是因为其满足了真理世界观对科学性、客观性、实践性的逻辑需要，同时拥有真理世界观的李大钊，也不是简单地认同、研究马克思主义，而是将其作为真理来信仰，并为其实现而献出了生命。他的真理世界观也潜移默化地感染了之后的中国革命，给前赴后继寻求中国正确道路的人们的思想带来了无法估量的影响。

第二篇

追求理想政治

接下来，让我们在近代中日思想界"分流"与"共振"的大背景下，看看日本的知识分子会给思考中国道路问题带来怎样的学理刺激。首先，在第二部分将和读者一道分享近代日本两位大学者对理想政治的不懈追求。

第一位是有贺长雄，他依据儒学等中国传统的思想资源，建构出以"保合"为中心的政治思想。他认为，在中国需要出现一位"圣人"通过保合延续旧政道，调和国内革命和守旧两种势力，以维护传统的"美风雅俗"。为了达到这一目的，他提出了一系列制宪主张，目的在于改革新生共和国的代议制政体以和旧政道相互协调。他一方面限制了参议员的当选资格以扩大保守势力在国会内的影响，一方面为大总统这一职务制定了广泛职权。有贺希望由超然内阁替大总统担责，同时通过改革大总统选举办法来塑造其"圣人"形象。不过当旧政道不再成为中国社会共识之时，有贺长雄的政体试验就难免失败的结局。

第二位是中江丑吉，他是一位长期旅居北京的日本汉学家，在北京的生活使他感受到了战争对古都带来的创伤。中江丑吉对中国古代政治思想有着深入而独到的研究。一方面，通过"亚细亚生产方式"理论，他确认了中国历史的"停滞性"。另一方面，他也发现在中国的传统思想中存在着以人为中心的思维方法。而中江丑吉一生都坚信"人性"的实现是历史前进的根本动力。在第二次世界大战期间，他时刻关注着局势的变化，而且预言不符合"人性"的法西斯势力必将彻底失败。他相信中国能够通过革命性变革重返世界的中心，并且主张日本要通过战败与彻底的改造来获得重生。

第 三 章

在旧政道与新政体之间

——日本"新儒家"有贺长雄的政体构想

文明之间只有冲突吗？传统思想与现代性之间可以融合吗？儒家的政治理想能在近代以来的代议制度中实现吗？围绕着这些问题，一位日本宪法学家曾经展开过痛苦的思索。他就是有贺长雄（1860—1921年），近年来学界围绕这个日本人的研究成果颇为丰硕，各方对他的评价也是褒贬不一。① 有贺长雄本人实际上也度过

---

① 近年来中日两国学界关于有贺长雄的研究，请参见李超《民初宪法顾问有贺长雄研究综述》，《学术探索》2015年第10期。

了堪称精彩的"多面人生"。① 作为国学者的长子，他从东京大学毕业后就进入官界，一直升任到内阁书记官兼总理大臣秘书官，后来辞官作为学者留下了从哲学、国法学，到社会学、行政学甚至美学方面的众多著作，获得了法学、文学的双博士学位，在东京大学和早稻田大学两校任教。有贺与中国还有千丝万缕的联系，从对清末宪政考察大臣的讲义，到民初的宪法制定过程，他都积极参与其中。不过他与中国的关系却没有给他本人的名誉带来什么好处，反而因此饱受争议，而且这些批评在他生前就已层出不穷。熊达云指出，第一，有贺所参与的清末立宪和民初制宪最终都归于失败；第二，作为一条沟通渠道参与"二十一条问题"的解决而被日本舆论批判为国贼；第三，卷入到袁世凯称帝事件当中而受到中国社会的谴责，这三件事情都影响到了对他的评价。② 为什么有贺一方面受到来自各方的批判，另一方面还积极参与到与中国的相关活动当中呢？从政治史方面分析，有研究就认为有贺不过是袁世凯的"御用顾问"，认为他是在向袁尽忠；③ 还有研究指出有贺的种种建议背后都存在着日本政府的意图，他实际上扮演了"阴谋政治家"的角色。④ 此外，也有研究通过分析有贺来华之前在日出版的《国法学》以及他对清末宪政考察大臣所授的宪法讲义，认为这些是他赴任民国宪法顾问后所提建议的基础，他只不过是将自己的学说运用

---

① 关于有贺长雄的生平，请参见［日］有井博子《有賀長雄》，《学苑》1965年第6号，第29—40頁。

② ［日］熊達雲：《清末における中国憲政導入の試みに対する有賀長雄の影響と役割について》，《早稲田政治公法研究》1994年第46号，第55頁。

③ 参见李廷江《民国初期の日本人顧問》，《日本文化研究所紀要》1996年第2号；同，《民国初期の日本人顧問——袁世凯と法律顧問有賀長雄》，《国際政治》1997年第115号。

④ 参见张学继《论有贺长雄与民初宪政的演变》，《近代史研究》2006年第3期。

于民初宪法起草过程中而已。① 本章无意否认有贺一系列活动背后所隐藏的政治因素，但如果把历史的解释集中归结于政治因素，学术探究必将失去意义，因为答案早已确定，日本对华的野心是昭然若揭的。实际上政治因素只是历史过程的一个侧面，决定有贺言行的因素还有很多。其个人的思想历程就是一个毋庸置疑的因素，需要从思想史的层面进行深入挖掘。近年，李超从有贺长雄的宪法学说入手，正本清源地分析了其来龙去脉，论证了有贺的民国宪法建议有其学术根源而非单纯出于政治目的。② 但目前学界对于围绕有贺与清末民初宪政变革的研究，都还停留在"就宪政论宪政"的阶段，特别是国内学界的一些研究所运用的文献还主要集中于有贺在中国发表的《观弈闲评》③ 等少数著作，这就更无法从思想上全面地对有贺进行解剖分析。事实上，有贺对中国的各种宪政改革的建议都是建立在他本人对中国历史、对中国文明的理解之上的，抛开这一点很难弄清其各种言说的真意。

从中国回到日本之后，有贺长雄出版了一本《支那正观》，在这本书的序言中，他这样写道：

---

① ［日］松下佐知子：《清末民国初期の日本人法律顧問——有賀長雄と副島義一の憲法構想と政治活動を中心として》，《史学雑誌》2001 年第 9 号。松下在文中就认为，有贺在《观弈闲评》中提出的总统制构想就是他给清末宪政考察大臣讲授的《宪政讲义》中皇帝的职权与三权分立原则相综合的结果，具体参见论文第 71 頁。

② 详见李超《观弈闲评：有贺长雄宪法理论研究》，上海三联书店 2019 年版。

③ 《观弈闲评》一书是根据有贺关于民初宪法制定等问题的一系列日文论文或演讲翻译而成的，于 1913 年 8 月校印，具体过程参见尚小明《有贺长雄与民初制宪活动几件史事辨析》，《近代史研究》2013 年第 2 期。不过对于是谁翻译了此书，尚论文提出是李景龢、曾彝等人，而有贺本人则回忆说是他请同行的作为翻译的早稻田大学教授青柳笃恒译为书稿的。参见［日］有賀長雄《北京滯在中の余の事業》，《外交時報》1913 年 8 月，第 210 号，第 15 頁。书名被认为是由溥仪之师陈宝琛命名的，参见［日］熊達雲《有賀長雄と民国初期の北洋政権における憲法制定について》，《山梨学院大学法学論集》1994 年第 30 号，第 19 頁。

> 以支那为中心的文之理想，是经纬东洋天地的一大理想，其重要性不次于支配西洋近世的科学思想……在今日文之理想不被受到重视只是一时的现象，将来必然有与科学并行成为世界两大思想之期。最近六年间，余应民国之招聘寓居于北京，亲身观察彼地之制度文物，实地确认了构成支那国民团结基础的非别，就是此文之理想……余三十年前的两著已经绝版，将之附录于卷尾，以证明余思想今昔之一贯。①

在北京的六年有贺不仅仅参与了民初的制宪活动，还亲身确认了他对于中国文明的理解，也就是所谓的"文之理想"，而《支那正观》及其附录，恰恰就展示了有贺所理解的"文之理想"为何物。换句话说，有贺就是在民初制宪的过程中确认并更加坚定了自己对中国的理解。因此，有贺的中国认识与其制宪活动是密不可分的，有必要探究这二者之间的关系，只有这样才能透过表面的宪法条文深入理解有贺关于民国制宪各种建议的真正内涵。为此，本章将从以下几点深入剖析民初有贺长雄政体构想背后的政治思想理路：第一，有贺本人对中国文明到底抱有何种认识，他又从中国传统政治思想资源中借鉴了什么？第二，有贺本人对于宪法与近代西方政体持什么态度？第三，他来到中国后，对民初时期的政局做出了怎样的观察与判断？第四，他本人的思想和对时局的看法最终如何影响到了他的制宪建议？

---

① ［日］有賀長雄：《支那正観》，外交時報社1918年版，"序"第1—3页。在此书的卷尾，作为附录刊印了有贺在1885年出版的《文学论》与《圣门哲学论》两书。由于有贺长雄的文章多采用半文半白式的日语文体，在翻译过程中，为了尽可能保持原文意味，本书中的译文也采取文白相间的形式，还望读者见谅。此外，本书中"支那"一词，皆为引文中的时代用语，为保证引文准确性，未做调整，不代表本书作者立场。

第一节 有贺长雄的中国观

有贺长雄的中国观不是一成不变的,他对中国文明也并非从一开始就抱有理解与尊重的态度,其态度的变化还直接影响到了有贺政治思想的建构。

一 中国文明与"保合"

从东京大学毕业后的第二年,有贺长雄就在日本的《学艺志林》杂志上发表文章,讨论中国文明与西方文明的区别。受到当时日本社会西化风潮以及进化论的影响,① 在这篇文章中他把中国文明与西方文明差异的原因概括为,中国文明中缺乏"万世一统的宪法政典"②。而造成这种现象的根本原因在他看来就是"孔子之教的性质"③,有贺认为孔孟之说都是具体事例或循环推论而非抽象统一的哲学原理,因此使得后世之人"束缚于格段独己的有形事实,而不能自由来往于抽象无形的理系之境"④。有贺还论述说这种现象直到宋儒之后才有所改观,通过宋儒之学"支那之开明才稍稍获得一统之理,明以来才实行了普遍的法律"⑤。在这里,有贺的论述是否正

---

① 有贺长雄本人也是日本进化论思想的传播者,就在同一年即 1883 年,他分别发表了《社会进化论》和《宗教进化论》两部著作,此外日本社会西化风潮的象征鹿鸣馆也于同年建成。
② [日]有賀長雄:《支那の開明と西洋の開明との差別(支那西洋開化之別)》,《学芸志林》1883 年第 12 号,第 357 頁。
③ [日]有賀長雄:《支那の開明と西洋の開明との差別(支那西洋開化之別)》,《学芸志林》1883 年第 12 号,第 362 頁。
④ [日]有賀長雄:《支那の開明と西洋の開明との差別(支那西洋開化之別)》,《学芸志林》1883 年第 12 号,第 364 頁。
⑤ [日]有賀長雄:《支那の開明と西洋の開明との差別(支那西洋開化之別)》,《学芸志林》1883 年第 12 号,第 367 頁。

确合理并不重要,关键在于从这些文本中可以得知这一时期他对中国文明的态度,特别是对儒学的态度。需要注意的是这一时期他已将孔孟之学与宋学明确区分,认为宋学在一定程度上为中国文明提供了成体系的哲学原理,这也是为什么后来他在探究中国文明的根本原理时没有依据孔孟之说而是采用《大学》《易经》等文本的原因。

进一步说,西方文明的特点又是什么呢?有贺认为,不同于中国的"格段独己",西方文明的秘密在于"总括"。他以牛顿为例进一步解释道,"总括就是在格段独己的众多事物中,发现普遍存在于彼此之中的一条理系,依此区分事物的绝大部分与寡少部分……这是支那人所不能之处……所谓理学者在支那人中是绝无的,因为理学都是起源于总括"。[①] 有贺所指的"理学"很显然是物理等近代科学,他认为中国人由于缺乏"总括",也即抽象思维和形而上学的能力,因此才与近代科学无缘。总之,这一时期有贺对中西文明的认识就是,中国文明是"格段独己"之文明,西方文明是"一般一统"之文明,这是二者后来历史发展差异的根本原因。

不过就在两年之后,有贺长雄便改变了以上的看法,发表了《文学论》与《圣门哲学论》两本著作,对中国文明进行了重新解读。他在《文学论》的序言中就写道:

> 支那三千年之文化果是一大失策乎。君臣父子夫妇兄弟朋友之道果是黄色人种之幻梦乎。日本旧有之文明与西洋传来之开化,水火不容乎。若并非难以两立,取支那文明之何,又采西洋开化之何耶。[②]

---

① [日]有賀長雄:《支那の開明と西洋の開明との差別(支那西洋開化之別)》,《学芸志林》1883年第12号,第371—372页。

② [日]有賀長雄:《文学論》(1885年),《支那正観・付録》,外交時報社1918年版,第142页。

他在书中继续承认西方文明的优势在于"理学",但他发现西方还用"理学"的方法研究道德、政体、法制等问题,这让他产生了怀疑。有贺自问自答地说,"一国之文化能单因理学而达到极致乎,答曰,不然。理学上之发明得用于善道,也可得用于恶道。是以必有在理学之外使人为善去恶者……概谓之纲纪"[1]。而在他看来,"纲纪"与"理学"具有决然不同的性质,西方人之所以能够发现近代科学,能够具有抽象思维,原因在于他们通过"分解"之法来分析事物,但有贺认为"分解"之法却不能适用于"纲纪"。因为,物虽有别,但物理之学则是普遍的,而"人之性情则不然,必因所立之纲纪如何而异"[2]。也即,与自然科学不同,"纲纪"会因不同文化之人所立而各异,而不同的"纲纪"又会影响到相应的人群,在这其中难以用"分解"之法发现普遍的"一统之理"。他说"想通过分解自由、快乐、进化而得到善、分解人之性情而得到美,就如欲分解木材而得到屋宇一般"[3]。那么如何才能正"纲纪"呢?有贺长雄认为在中国文明当中存在着一种方法,为此他从《易经》的乾卦"保合太和,乃利贞"中直接抽取、创造出其政治思想的核心概念——保合[4]。而保合又是何意?

保合与分解相反,非取现有定形之人性而剖析,乃察将来应有之趋向而构缀之法。应有之趋向指虽未必得定形,然得以

---

[1] [日]有賀長雄:《文学論》,《支那正観・付録》,外交時報社1918年版,第144、146页。

[2] [日]有賀長雄:《文学論》,《支那正観・付録》,外交時報社1918年版,第147—149页。

[3] [日]有賀長雄:《聖門哲学論》(1885年),《支那正観・付録》,外交時報社1918年版,第193页。

[4] 保合一词在日语中可读作"もちあい",即相互扶持之意,此外现代日语中还用于描述股票价格稳定的状态。有贺思想中的保合一词与日语中的一般用法完全不同。

画定想象且不难于表达之趋向。其中采能调和汇通足以为人世之规矩者,将其构缀为整顿全体之规矩。此谓因保合而正纲纪也。①

有贺对保合的解释确实有些晦涩,所以有研究将其理解为"综合"②,这样的理解忽视了有贺原意中强调的"应有"与"调和"(现代汉语里可理解为"和谐",笔者注)二词。实际上,有贺本人从中国回到日本之后,又对此加以说明,保合就是"结合数个异物,依其间之调和的关系而产生新事物……产生的新事物必让人类感受到美,谓之保合之美"③。他还提到,通过保合来正纲纪最终的结果就是得到文明。他一边引用《易经》的注释指出文明就是"文采著明",一边又举例说《大学》里面所讲的从"格物"到"平天下"的七个阶段就是保合的各个阶段,保合的结果就是平天下而得文明。④ 这也更可以证明,保合绝非"综合"之意。如果允许用现代汉语对其加以说明的话,本章理解的保合就是,协调不同事物,使其产生和谐关系,最终呈现出相得益彰之状态的方法。而这一保合之法,就是有贺长雄从中国文明中找到的,区别于西方的,能够正"纲纪"的根本之法。

二 "保合"与政治变革

那么,具体而言保合是如何开展的呢?谁来运用保合之法

---

① [日]有贺長雄:《文学論》,《支那正観·付録》,外交時報社1918年版,第155页。

② [日]松下佐知子:《中国における"国家"の形成——有贺長雄の構想》,《日本歷史》2003年总第665号,第70—71页。

③ [日]有贺長雄:《支那正観》,外交時報社1918年版,第12—13页。

④ [日]有贺長雄:《文学論》,《支那正観·付録》,外交時報社1918年版,第156—157页。

呢？有贺的答案很明确，保合是需要"圣人"的。他说，"唯至人类应有之趋向，极为错杂，故待圣人始得全保合之业"①。到此，有贺长雄政治思想的根基部分已经出现，那就是他认为至少对于处在乱世的中国而言，需要出现一位圣人通过保合之法重振纲纪。

而以政党政治为代表的近代西方政治很显然并非有贺所讲的保合之法，有贺对于政党政治也早有微词：

> 善恶正邪之道未定之西洋诸国又依何而治天下？现今以党派治之。只去腕力之斗争仅一步而已。因改进守旧而左右政治，初看则巍巍堂堂，细考其实恰与抓阄决大事无二。岂君子之道哉。一方之党之主义果正则反对之党之主义必邪，则两党之权衡必正邪之权衡，绝非纯粹正道。更何况区分正邪之所未必仅改进守旧之间。②

依照保合之法观察西方的政党政治，有贺长雄认为那不过是距离暴力政治一步之遥的权宜之计，是不分善恶正邪的政治，是不能给人类指明未来"应有"的"调和"状态的。他的这一对政党政治的否定态度实际上也影响到了后来其对中国制宪问题的看法，如后文述，有贺在制宪的建议中极力试图抑制政党对政权运作的影响。与此同时，保合之法还对有贺两年前提倡的进化论提出了挑战，让他改变了对人类社会演变规律的根本看法。那就是有贺认为，重要的不再是单纯的"进化"或"改

---

① ［日］有賀長雄：《文学論》，《支那正観·付録》，外交時報社1918年版，第163页。
② ［日］有賀長雄：《聖門哲学論》，《支那正観·付録》，外交時報社1918年版，第189—190页。

进"，而是"变通"：

> 保合不进、人文不开。圣人之道，先施第一事，第一事既穷且民倦之，更观求他事之机，再使移最易移之第二事……此谓之变通。不明圣门之哲理者妄以为，因循姑息乃儒道之大旨、反对进步，岂不误哉。今之论改进者，只知变而不知通。通者，贯彻变前变后气脉之谓也。察此气脉、起此变者，圣人也。守旧则倦，更新则不宜，乃事之情也。变其旧而不使民倦者，化也；趋其新而使民咸宜者，神而化也……变通之理未见于欧美学者之间，可谓支那保合论法之特异一点也。①

既不是变化也不是进步，有贺长雄强调的是"变通"。也就是说，改革虽然必要，但只有将改革前后加以贯通才是真正意义上的改革，才是"神而化"。这是有贺从保合之法中抽象出的改革方法论。当然，这种对待改革的态度实际上也与他早年推广的斯宾塞的"社会进化论"有关。已有研究指出，斯宾塞及其"社会进化论"对近代日本产生了重大影响。而斯宾塞本人的历史主义思维方法也影响到了日本的维新过程。斯宾塞在承认社会发展的各个阶段都具有其合理性的同时，还认为各个国家由于国民性的不同因而具有合理的空间个性。斯宾塞曾经就劝告过森有礼，他认为日本维新后的新制度一定不要破坏持续性，必须和以前的制度相接续。② 于是，在同样受到了斯

---

① ［日］有賀長雄：《聖門哲学論》，《支那正観·付録》，外交時報社1918年版，第212—213页。

② ［日］三谷太一郎：《人は時代といかに向き合うか》，東京大学出版会2014年版，第104页。

宾塞影响的有贺长雄的头脑中,来自西方的社会进化论与东方传统儒学的政治思想发生了某种"化学反应",产生了以"变通"为关键词的改革方法论。他也是本着这个态度参与到清末民初的历次制宪活动当中的。然而通过在华历时六年的制宪活动,有贺深深地感受到,中国文明的"文之理想"、保合之法正在受到西方近代政治思潮的冲击,其中最为突出的就是"平等主义"。

> 现今由西洋各国民中兴起,有一种欲破坏日本及支那文明基础的危险,何也,曰,西洋各国文明之基础、平等主义是也。西洋之国民知分析而不知保合,分析人类社会时仅有个人,个人皆平等,故为让每个人充分发展各自人格,而去除所有人为束缚,使人自由竞争,此为西洋各国民现行之大道,又乃其富强之原因。若独以富强为人生之目的,则仅西洋文明是正道……然从日支两国民之思想观之,人之富强之外尚有更尊之物,即以人类天与之灵智凝练大和保合之功夫,使人生尽调和之美,以行通天地自然之大道是也。①

有贺长雄感受到了中国文明与西方文明之间的"文明冲突"。他认为"平等主义"② 正在威胁着"保合"的理想。当然,有贺也并非对近代西方文明持完全排斥的态度,他也深知西方的富强是由于"平等主义",近代西方的政体也是基于"平等主义",而处在大正时期的日本也正在试图走一条"皇统连绵"与"平等主义"

---

① [日]有賀長雄:《支那正観》,外交時報社1918年版,第76—78頁。
② 有贺长雄在其论述中多处使用"平等主义"一词,概括来看,这一词语一般指近代西方的自由主义。

的两立之路。① 问题是，中国又与日本不同，经过辛亥革命实现了共和，没有所谓的"皇统连绵"来体现文明的延续，伴随着政体的变革，随之而来的是更大范围的文明冲突。有贺感慨道：

> 支那之共和政体亦基于平等主义自不待言，现今的支那，文之理想与平等的理想对立，因其冲突时而掀起种种波澜……必于数年后下工夫建设一既不违个人平等之大义，又合社会调和理想之共和政体，在此地球上开创一面与日本相容，一面与西洋各国两立之文明，对此深信不疑。②

综上可知，在有贺的思想中，中国的文明是文之理想的体现，中国重视文明的传承，但不像日本依靠皇室，而是依靠"历史、文学、金石三者"③ 来传承其文明。具体而言，就是不断通过圣人或明君以保合之法，例如"科举"④ 来整顿纲纪、实现社会和谐的。因此对于有贺来讲最重要的不是政体如何，而是某种政体能否与既有的文明相协调，能否通过某种政体继续将中国的文明传承下去。换句话说，政体对他而言只是形式，政道才是根本。正如后文所分析的，有贺长雄真正反对的不是作为政体的共和制，他谋求抵抗的是作为新政道的"平等主义"，坚决反对的是方兴未艾的"社会主义"。因此可以讲，当明确了有贺围绕"保合"这个概念建构起来

---

① ［日］有賀長雄：《支那正観》，外交時報社1918年版，第78—79頁。
② ［日］有賀長雄：《支那正観》，外交時報社1918年版，第79—80頁。
③ ［日］有賀長雄：《支那正観》，外交時報社1918年版，第36頁。
④ 有贺本人对科举制度持十分称道的态度，认为这种制度就是一种能够选拔通晓社会和谐之美的人才以任官吏的好方法，也是中国能在很长时间顶住西方压力保持国民团结的原因之一。参见［日］有賀長雄《支那正観》，外交時報社1918年版，第32—34頁。

的一套政治思想后，就可以真正理解他在历次制宪活动中提出的各种建议的内涵。

第二节 有贺长雄的宪政观与对中国变革的观察

除了上文所分析的有贺长雄的中国观，他本人的宪政观与对中国时局的观察也是能够影响到有贺在华期间言行的重要因素。关于他给清末宪政考察大臣所授的宪政讲义等内容，学界已有研究，揭示了其"主张区分国家事务与皇室事务，承认三权分立原则，强调行政责任原则，提倡军政统帅权独立等"① 主要内容，本章对此不再赘述。

一 有贺长雄的宪政观

实际上除了对清末大臣讲授宪法外，有贺本人还多次给来日本的中国留学生发表演说。在早稻田大学他就曾经对留学生谈到，中国历朝的国法虽有变迁但在重视民意这一点上竟与近世国法中的国家观念相似。他认为在中国君主必须修德以行仁政，不然便会发生易姓革命，这是中国国法之大义，"可谓出泰西近世国法之右一步"②。那近代西方的立宪政体的意义又在哪里呢？有贺认为主要就在于立宪章严格大臣辅弼之责，开国会使人民尽其所欲之言，以此"使革命之事归为无用、永绝内乱之祸源"③。对他而言，立宪

---

① 孙宏云：《清末预备立宪中的外方因素：有贺长雄一脉》，《历史研究》2013年第5期。
② ［日］有賀長雄：《清国立憲の大義》，《大家論叢 清国立憲問題》，清韓问题研究会1908年版，第49—50頁。
③ ［日］有賀長雄：《清国立憲の大義》，《大家論叢 清国立憲問題》，清韓问题研究会1908年版，第49—50頁。

不是目的而是手段，是防止革命的手段。正是为了防止革命，在围绕君主地位及权限上，有贺采取了较为现实的态度，并非一味伸张君主大权，这一点在他谈及日本的宪政体制时体现的也很明显，他说：

> 日本及泰西诸国在宪法中所取国法之原理，就在于使元首即便欲行虐政也无行之余地。不过元首统括之实权范围，各国有广狭之别。如日本，天皇大权的范围虽广大，但也并非独断专任元首统括之事务，必下之有司依宪法条规执行，虽为君主之命令，如违反宪法之条规，有司也无承命而行之道……设国会广开言路，人民虽处统括之客体，仍得尽于政治上所欲之言，是以人民无革命之欲，君臣关系日益亲密……①

这是有贺长雄给清末留学生谈的"国法之原理"，其中有两点需要引起重视。第一点，有贺虽然承认君主作为元首的大权，但这种权力并非不受限制，是需要在宪法规定的范围之内行使的，而且需要具体的行政官僚辅弼执行。这实际上是他一直追求的立宪君主的状态。在1903年，有贺受到伊藤博文和伊东巳代治的重用，进入帝室制度调查局，就曾设想使皇室作为国家机关，通过制度化让天皇远离政治实权，最终实现天皇在政治上的"无责任化"状态。② 这种限制皇权的想法在他本人对清末宪政考察大臣的讲义中同样有所透露，他说"天皇之大权应遵奉宪法行动，故不依宪法规

---

① ［日］有贺長雄：《清国立憲の大義》，《大家論叢　清国立憲問題》，清韓問題研究会1908年版，第59頁。

② ［日］瀧井一博：《伊藤博文　知の政治家》，中公新書2010年版，第222頁。

定之君主命令，以宪法观则非君主之命令"①。不过，第二点需要注意的是，虽然有贺主张限制君主权力，但在有贺的立宪政体构想中，主权仍然归于君主，君主是元首拥有统括之权，人民只是统治的客体，国会被定位为人民进言的渠道。如后文所述，对元首大权的推崇和一定程度的限制，以及对国会地位的限定，有贺的这些观点在民初的制宪问题上也都有所体现。

此外，有贺长雄不仅给留学生讲了宪法原理，还对于采取何种态度推进立宪提出了建议。他说日本及泰西诸国在近世国法的要义上并无差异，只不过在如何立宪的方式上存在不同，他推荐的是"逐渐修补旧法，逐步采用近世国法，勿行非常之改革，变通古今、使现今朝廷稳如泰山"②的日本式变革方法。他还警告说，"由君主亲裁一转立即变为立宪政体，无论何种国民都不能为，清国此次改革，当止于立宪政体之准备，急剧变动对清国而言为最不可取之处，也是确立宪法特别有害之处"③。他再次强调的还是不要急剧变革，而要"变通"。这可以说是有贺长雄一贯的立宪方法论，因为如前文所述，有贺重视的是政道的延续，政体的变革不能威胁政道，需要与旧有的政道进行协调，甚至为了延续旧有政道，在必要时对新的立宪政体加以改造以适应旧政道，这一态度最终在民初的制宪问题上得以充分显现。

然而清政府未能按部就班地通过立宪防止革命，在立宪的过程中革命便已爆发。面对着新成立的南京临时政府，有贺长雄建议新政府应该迅速召开国民会议（Assemblée nationale）以决定政体。他

---

① 参见《有贺长雄博士讲述宪政讲义》，《伊东巳代治关系文书》，国立国会图书馆宪政资料室所藏，一九〇八年四月二十八日。

② [日] 有贺长雄：《清国立宪の大义》，《大家论丛　清国立宪问题》，清韩问题研究会1908年版，第60页。

③ [日] 有贺长雄：《清国政体の前途》，《外交时报》1906年8月第105号，第36页。

特别用法语给国民会议注音,又引述法国革命的历程,实际上是在提醒革命政府不要走法国革命与复辟相互循环的老路。因此,他还建议革命政权要在国民会议里保持优势,避免分裂,发出和平号召,迅速决定政体,具体宪法条文委任于成员更少的委员会商议。① 不过积极参与清末立宪改革的有贺为什么到这时又对革命政府积极建言呢?实际上这与有贺对辛亥革命的态度有关,他说这次革命"非支那国民之革命,是由世界大势所促成之革命",他相信"支那国民从此将经历多重变动,终得树立适合其地理人情之永久政体"②。而中国的地理人情又是什么呢,有贺继续了他的保合之法,他说:

> 满清朝廷自然灭亡之后到底是建立立宪君主政体还是定共和政体,这都是枝节问题……历来支那本非法度之国,而是人文之国。出一圣人(用今日之流行语即豪杰)(前括号内为原文,下同)以其圣神功化变通旧式文明更新人文(以今日之科学语讲,用人格自然具有的神妙威力感化国民,整合种种社会势力,在其间建立起和谐关系),不这样则很难看到永久的太平……如出此圣人则必为支那国民作最为善美之政体,此政体既非立宪君主也非共和,必为世界无比之政体。③

不难看出,立宪也好共和也罢都不是有贺所关心的,重点在于

---

① 参见〔日〕有賀長雄《支那国民会議に対する史的教訓》,《外交時報》1912年1月第173号,第15—18頁。
② 〔日〕有賀長雄:《大局を誤る勿れ》,《外交時報》1912年2月第175号,第33—34頁。
③ 〔日〕有賀長雄:《大局を誤る勿れ》,《外交時報》1912年2月第175号,第33—34頁。

革命之后能否出现一位"圣人"通过保合创造出适合中国国情的具体政体制度。这位圣人又是谁呢？有贺首先否定了革命党人，他说"孙中山、黄兴在破坏方面是厉害的人物，但没有让支那团结起来的德行"①，那袁世凯又如何呢，到了北京之后有贺发现袁世凯"自身也没有此才，其部下中也没有能辅佐之士"，总之民国临时政府里缺乏有"大经纶大理想"的人物。②确如有研究指出的，有贺长雄期待着一种圣人政治或贤人政治，③但需要注意的是，他并非认为圣人政治是在西洋或日本也都普遍适用的政治形式，这只不过是他基于对中国文明的理解而得出的最适合（至少是他认为的）中国国情的政治形式。有贺所论述的也并非是中国特殊论，因为在他看来，各国都有各自的国情，比如近代西方基于的是"平等主义"，在日本有所谓的"皇统连绵"，而中国则需要圣人的保合，并不是哪个国家特殊，而是政体一定要适应具体的国情，他只不过是彻底地坚持了政体的适用性原则而已。

二 有贺长雄的民国观察

不过，实际往往事与愿违，当1913年——也就是李大钊赴日留学的那一年，有贺到了北京之后，他不但没有发现能够承担得起保合之任的圣人，民国初政界的种种样态也让他颇为不安。他曾经参观了第一届国会的开幕仪式，地点就在前清的财政学堂之内，此处也曾是饲养暹罗、安南进贡大象的象坊，他在观看开幕式之后不由得发出感慨，"昨日的象坊成为今日众

---

① ［日］有贺长雄：《大聖人の出現を待つのみ》，《早稲田講演附録》1912年3月第12号，第25頁。

② ［日］有贺长雄：《民国政界現状》，《外交時報》1913年6月第207号，第103—104頁。

③ ［日］熊達雲：《有賀長雄と民国初期の北洋政権における憲法制定について》，《山梨学院大学法学論集》1994年第30号，第10—11頁。

议院议场,一想到将来会从此处聚合的六百头颅中产生众多立宪的豪杰,能兴支那亦能亡支那者也即此议会之时,真是无限感慨"①。他还特别注意到了在会场内的蒙古、西藏等官员,指出这些代表多为民国政府临时指定的,主要目的是为了防止分裂。②但即便如此,此时的有贺还是对新生的国会抱有期望,认为作为"民主国最初的国会开院式还是颇得要领的,在执行上也毫无停滞,极为严肃",就算有困难也能慢慢解决,还说与日本不同这是"大陆的心胸"③。可是两周之后,有贺的态度就为之一变:

> 中华民国议会开会已经两周了,连议长选举都未完成,只在预备会议名义下每日两院开会,为了区区手续问题展开着喧闹的空谈……国会议员的多数都是毫无经验的年轻人,只知道卖名,或是希望能够推其前辈充当要路以便自己沾光,都仅凭利己心处事,丝毫没有忧虑民国前途的诚意。④

民国初期国会的乱象可以说荒唐至极,在议员选举中各地公开标价买卖,在湖南参议员选举的票价竟然高达1500元,武昌街头还出现了"君主专制,卖官御吏,富豪专政,典卖议

---

① [日]有賀長雄:《中華民國第一次國會開會》,《外交時報》1913年5月第204号,第2頁。

② [日]有賀長雄:《中華民國第一次國會開會》,《外交時報》1913年5月第204号,第3—4頁。

③ [日]有賀長雄:《中華民國第一次國會開會》,《外交時報》1913年5月第204号,第5—6頁。

④ [日]有賀長雄:《民國正式國會開會後二週間》,《外交時報》1913年5月第205号,第1頁。

员"的公启。① 而有贺长雄本人也是这些乱象的亲身观察者，本来就对议会政治不抱好感的有贺，在看到了民国初年国会的混乱后，不能不对议会政治是否适合中国产生更大的怀疑。如前所述，有贺本人对袁世凯的评价并不高，而国会的乱象使得他对民国政界整体都产生了怀疑。但问题远远不止于政界，他还对民国初年的国民状态做了一番观察，让他感到吃惊的是，中国人虽由清朝时期的"臣""民"转变为民国的"国民"，但人们并没有什么特别的反应。他说中国人脱离了前清二百七十余年的专制统治，成为自由共和的国民，"按理说从其欢悦之心当产生出民歌，或出现庄严的宗教心"，可现实却是没有任何变化，他不知道辛亥革命在精神上的产物为何物。② 有贺认为在传统中国，人们信奉"天命"，无论君主还是人民都对天持有敬畏之意。而辛亥革命到底是天意还是人为呢，这是革命给人们精神上带来的混乱。有贺认为辛亥革命是天意而非人为，如果认为民国的建立只是人为，"则将来会因此产生国民道德颓废的危机。如此大事业也能由人意而为，则无论何事都可由人力为之。恐怕由此国民的观念会认为天地间不再有可畏惧之事，只要凭人力施巧措施则无论何等要事，都可自由为之。苟如是，则除实利外，再无能制服人心之物"③。在这里没有丝毫对人性自由解放的礼赞，而是充满了对毫无忌惮的人性的忧虑。在初春时节，有贺来到了天坛，想到当年的天子曾在此祭天，他不由得感慨万千，也因此产生了建议民国政府祭天的念头：

---

① 程舒伟：《议会政治与近代中国》，商务印书馆2006年版，第112页。
② ［日］有賀長雄：《民国正式国会开会後二週間》，《外交時報》1913年5月第205号，第3页。
③ ［日］有賀長雄：《民国正式国会开会後二週間》，《外交時報》1913年5月第205号，第4页。

>夫所谓道德者，无外仁义。仁义即天道。唯其天道故不可不行。决非为实利而行。是以可知，民国教育之宗旨当以畏天为主。然则亦可知祭天之必要……民国受天命而兴，竟不祭天，实不可解。岂非不惧天谴，而招前途之大不幸乎。①

有贺希望通过祭天，一方面表明民国的成立并非是与历史决裂，而是延续了历史上承天命而"革命"的政道，试图给民国加上一层历史的合法性；另一方面，他也想通过祭天实现对国民的教化，给祭天这一政治仪式增添一份国民教育功能。不过要实现这些建议还需要有一个稳定的政局，然而在有贺眼里民国的前途是不明朗的，政治混乱持续，革命势力的治国能力受到怀疑，前清的残余势力开始抬头，"无法捕捉到民国现在国家生活中的核心原动力，有一种离开都市进入乡野的寂寥之感。宪法果如何，至何日因何动机得以制定，以今观之难以测知"②。就是在这种状况下，抱有"保合"理念的有贺长雄参与到了民国初年的宪法制定过程，提出了他颇具争议的"新儒家"政体构想方案。

第三节　日本"新儒家"的政体构想

之所以用带引号的"新儒家"一词来定位有贺长雄，就在于虽然其主张的本质、目的、学术方法与当代新儒家有着重大区别，但是在如何对待以儒学为代表的中国传统思想资源，如何对儒学这一传统思想资源进行创造性的转化并以此创制出新型的代议制政体这

---

① ［日］有贺长雄：《民国正式国会开会后二週间》，《外交时报》1913 年 5 月第 205 号，第 5 页。

② ［日］有贺长雄：《民国政界现状》，《外交时报》1913 年 6 月第 207 号，第 106 页。

方面，有贺与当代的新儒家有着共通之处。此外用"新儒家"来定位有贺，还能给学界提供一个在"日本宪法学者""民初宪法顾问""阴谋政治家"等视角外分析他的新框架。因而，在此并不想就"新儒家"这一争议颇多的概念进行辨析，只是希望能够从"新儒家"这一角度来重新思考有贺长雄关于民国制宪问题的如下主张。

一 旧政道与"统治权转移说"

有贺长雄为民国制宪提出了一个根本前提，那就是著名的"统治权转移说"。也即他把《清帝逊位诏书》看作是民国成立的合法性来源，与民国革命建国论针锋相对。当然已有研究表明，"从诏书文本的语气来看，委任袁世凯'全权组织临时共和政府'，不过是政权过渡的临时安排，并非民国接受清帝统治权的交换条件"[①]。不过从思想史的角度看，重要的并非是"统治权转移说"是否成立，而是这一学说本身体现了有贺长雄怎样的制宪思想与主张，或者说这一学说背后隐藏了有贺系列主张的哪些前提。他认为民国要想制定一部适合自己的宪法，就必须先要搞清楚自己的"历史"，也就是民国从哪里来的问题。他说：

> 然中华民国的历史与之（美、法两国，笔者注）相异，并无以武汉义军之兵力推倒帝权之事实，不用说蒙古西藏，连西北诸省里还有许多人民不承认共和。为此，旧来拥有统治权的清国皇帝以其统治权承认共和，并以受到共和政体给予外国君主同等待遇为条件将其统治权转移。至此，民国的共和政体才

[①] 章永乐：《多民族国家传统的接续与共和宪政的困境——重审清帝逊位系列诏书》，《清史研究》2012年第2期。

得以成为对全国有效的政体。①

在这里所表达的"统治权转移说"有两层重要含义。第一，有贺长雄非常重视"历史"在制宪过程中的作用。他一直主张，一国的宪法与其历史是不可分的，不顾本国历史而只凭借外国的经验来编纂宪法，采用一些法理上并没有必要的条款，最终会留下重大祸根。②如果将本章前述分析与此"统治权转移说"贯通起来看，就会发现这是重视历史延续，重视文明传承，重视维持旧有政道的有贺长雄所必然提出的一种主张。"统治权转移说"的主要目的，并非在论述袁世凯的正当性，确实是在为他的制宪主张做理论上的铺垫。③有贺是反对激烈变化的"革命"的，他追求的是一种"变通"，在他眼中民国承天命得"变"，因统治权转移而"通"。因此，民国所制定的宪法也不能仅建立在"变"的基础之上，还必须考虑如何"通"，也就是如何延续旧有的政道。

第二，有贺长雄关注的是如何在维持中国领土完整的基础上制定新宪法。如前文，他在参观第一届国会开幕式时就十分注意蒙古、西藏等少数民族地区代表的情况。他认为对于那些"只知道服从清帝之义务，而不解民主共和为何物"的蒙古、西藏首领来说，让他们留在民国之内而使中华民国能够继承前清的版图，除了因清

---

① ［日］有賀长雄：《北京滞在中の余の事業》，《外交時報》1913 年 8 月第 210 号，第 13—14 页。

② ［日］有賀长雄：《中華民国憲法（上）》，《外交時報》1913 年 8 月第 211 号，第 10 页。

③ 李超：《论民初宪法顾问有贺长雄的制宪思想》，《湖北社会科学》2015 年第 7 号，第 108 页。

帝转移其统治权以外无从解释。① 围绕这一点，当今也有研究给予一定评价，认为这是在"民族自决权"理论诞生之前反对分裂独立运动的有力理论武器。② 当然，有贺的本意并非是从主观上维护中国的主权完整和民族团结，对于他来讲，包含少数民族地区的版图至少是从清朝以来的统治形式，这也是中国传承的政道的一部分，这一切也是承天命的民国所应该继承的。"统治权转移说"也是为此提供的理论解释。

在"统治权转移说"的基础上，有贺长雄提出了一系列延续旧有政道并创制新型代议制政体的主张。而威胁旧政道延续的，首先就是近代西方的"平等主义"及方兴未艾的社会主义思潮。因此，有贺一贯反对普选，他认为实现普选后到来的将是"贫民政治"，如果社会主义由此趁机侵入，这对于民国来讲会成为"毒害"。因为"贫民政治"与中国的传统不符：

> 夫各人能安分守己，富者不骄富，贫者不怨贫，上下亲睦，贵贱融合，以此经营社会生活乃是东方之美。能使中国人口四亿万之众国泰民安者，唯此美风雅俗。一旦社会主义之弊侵染破此美风，渝此雅俗，则必政治困难，国运阻滞。③

不是"平等主义"而是文明的保合，不是"社会主义"而是"美风雅俗"才是有贺长雄理想中的政道。然而在民国的政界却有

---

① ［日］有贺长雄：《中华民国宪法（下）》，《外交时报》1913年9月第212号，第14页。

② 章永乐：《旧邦新造1911—1917》，北京大学出版社2011年版，第69页。

③ ［日］有贺长雄：《民国宪法制定上社会党弊害の豫防》，《外交时报》1913年9月第213号，第19—20页。

要破坏这一"美风雅俗"推行"平等主义"的政治势力,有贺长雄把以孙中山为代表的革命势力就看作为破坏势力的典型。他主张民国并非是南方革命派的民国,而是南北双方的民国。民国的团结需要"四亿万人的团结"①,而人民的团结来源于接受儒家"同一教化的事实",如果"一朝废此历史,换此语言,弃此文学,破基于此风俗习惯的社会制度",必然招致国乱之灾。② 那么如何才能保护中国传统的"美风雅俗"呢。有贺希望能够调和南北双方的冲突,不过由于在中国没有"像日本皇室那样处于新旧代谢之间,沟通联络、缓和冲突之物"③,因而他认为维护旧政道守住"美风雅俗"的最好办法就是"在宪法中明文规定以孔教为国家风教之根本"④。实际上有贺长雄是在明确主张设立"孔教"为国教。在民国初年,康有为等人积极提倡孔教开展了立孔教为国教的孔教运动,有贺的建议也可以看作是此运动的一环,不过由于和本章主旨无关,在此对于两者关系不再赘述。⑤ 笔者所关注的是有贺如何具体设计协调旧政道与民国新政体之间的张力关系。他的构想从有贺本人的思想轨迹来看,必须要回答以下几个问题,即如何给孔教以制度支持,如何在新的代议制政体内协调与旧政道的关系,在新的共和国内谁来做"圣人"以行"保合"之业。

---

① "四亿万人的团结",为原书说法,下同。
② [日]有賀長雄:《支那南北調和策》,《外交時報》1913年10月第215号,第14页。
③ [日]有賀長雄:《支那南北調和策》,《外交時報》1913年10月第215号,第18页。
④ [日]有賀長雄:《支那南北調和策(承前)》,《外交時報》1913年11月第216号,第13页。
⑤ 关于有贺长雄的提议与孔教运动,具体参见[日]松下佐知子《中国における「国家」の形成——有賀長雄の構想》,《日本歷史》2003年总第665号。

二　有贺长雄的政体构想

首先，为了延续旧政道将孔教立为国教，有贺提出了如下主张：

（一）国家设立的学校以孔教为伦理教育之基础。

（二）国家公认孔教学位（进士、秀才等）并作为选举及被选举的资格。

（三）国家以公费维持孔教。

（四）对孔子后裔给予特别优待。①

这实际上是在政道的具体政策层面上维护孔教的地位，以此来延续孔教，维护有贺所谓的"美风雅俗"。而在政体层面上，为了协调基于"平等主义"的共和制下的新政体与旧政道之间的矛盾，有贺把参议员候选人的年龄限制提高到40岁，又围绕参议员的候选人资格做出了如下设计：

一、担任众议员三会期以上或担任众议员满六年者（参照意大利宪法第三十三条，原文）。二、曾担任国务员或驻外公使者。三、担任中央政府或地方官厅高级官吏五年以上者。四、有举人以上学位或有国内外专门大学校毕业证书者。五、缴纳直接国税五百元以上者。②

---

① ［日］有賀長雄：《支那南北調和策（承前）》，《外交時報》1913年11月第216号，第18页。

② ［日］有賀長雄：《支那南北調和策（承前）》，《外交時報》1913年11月第216号，第21页。

很明显，按照有贺长雄的这一设计，在参议院中的保守势力将大大增加，达到了他要平衡南北双方的政治目的。因而，有评价认为有贺此举的目的在于帮助北洋政府改变国民党一手操控国会的局面。① 但需要指出的是，即便按照有贺的设计改革参议院，最终也不会造成在民国政界中"辛亥革命领导者完全被排除"② 的局面。因为有贺的提案并没有涉及众议院，而且从理论上讲，国民党所属的众议员也是有资格参选参议员的。有贺的根本目的还是平衡革命派与守旧派之间的势力，以此种方法给维护旧政道的势力一个政治舞台，更重要的是以此来抑制"平等主义"的泛滥，抵御社会主义思潮。如前所述，有贺关心的重点是如何维护旧政道，政体的设计都是为了达到这一目的，这并非是简单地为应对政治时局而制定的一时之策。

当明确了有贺的目的再来看他关于大总统职务的相关设计时，就可以更加明确这些内容的背后含义了。有贺长雄对于当时世界上的两大共和国的政体都抱有不满，认为法国众议院不能代表"国家全体之利益"，也不能实现"各部利益中最应先行伸张之利益"③，而美国的总统选举不过是"共和民主两党彼此交征己党利益之手段"而已④。他为民国设计的则是拥有强大权力的大总统和代总统施政的超然内阁。他将大总统定位为"政治及行政最上机关"⑤，实际上在有贺的思想中，大总统这一职位就是行"保合"之业的"圣人"。为此，一方面在有贺的设计中大总统拥有总览政务、提出

---

① 李超：《论民初宪法顾问有贺长雄的制宪思想》，《湖北社会科学》2015 年第 7 号，第 111 页。
② ［日］熊達雲：《有賀長雄と民国初期の北洋政権における憲法制定について》，《山梨学院大学法学論集》1994 年第 30 号，第 32 页。
③ ［日］有贺长雄：《观弈闲评》，1913 年 8 月刊，第 43 页 a。
④ ［日］有贺长雄：《观弈闲评》，1913 年 8 月刊，第 57 页 a。
⑤ ［日］有贺长雄：《观弈闲评》，1913 年 8 月刊，第 52 页 a。

法案、公布法律、拒绝国会决议、制定官制、统帅陆海军等广泛职权；① 另一方面又设立超然内阁根据总统的方针行使行政权并承担相应责任。国务员的任免由大总统决定不受国会内政党政治的左右，② 大总统除欲颠覆共和制之外不得被追究政治及刑事责任，所有政治责任由国务员承担。③ 有贺为了维护大总统的"圣人"地位，一方面赋予了大总统职位广泛职权，另一方面又设立超然内阁具体施政替大总统担责。在这里需要指出的是，第一，有贺长雄这些建议的目的是将大总统塑造为"圣人"，而并非是为袁世凯复辟称帝铺路，因为很显然按照有贺的想法，大总统颠覆共和制是要受到政治及刑事追责的。确实，实行总统制不能与复辟帝制等量齐观。④ 第二，有贺本人在设立内阁代替大总统施政这一主张上是一贯的，即便为袁制定新约法之时，他也是"总理特设派"，⑤ 因为他不希望作为"圣人"的大总统被直接追究政治责任。

此外，为了塑造大总统的"圣人"形象，在总统选举的程序上，有贺长雄也下了一番功夫。关于大总统候选人的资格，他提出，在"累世有民国国籍，年满四十岁以上，四海之内莫不仰其德者中选举之"⑥。有贺在这里突出了一个"德"字，因为有德也是作为"圣人"的必备条件。不仅如此，在大总统的选举程序上，有贺设计在各地的孔庙由"仰德会"在众议院选

---

① ［日］有贺长雄：《观弈闲评》，1913年8月刊，第63—73页。
② ［日］有贺长雄：《观弈闲评》，1913年8月刊，第49页。
③ ［日］有贺长雄：《观弈闲评》，1913年8月刊，第72页b。
④ 尚小明：《有贺长雄与民初制宪活动几件史事辨析》，《近代史研究》2013年第2期。
⑤ 具体参见［日］福田忠之《中華民国初期の政治過程と日本人顧問有賀長雄——袁世凱政権期の立憲事業に関連して》，《アジア文化交流研究》2009年3月总第4号，第126—128页。［日］曽田三郎：《中華民国の誕生と大正期の日本人》，思文閣出版2013年版，第107—110页。
⑥ ［日］有贺长雄：《观弈闲评》，1913年8月刊，第55页。

举之年选举总统候选人,大总统则由"戴德会"在天坛从数名总统候选人中选出。①请注意选举地点,分别是天坛和各地的孔庙,都是古代行祭祀大礼之处,而大总统的"圣人"形象也就通过这样的选举仪式加以确认。此外,"戴德会""仰德会"是大总统及候选人的选举人团,比如"戴德会"的成员规定"定额二十名,满四十岁以上之民国男子,对于政府暨政党居于独立之地位,才识优长,德望素孚者,由政府指定十名,由国会指定十名,其任期为十年"②。在这里一方面平衡了政府与国会之间的利益矛盾,另一方面也缩小了大总统选举人的范围,避免了因大总统选举而使政治陷入混乱的局面。同时有贺还不忘强调一个"德"字,作为有德的"圣人",大总统也需要由有德者选举。因为大总统在有贺的宪政设计中至关重要,虽然有超然内阁替大总统行使行政权,但毕竟大总统拥有广泛职权,特别是军事统帅权,更何况有贺还期待作为"圣人"的大总统能够通过"保合"以延续旧政道,维护"美风雅俗"。

至此,本章重新梳理了有贺长雄的制宪思想及具体设计。在抛开了"宪法学者""宪法顾问""阴谋家"的视角后,可以清晰地看到一份"新儒家"的政体构想方案。如果以"保合"为中心的有贺的政治思想还不能使其称为"新儒家",那么将当代新儒家的政体设计与有贺的方案相比较,或许就可以看出二者的相通之处了:

在现代中国,王道应该通过三院制国会来实施代表天的神圣合法性的通儒院,代表历史文化合法性的国体院和代表民众的合法性的庶民院。通儒院的领袖应该是个大学

---

① [日] 有贺长雄:《观弈闲评》,1913年8月刊,第59—60页。
② [日] 有贺长雄:《观弈闲评》,1913年8月刊,第56页。

者。其议员候选人应该由学者提名并考察他们对儒家经典的知识和连续性的更多管理责任的政绩而选拔,类似于皇权时代选拔士大夫的科举制。国体院的领袖应该是孔子的直系后裔,其他议员应该是大圣人或君主的后裔以及中国主要宗教的代表。最后,庶民院的议员是公民投票选举产生或者行业团体的代表。①

这是著名的新儒家"三院制"的主张。无须详细比较这一方案与有贺长雄提议之间的异同,因为二者之间确实存在着制度表面上的差异。不过在这两种制度方案中所彰显的,都是要通过制度安排达到维护、延续中国传统政道的目的,和以儒家学说建构新型代议制政体的尝试。如此观之,有贺长雄的方案或许可以称为新儒家政体构想的先驱。然而历史并没有给这一"新儒家"政体方案以机会,最终它还是淹没在了新文化运动引领的历史大潮之中。

结语 新文化与"新儒家"的碰撞

即便今天可以从"新儒家"的视角重新审视有贺长雄的制宪方案并给予新的评价,但历史中的有贺及其方案都彻彻底底失败了。失败在哪里了呢,是因为他的制宪方案的具体制度的不合理吗?还是因为袁世凯复辟帝制打乱了制宪的进程?回顾本章,在此可以得出的结论是,有贺的失败,失败在他一直抱有抵触情绪的"平等主义"的传播,失败在他一直反对的社会主义思潮在中国大地的兴起。因为有贺长雄提出"新儒家半总统制"政体构想是基于他所坚持的旧政道的基础之上的,如果说有贺长雄"反动"的话,他确实

---

① [加]贝淡宁:《中国的儒家宪政》,《原道》2012 年第 1 期。

是"反动"的，但他所反的并非共和制这一政体，而是作为新政道的"平等主义"及社会主义。因此，在新文化运动的影响下当以孔教为代表的旧政道不再为人们所普遍接受之时，当越来越多的人都像第二章的主人公李大钊那样寻求新的政道之时，有贺长雄的那一套政体构想就无法避免失败的命运。实际上有贺本人也意识到了这一点，他记录了帝制运动失败后，重开的国会关于设立孔教问题的表决结果，"五百二十五人中，赞成者二百五十五人，反对者二百六十四人"①，也就是说在当时的政治精英内部已经失去了围绕孔教的共识，在这一大环境下，有贺长雄的"保合"理想与政体构想是必然被淘汰的。就连有贺本人提议的祭天，在日本也招来了批评，内藤湖南就说"袁世凯模仿天子，本意是利用孔子行不适合共和国总统之虚礼，孔子才应该感到困惑至极"②。可以说，在以孔教为代表的旧政道和以"平等主义"及后来的社会主义为代表的新政道（即便这一新政道内涵甚广，并非一体，但相对于孔教之旧而言则可暂视为一体）相互冲突，新旧政道相互交替的大时代大背景下，一切基于旧政道的政体构想，无论是总统制、议会制还是立宪君主制，都是不可能稳定持续的，有贺长雄的制宪方案当然也难逃失败的命运。

---

① ［日］有賀長雄：《支那憲法制定事業沿革（下）》，《外交時報》1920 年 3 月第 368 号，第 21 頁。

② ［日］內藤湖南：《支那論》（1915 年），《內藤湖南全集》第五卷，筑摩書房 1972 年版，第 400 頁。

第 四 章

历史中的人性

——"北漂"汉学家中江丑吉的中国观察

1939年初秋,在古都北京(时称"北平",为行文方便本文中统称"北京")的贡院西街东观音寺胡同东口的一座院落里,一位从1914年起就开始旅居北京,堪称"老北京"的"北漂"日本汉学家——中江丑吉(1889—1942年)在研读《资本论》第三卷时,于当年9月6日与10月17日两次在书的

空白处写下了如此的笔记,"天诛奸人墨索里尼""希特勒拙劣至极,其末路恐不远"。① 而在1941年4月19日给其挚友铃江言一的信中,中江丑吉一面引用苏轼的诗句"梨花淡白柳深清"感叹节气的剧烈变化,一面告诉铃江由于战争局势的影响,北京的物价飞涨,已经到了"一斤洋葱要一元四十钱、鸡蛋十二个要二元四十钱"的令人战栗的地步。② 在第二次世界大战期间,丑吉就这样留下了许多对战时局势观察的笔记或书信直到他罹患肺结核去世,其中的读书笔记主要分布于康德的《三大批判》、黑格尔的《精神现象学》与马克思的《资本论》中。然而作为日本明治时期民权运动领袖、思想家中江兆民的独子,中江丑吉留给后人的主要学术贡献则集中在汉学领域,他对中国古代的政治思想,特别是围绕公羊学与《尚书》都进行过独到的研究。只不过由于他不愿意在媒体与学界抛头露面,生前只是将其部分作品私刊百册分发给亲友而已。这也是中江丑吉在很长一段时间内没能引起学界足够注意的原因——在国内学术界出现中江丑吉的名字还是在傅佛果写的传记《中江丑吉在中国》(2011年)被翻译出版之后,不过至今成果仍然寥寥。而通过整理他的书单,可以确认中江丑吉的阅读面很广,特别是集中于前述德意志哲学与中国诸子百家的经典作品。③可是,他为什么要持续二十余年研读这些经典呢。由于中江丑吉很少谈及现代中国的局势及走向,所以有研究认为,探究

---

① [日]中江丑吉:《断章日录》,铃江言一等编:《中江丑吉書簡集》,みすず書房1975年版,第404—405页。

② [日]铃江言一等编:《中江丑吉書簡集》,みすず書房1975年版,第218页。据丑吉在信中披露,当时洋葱正常价格是一斤二十五钱,鸡蛋一斤一元十五六钱,可见物价涨幅巨大。

③ [日]阪谷芳直:《中江丑吉像の再現のために》,阪谷芳直编:《中江丑吉という人》,大和書房1979年版,第174—184页。

"中华帝国何以在近代衰落"是中江丑吉展开其汉学研究的主要问题意识。① 这一论断虽然可以说明中江丑吉撰写部分汉学著作的动机,却无法解释他在"二战"期间暂停汉学写作而关注国际局势时为什么仍然坚持阅读中国的传统经典。他的阅读绝非单纯出于个人习惯或学术兴趣,在二战期间中江丑吉最关心的乃是世界会向何处去的问题,中江丑吉的汉学研究与他对中国、对世界的未来构想之间理应也存在某种本质关联。但一直以来学界对中江关于中国未来走向的思考缺乏应有的关注,通过对中国政治思想史的研究,通过对战时局势的观察,中江丑吉到底对近代中国的未来走向有何看法?为此本章试图从中江丑吉在北京的生活经历入手,来回答"中国"在其思想世界中的意义。

第一节 "北漂"生活

1914年10月应曹汝霖之邀,刚从东京帝国大学毕业不久的中江丑吉被聘为本书第三章的主人公有贺长雄的秘书赴华。之所以曹汝霖会与中江丑吉相识,是因为曹在1900—1904年留日期间曾受到中江一家的照顾因而结缘,曹汝霖的邀请也是由于他曾受中江兆民夫人的嘱托要他帮忙照顾丑吉所致。但中江丑吉很显然并不愿意从事这项工作,在聘期一年届满时便返回了东京。后来因为婚事未能得到其姐的同意无奈又在1915年年末返回了北京,从而开启了他的"北漂"生活。在接下来的几年中,中江丑吉过着他所谓"放荡无赖"的生活直到1919年5月4日。这一天,中江丑吉做出了他一生唯一的一次惊心动魄

---

① 邓伟权:《中江丑吉的中日关系论》,《中日关系史研究》2011年第2期。

的事情，那就是他赶到赵家楼曹宅，救出了被示威群众包围的曹汝霖，甚至背着负伤的章宗祥（章同样是在留日期间与中江一家结交）在逃亡日本使馆时与群众对峙，高喊"这是我的朋友，如果你们要打的话，就打我吧"。① 中江丑吉的这一行为与他一生追求进步的思想之间貌似存在着巨大的张力，因而他的忘年交，也是战后日本中江丑吉研究的主要推动者之一的加藤惟孝对此评论说，中江因为个人的友谊在五四运动中站在了历史的反方。② 傅佛果则认为，中江的行动完全是出于对朋友生命的保护，与其政治立场无关。③ 更有日本学者评价说，恰恰是中江的行动使得五四运动免于印上流血事件的污名。④ 本书无意在此过多地介入对中江救曹事件的评价，唯一需要指出的是，中江的行为确与其政治立场无关，他只是不希望看到他的朋友处于危险之中，正因如此在卢沟桥事变之后，中江丑吉才亲自到天津劝说曹汝霖保持晚节，不要接受担任华北伪政府官员的要求。⑤ 如果说中江的这两次"救曹"行动背后有什么一以贯之的逻辑的话，那就是如后文所述的，他对人性的执着、对生命的尊重与对历史大势的坚定信念。

就中江丑吉个人而言，在1919年后由于受到了曹汝霖的长期资助，他得以在东观音寺胡同曹的别宅里定居开始了其汉学研究。

---

① ［美］傅佛果：《中江丑吉在中国》，邓伟权、石井知章译，商务印书馆2011年版，第36页。

② 《中江丑吉·铃江言一年谱》，［日］铃江言一等编：《中江丑吉書簡集》，みすず書房1975年版，第429页。

③ ［美］傅佛果：《中江丑吉在中国》，邓伟权、石井知章译，商务印书馆2011年版，第36页。

④ ［日］満田郁夫：《中江丑吉について》，［日］阪谷芳直编：《中江丑吉という人》，大和書房1979年版，第61页。

⑤ ［日］大田遼一郎：《回想の中江丑吉》，［日］阪谷芳直等编：《中江丑吉の人間像》，風媒社1970年版，第29—30页。

五四运动的巨大冲击，促使了中江丑吉从中国传统思想中寻找思考中国未来走向的密码，为此他过上了一种大隐隐于市的生活，陪伴他的除了佣人以外就是浩如烟海的历史文献以及一只名为"黄"的爱犬。对于一位异国的"北漂"居民，北京带给中江丑吉最为直接的感受是由自然环境所致，首先就是北京的气候，居住多年之后，中江在1941年4月向他的另一位忘年交阪谷芳直介绍北京的气候时做出了如下描述：

> 桃花虽比往日早开了四五日，但之后阳气不顺，一直都是荒天。不知是谁所言，北京确实像"女人"而不像"男人"，由于不远处存在沙漠，一到阳气变换时节，天气就会变得我们这些岛国长大的人无法想象的凄凉。比起男人的愤怒，女人生起气来，平时她越温和，生气时就越会变得如夜叉一样令人退却。①

可以想象，中江丑吉一定在北京经历了多次发生在春季的沙尘天气，这对于他而言确实不能称得上是愉快的经历。不过古都的风貌依旧没有令中江吝惜他的赞美，他非常喜欢北京的洋槐。中江认为洋槐比起国槐或松柏更能给北京的装扮带来令人愉悦的感觉，有了洋槐的点缀古都北京一年四季虽各有特色但总保持了一种柔媚幽婉的趣致，就像一位擅长"化妆"的"熟女"。② 中江丑吉一直在用心体味他在北京的生活，从中也可以看出，他不仅拥有高度抽象的理性思维，还具有丰富情趣的感性认知，这也是为什么他虽然隐

---

① ［日］鈴江言一等編：《中江丑吉書簡集》，みすず書房1975年版，第370頁。

② ［日］鈴江言一等編：《中江丑吉書簡集》，みすず書房1975年版，第371頁。

居北京却交际广泛的原因。在读书写作之余，中江经常去中央公园（今中山公园）散步，还非常喜欢到那里的"长美轩"茶馆喝茶，龙井则是他的最爱。不过由于抗日战争的持续，在日军控制之下的北京城内普通百姓的生活日益艰难，物价高涨，甚至出现了乞丐夜间饿死在中江居所门口的事情。① 中江丑吉在给其挚友也是其弟子铃江言一——一位积极投身中国革命的日籍中共党员②——的信中透露说，"茶叶的价格高的惊人，龙井最便宜的一斤也要四元几十钱，也不怪中央公园那些茶馆的茶都变差了。香片是北方人的专爱，一直不贵，现在价格也是高涨，听说会算计的支那人便用晒干的枣叶代替"。③ 在中江丑吉给友人的书信中多处都提到了北京粮食匮乏，物资短缺，甚至冬天生煤都出现困难的情景，其背景就是日军为了维持战争对华北沦陷区展开的疯狂式的经济掠夺，可以说这从一个侧面也反映出了日军侵华的不可持续性。

关于这座古都的未来，中江丑吉坚持了其一贯的对历史进步的信念。1939 年 8 月一次去前门外名为"厚福德"的福建菜馆吃饭，人们惊奇地发现餐桌上的许多"老规矩"都不见了，而中江对此却不以为然，

> 支那通们一张口就是对旧风丧失的感叹，虽不无道理，但我还是认为即便北京退却其全部旧套，如果这是不可避免的话，我也一点不会产生支那通们的伤感。比起为不复返的车轮流泪，车轮前进的方向反而在生活上会引起我的关注。当然，

---

① ［日］铃江言一等编：《中江丑吉書簡集》，みすず書房 1975 年版，第 180 页。

② 参见蒋立峰《铃江言一与中国革命》，《日本学刊》1993 年第 3 期。

③ ［日］铃江言一等编：《中江丑吉書簡集》，みすず書房 1975 年版，第 190 页。

公平地讲，车轮不仅没有前进，老北京的"老废性"在其前进的行程中愈加沉渣泛起。暴风骤雨一过，老北京会需要补充多少荷尔蒙来治疗其老化呀。虽是杞人忧天，但想到此才真是令人嗟叹。①

在中江丑吉的眼里无法适应时代变革的"老北京"是没有前途的，他所生活了二十余年的这座古都需要一次"脱胎换骨"的重生。从他对北京的态度中我们也可以确认，虽然阅读的是传统经典，研究的是汉学，但中江绝不是一个死守传统不变的"遗老"，也不是一个不识时务的复古家，他之所以要研究古代中国，是为了看清未来。

第二节　求道古典

中江丑吉曾经直言，自己研究中国古代政治思想是"自己生活意识的一种表示"，② 他还说做学问的人不是机会主义者、不是投机商，也不是"科学之心"的持有者，而是"一个真挚真铭的求道者也……是一个对无论在何种乱世也绝不会灭绝的人性即真理的赤心敬虔的信仰者也"。③ 那么，中江丑吉的古代中国研究到底表达了他怎样的生活意识，他又从中求得了什么样的道，是否找到了他所追求的真理即人性呢？

与夏商时代不同，中江认为到了周代中国开始从"邑土联合团

---

① ［日］铃江言一等编：《中江丑吉書簡集》，みすず書房1975年版，第143頁。

② ［日］中江丑吉：《商書般庚篇に就いて》，《中国古代政治思想》，岩波書店1975年版，第284頁。

③ ［日］铃江言一等编：《中江丑吉書簡集》，みすず書房1975年版，第379頁。

体"转变为"封建式天下国家",① 这种变化是中国古代政治思想发源、形成的重要条件。而中江丑吉的研究就是要在中国古代政治思想史中挖掘出能够将各古书中的政治思想统一、联络起来的"根本观念"。② 他通过研读最终找到了非常重要的两点：第一是宇宙观,"无论经学还是非经学,都以太一或太始为本,以阴阳为对极,在其之上建立天地、四时、万物的顺正和合的本体",中江指出在这种宇宙观的统摄下,中国政治思想的内容里存在"乐天的享福主义",具有依靠自然、崇敬自然的"农业族"的特征。③ 第二是宗教观,为了过上现世的幸福生活,人们敬畏自然、亲近自然,在宗教观中体现了中国思想的一大特质,那就是"人中心主义"或"人至上主义"。因此,中国的宗教观是利己的、与神之间的关系又多少带有契约性。④ 一生追求人性的解放,主张人性的实现的中江丑吉,在中国古代政治思想史中发现了关注"人"的思想源头。然而这并不意味着中江认为中国古代政治思想中对"人"的关注直接等同于他所强调的"人性"（humanity）,在他的著作与笔记中一直使用日语片假名"ヒューマニティー"来表达这一概念,实际上也表明中江丑吉承认这一概念是从近代西方传来而并非中国土生土长的东西。因为在中江看来,中国传统思想对"人"的关注是出于功利性而非承认其价值,他特别反对将中西的一些理念牵强附会式地加以比较联系,因为他明确地认识到在中国传统思想中不包含"人人具有平等价值的意识",而这一点恰恰是近代欧洲自然法学派许多学说的前提。⑤ 最为重要的是,中江认为在古代中国虽然产生了

---

① ［日］中江丑吉：《中国古代政治思想》,岩波書店1975年版,第6頁。
② ［日］中江丑吉：《中国古代政治思想》,岩波書店1975年版,第45頁。
③ ［日］中江丑吉：《中国古代政治思想》,岩波書店1975年版,第69—70頁。
④ ［日］中江丑吉：《中国古代政治思想》,岩波書店1975年版,第92頁。
⑤ ［日］中江丑吉：《中国古代政治思想》,岩波書店1975年版,第42頁。

"天下并非天子或王者私有物"的"天下观",天子的重要任务被认为是"敬天与保民",如《尚书·泰誓》中有"天听自我民听,天视自我民视"的名句,但却缺乏"人民主权"的理念,因而民权的概念一直缺失。① 中江丑吉敏锐地指出,无论是与古希腊的城邦民主还是与近代西方的宪政民主相比,由于古代中国缺乏"主权在民"的观念,传统中国的民意表达呈现出没有"具抗争力的团体"与缺乏"独立意识"的两大特征。② 最终,所谓"天命"与"民意"的表达只能依靠武力形式,中江对此感叹说:

> 永久和平是贯穿古今不问种族人类生活的自然渴望,这种渴望到何时才能得到满足呢。古来有许多学者认为从禅让到放伐的变化是王者仁德下降的表现,对此鄙人无需赘言。因为只要认识到,这一看上去单纯的尚古思想里,包含了脱离丑恶现实、迎接理想的光明界的人类自然心情就足够了。③

而"放伐"的"易姓革命"所带来的效果就是,"在社会组织的构成上,虽然可以横向上给统治阶级内部带来变化,但却不会从纵向上给被统治阶级带来任何影响"。④ 中江丑吉在这里从阶级分析的角度论证了古代中国的"停滞性",他认为之所以中国没有像欧洲和日本那样成功发展出资本主义,是因为在古代中国不存在欧洲、日本那样的"封建社会"。⑤ 为此,他借用了马克思的"亚细亚生产方式"理论,认为自秦以后中国的"亚细亚式经济社会"

---

① [日]中江丑吉:《中国古代政治思想》,岩波书店1975年版,第176页。
② [日]中江丑吉:《中国古代政治思想》,岩波书店1975年版,第185—186页。
③ [日]中江丑吉:《中国古代政治思想》,岩波书店1975年版,第191页。
④ [日]中江丑吉:《中国古代政治思想》,岩波书店1975年版,第202页。
⑤ [日]中江丑吉:《中国の封建制度に就いて》,《中国古代政治思想》,岩波书店1975年版,第235页。

便走上正轨而再未出现变化。① 一般认为，马克思从"亚细亚生产方式"入手，总结所谓东方社会主要具有三大特征："一是作为社会基本单元的农村公社，二是经济所有制方面的土地国有，三是政治制度上的东方专制主义。"② 而中江丑吉指出中国的所谓"停滞性"就体现在其"经济社会的构成永远是亚细亚式的"，政治上也无法想象出现"国王对贵族的斗争这一近代国家化的初期运动"。③ 很显然，中江丑吉在论证古代中国的"停滞性"时参考了马克思的观点，但由于中江对中国传统文献有着深入的考究，他的理论建构并没有止步于"亚细亚生产方式"，他还为中国特殊的"亚细亚式经济社会"找到了其意识形态根源——他从"公羊学"中发现的"经学天子观"。中江认为这是中国社会各种意识形态的源头：

> 此天子观超越了王者个人的自然存在与任意性，只要亚细亚式经济社会的根本结构没有得到扬弃，其政治形体的大国家体未曾变革，就会持续其规范作用。换句话说，此观念与对中国社会具有最终决定力的最深奥的根本矛盾互为表里。④

"经学天子观"在政治上具体表现为"王道主义"，中江丑吉为此总结了七条内容：第一，圣王主义；第二，规整人伦；第三，崇礼思想；第四，非战主义；第五，养民主义；第六，正名主义；

---

① ［日］中江丑吉：《中国の封建制度に就いて》，《中国古代政治思想》，岩波书店 1975 年版，第 249 页。

② 王向远：《马克思"亚细亚生产方式"理论纵横建构论析》，《东方丛刊》2019 年第 1 期。

③ ［日］中江丑吉：《中国の封建制度に就いて》，《中国古代政治思想》，岩波书店 1975 年版，第 280—281 页。

④ ［日］中江丑吉：《公羊传及び公羊学に就いて》，《中国古代政治思想》，岩波书店 1975 年版，第 331 页。

第七，崇贤思想。① 而古代中国社会的"停滞性"也体现在前述"王道主义"思想体系的长久不变上：

> 亚细亚式经济社会作为其统治意识形态的本质发生条件，超越了汉代经学者的意识范围，只要亚细亚式经济社会没有发生本质变化，一个王朝的更替就不成为问题。虽然经学运动是为了汉代社会而兴起的，但只要其坐上了统治意识形态的宝座，无论之后有多少王朝更替，经学依然岿然不动，作为支那社会唯一的统治意识形态，君临从哲学、政治、伦理、法律、文学、美术到自然科学等领域。也无论是多么野蛮彪悍而无知的入侵民族，为了保护他们依靠暴力获得的地位，就不得不将经学定为国学，除此以外别无他法……然而近代资本主义一经侵入……仅百年不到便破坏了亚细亚式经济社会的"根本组织"，经学那不变不动的状态也发生了根本动摇，因而出现了本质性变化，这就是中国人口中的"斯文扫地"的圣学状态。②

总之，在中江丑吉的眼中，"公羊学的推移绝非单一经学的推移，其本身就是中国基础社会的推移"③。正是在这个意义上，中江才批评清末康有为的"经学革命"，认为康的主张对于"公羊学自身的发展没有任何贡献，仅仅是何休公羊学的复活而已"，他还深刻地指出，如果要想得到革命学说的实质发展，"就必须出现列

---

① ［日］中江丑吉：《公羊伝及び公羊学に就いて》，《中国古代政治思想》，岩波书店1975年版，第372—382页。

② ［日］中江丑吉：《公羊伝及び公羊学に就いて》，《中国古代政治思想》，岩波书店1975年版，第411—412页。

③ ［日］中江丑吉：《公羊伝及び公羊学に就いて》，《中国古代政治思想》，岩波书店1975年版，第445页。

宁主义与马克思主义间那样的关系"才行。① 这是一段对于思考中江丑吉的中国观十分重要但却没有得到学界应有重视的文字，中江本人没有对此做出进一步阐释，然而通过前述分析，我们可以通过一些线索找到理解它的答案。这句话实际上体现了中江对现代中国变革趋势的洞见，首先，列宁主义对马克思主义的贡献之一就在于列宁缔造了无产阶级的革命政党，创立了无产阶级革命学说，领导实现了无产阶级革命，走了一条"先夺权后创造条件"的革命道路。② 因而中江丑吉所言列宁主义与马克思主义间的关系，在这里可以理解为革命组织、革命实践与革命理想之间的关系。其次，如前述中江丑吉多次表示古代中国的所谓"革命"，由于被统治阶级缺乏理论与组织，最终沦为统治阶级内部暴力夺权的循环。所以，我们有理由相信，中江丑吉举列宁主义与马克思主义的例子，是在表明他认为近代中国的真正革命应当是由被统治阶级通过独立的理论与组织来展开的，唯有如此才是对"天下乃天下人之天下"的"天下观"理想的革命实践。最后，中江丑吉并非是一位马克思主义者，但他曾经多次表示最为赞同马克思对人的"异化问题"的关注，认为马克思的思想就是"对人的异化的扬弃，是实现人性的人类主义"。③ 中江用马列主义来谈中国革命学说的发展，实际上还是在表达他的价值立场，那就是他在中国的传统思想中发现了出于功利目的而关注"人"的思维，而他对中国的期待则是中国思想能够通过革命学说的发展实现对"人"从基于功利角度进化到基于价值角度的关注，出现从价值上尊重"人"、肯定"人"的革命性

---

① ［日］中江丑吉：《公羊伝及び公羊学に就いて》，《中国古代政治思想》，岩波書店1975年版，第421頁。
② 安启念：《列宁对马克思的继承与发展：关于列宁主义的再认识》，《教学与研究》2013年第3期。
③ ［日］阪谷芳直：《老北京の面影》，阪谷芳直等编：《中江丑吉の人間像》，風媒社1970年版，第233頁。

变化。

第三节 洞穿历史

　　从前述中江丑吉对世界永久和平的渴望、对中国历史"停滞性"的认识以及对"亚细亚生产方式"理论的运用，我们可以清晰地确认康德、黑格尔与马克思在中江丑吉思想中的烙印。实际上中江对于世界历史的看法同样也受到了前述德意志历史哲学的影响，他曾感慨"人类从狂妄自大中解脱出来，正确把握现实社会及其行进过程、把握变革的根本动机，认识到历史就是以人类生活发展之力编织的无法回避的因果律的产物，也不过是近百年来的事"。① 对此，竹内好曾经评价说，中江丑吉思想的内核"恐怕是黑格尔＝马克思式的世界史理念，所以他从不怀疑理性的普遍存在。虽说如此，他既不是一个黑格尔派也不是马克思主义者"②。而中江所找到的历史发展的因果律就是前文多次提到的"人性"，他认为人性即是真理，做学问就是要搞清楚"人类在一贯不绝的人性之名义下，为了什么，自有史以来到现在持续了近一万年的生活，还坚持绵绵不绝的人性，并要进一步发展它？"③ 中江丑吉研究古代中国从根本上讲就是为了弄明白这个问题，他持续关注第二次世界大战的进程，也是为了确认他对人类历史的信念。他在1939年再次阅读《资本论》时便记录道"New Order in East 越来越走不通，国内的产业问题、由外国贸易导致的商品问题、食物不足引起

---

　　① ［日］中江丑吉：《公羊传及び公羊学に就いて》，《中国古代政治思想》，岩波书店1975年版，第391页。
　　② ［日］竹内好：《『中国古代政治思想』——真理追求の人間の情熱》，阪谷芳直等编：《中江丑吉の人間像》，風媒社1970年版，第320页。
　　③ ［日］铃江言一等编：《中江丑吉書簡集》，みすず書房1975年版，第379页。

的配给问题等，与对外关系的问题、支那内部物资缺乏的问题交织在一起，为此民众在哭嚎：要处理中国事变问题必先要停战"。①中江坚信历史是站在民众一边的，法西斯必将失败，纳粹没有前途，他也在与友人的谈话中多次表达了自己的观点。1941年有一次当中江对年轻的阪谷芳直说"邪不胜正，德国必败"时，阪谷表示不以为然，中江则反问他"那你觉得轴心国获胜，纳粹德国、日本那样的体制覆盖全世界时，人类的生活还有存在理由吗？你愿意在那种体制下生活吗？"阪谷听了也不得不回答"否"。中江见状接着分析道：

> 对吧。人类理性思维无法忍受的事情是不会获胜的。要是那样的话，人类历史就没有意义了。所以日本也是一样。你是不是觉得我只是一个战败主义者？按照现在的方向，如果日本取胜的话，军部的傲慢与官僚的独断会冲破了天，到时便绝对无法期待民族健全明朗的成长。所以，与其抱着病根不健全地膨胀，倒不如失败后从根本上彻底整改民族的性格。②

可以说，中江丑吉对战争走向的判断与对人类历史进程的洞穿是互为表里的，而他对日本前途的预测与其说是出于对军国主义的痛恨，不如说是出于对其祖国和民族真挚的爱。并且中江希望日本能够认清"四亿万人与近一亿的人隔水生存的事实是任何力量也不能抹杀的"，他承认"目前一时的状况确实令人悲观，但从大局上

---

① ［日］中江丑吉：《断章日録》，鈴江言一等编：《中江丑吉書簡集》，みすず書房1975年版，第405頁。

② ［日］阪谷芳直：《老北京の面影》，阪谷芳直等编：《中江丑吉の人間像》，風媒社1970年版，第216頁。

讲却丝毫没必要悲观",他一直期待着两国关系"早日重回大道之日"。① 我们有理由相信,中江所言的"大道"一定是中日两国共同构建"永久和平"的双边关系与"尊重人性"的发展模式的道路。因为这不仅是中江对中日两国的期待,同样也是他对第二次世界大战后世界发展趋势的判断。

在 1941 年 8 月 15 日阪谷芳直即将离开北京返回日本之时,中江丑吉再次对阪谷吐露了他对世界局势的看法,他认为担负起实现人性重任的显然是民主国家而非轴心国,因此纳粹德国必败,"日本也挑起了大战,最终结局恐怕不仅是满洲,台湾、朝鲜也要被夺走,日本会陷入有史以来最为艰难的谷底。我想到那时以笔报国。当然,德国、日本也并非什么都不是,都是'反命题',都体现了一种'虚无',而战后的新秩序也不会是以前原封不动的民主,一定是经过扬弃的新民主"。② 有研究认为,中江此处所言的"新民主"体现了"扬弃自由民主体制中资产阶级性格与局限,建设勤劳民众的社会与民主主义普遍实现"的时代课题。③ 由于中江丑吉留下的文本有限,在此无法对前述研究结论是否合理做出评价,但可以肯定的是,中江所言的"新民主"一定是更加符合"人性"的自我实现的民主形式,是保障"人性"免于法西斯暴力与资本扭曲的民主。不仅如此,这种"新民主"的实现过程,还同样是全球范围内人类历史的书写过程:

历史是人类的历史,其创造与转换永远是人类对其历史的

---

① [日]铃江言一等编:《中江丑吉書簡集》,みすず書房 1975 年版,第 348 頁。

② [日]阪谷芳直:《老北京の面影》,阪谷芳直等编:《中江丑吉の人間像》,風媒社 1970 年版,第 219—220 頁。

③ [日]鈴木正:《個のなかの普遍者——中江丑吉論》,阪谷芳直等编:《中江丑吉の人間像》,風媒社 1970 年版,第 373 頁。

创造与转换。地球各处都有人类生活，当一个地域的生活状态不断影响其他所有地域的生活而产生互为因果的关系时——这次世界大战之后，为了治愈恢复有史以来前所未有的战后状态，必定要实现某种合作，这绝非遥远的空想时代——以前所讲的那些"英国史""意大利亚史"，必定会附着上新的含义。①

遗憾的是，中江丑吉没能亲眼看到第二次世界大战后的世界，他的预言也不能算是准确，因为在第二次世界大战之后出现的是"冷战"的两极格局，但他的判断也不能说是错误，因为在冷战结束后人类真的迎来了史上未有的全球化时代。只不过，对于目前的全球化是否符合"人性"的自我实现而言，还存在令人无法消解的疑虑。但中江丑吉却不是一个悲观主义者，他对历史前进的方向深信不疑，包括他对中国未来的看法也没有如傅佛果所言，因其对"亚细亚式社会"的研究而"变得更加悲观起来"②。中江丑吉在和友人的谈话中，多次提到过"在二十世纪后半叶中国将成为世界的中心"，当然中江所指的中国是当时蒋介石政府领导下的国共合作的中国。③ 他对中国的这种期待绝非凭空想象，而是有现实生活的细节作为基础的，之所以中江能发现这个基础又是因为他站在其独特的"人性"视角上。在被问道如何看待蒋介石政府推行的"新生活运动"时，中江表示，"那新生活运动的一个结果是，中国的新生代

---

① ［日］铃江言一等编：《中江丑吉書簡集》，みすず書房 1975 年版，第 384 頁。

② ［美］傅佛果：《中江丑吉在中国》，邓伟权、石井知章译，商务印书馆 2011 年版，第 151 页。

③ ［日］阪谷芳直：《中江丑吉像の再現のために》，阪谷芳直编：《中江丑吉という人》，大和書房 1979 年版，第 157 頁。

不再有走路抽烟、随地吐痰的行为了。这在中国可以说是革命性的变化。"① 如果我们能够承认包括风俗习惯在内的文化变革要比制度变革难得多这一历史经验的话，就会认识到中江在此绝非小题大做，他虽然早年在五四运动之时站在了中国青年的对立面，但经过多年在北京的生活，他还是发现了一种可能性，一种在中国新一代青年人身上的创造新生活的可能性，这种包含了"人的变革"的可能性正是中江丑吉对中国在世界历史中位置判断的最根本的基础。

虽然中江丑吉一直在研读《资本论》，但他似乎未能准确认识到中国共产党的历史地位，中江只是认为国民政府能够容忍并利用中共在对日抗战中的作用。② 在如何看待中国共产党的问题上可以说非常典型地体现出了中江丑吉学问与思想的一大特色，那就是彻底的"书斋式"。他不是一位革命者，因此不会像铃江言一那样对中国革命的前途充满信心。他只是一位"读书人"，但即便作为"读书人"，中江与当时另外一位日本的著名中国研究者橘朴（1881—1945年）也形成了鲜明对比。两人早年在北京虽有过交往，但中江丑吉由于其"书斋式"因而一贯保持了学术与思想的纯洁性，他对"人性"的追求从未中断，而橘朴则把对中国的研究融入到对中国社会深入的调查之中。③ 也正是因为橘朴对中国社会有着更为深入的理解，他才能认识到中国共产党领导抗战的革命意义，在日本战败后他也才能大胆地预言中国共产党将统一中国。④

---

① ［日］阪谷芳直：《老北京の面影》，阪谷芳直等编：《中江丑吉の人間像》，風媒社1970年版，第249页。

② ［日］阪谷芳直：《中江丑吉の中国認識》，《中国研究月报》1997年第11号，第36页。

③ 关于橘朴的中国论，请参见本书第六章。

④ ［日］山本纪纲：《橘さんの最期》，山本秀夫编：《甦る橘樸》，龍溪書舍1981年版，第214—215页。

当然，能否准确预测历史进程与预言者的思想价值并不具有必然联系，本书在此通过比较只是想确认中江丑吉思想活动的一大特色，即前述的"书斋式"。他的学问与观点都是在北京的四合院里产生的，中江没有到中国的其他地方进行过考察——如果他调查过华北地区的小农经济，就会发现其形态与所谓"亚细亚生产方式"之间存在的张力——他的知识结构与信息来源主要依靠其手头的文献与当时的报刊，这必然会给他的中国认识带来一定的局限。但也正因为如此，他也才得以保持了其思想的纯洁性，实现了其思想与主张的高度自洽，所以他对那些在狱中宣布"转向"的日共党员给予了严厉的批判，"在牢房里转向的佐野学那些人，说是共产党的领导，根本没有认真学习过《资本论》……都没有通读过《资本论》就谈什么马克思主义，这绝不是马克思主义者的正确态度"[1]。可以说，正是"书斋式"的北京生活保证了中江丑吉的学问与思想的操守。

结语　尊重人性的理想秩序

九龙云外指苍天，永定原头说万年。
一别相人何日见，登高西望思惘然。[2]

中江丑吉去世两年后，铃江言一画了一幅描绘中江在北京故居的水墨画，并在画中题了上述的七言绝句。这首诗所怀念的中江丑吉于 20 世纪 20—40 年代初，在北京东观音寺胡同的一座院落里，

---

[1] ［日］阪谷芳直：《老北京の面影》，阪谷芳直等编：《中江丑吉の人間像》，風媒社 1970 年版，第 277 页。

[2] 感谢日本古典文学研究者菊地真先生、北京理工大学周晨亮副教授为解读本题诗所提供的帮助。

一边埋头于中国古典文献的考据分析，一边思考着人类历史的进程与人性的自我实现。他始终相信尊重人性、追求人类的解放是人类历史得以延续的根本动力。在中国古代的政治思想中，中江发现了"人至上主义"的思维方法，虽然他清楚这并不直接等同于尊重"人性"的理念，但这何尝又不是"人性"这一历史动力在中国古代思想中的表现形式呢。可以说，对中国古代政治思想的研究，不但没有削弱中江对"人性"的信赖，反而让他更加坚信无论古今东西"人性"都在以不同的方式推动着历史的脚步。沿着中江丑吉的思想理路，要打破"亚细亚生产方式"对中国历史的禁锢作用，就不能只依赖资本主义带来的生产力变革，还必须发生从对"人"的功利性承认到价值性承认的思想革命与社会革命，为此被统治阶级就必须要有属于自己的独立的理论与组织。这可以说是中江丑吉通过其汉学研究为现实中国的变革找到的根本出路。

在北京的经历，让中江丑吉体会到了战争给普通人生活带来的巨大创伤，因而他对世界和平的渴望也与日俱增，与此成正比的是，他对法西斯的憎恶也日愈加深。他相信与"人性"实现的历史进程相悖的任何体制或力量都将彻底失败，他也期待着一个不受暴力与资本扭曲的新型民主与新型全球化的理想秩序。而在这新秩序形成的过程中，逐步实现"人性"革命的中国——作为世界上人口最多的国家——将重回历史舞台的中心。这就是中江丑吉对人类历史的未来构想，也是他将中国古典文献与德意志哲学作为其毕生钻研对象的根本原因与理论结晶。很显然，中江丑吉是一位新政道的追寻者，他虽然研究古代中国，但却没有像有贺长雄那样维护旧政道的秩序，而是为中国通往实现人性的变革道路提供了值得珍惜的思想指南。

第三篇

传统思想资源的近代转化

作为文明古国，传统对于近现代中国而言既是思想资源有时又是历史包袱。让我们看一看近代两位日本著名的中国研究者是如何理解传统的吧。

　　内藤湖南不仅是著名的东洋史学家，他还十分关注现实中国的变化。他在观察近代中国的政治变革时，从教育、财政、政治和民族等方面认真分析了当时中国所面临的内外困局。比起流行的时代思潮，内藤认为中国变革的动力基于其自身发展的"历史逻辑"。而动力就存在于农村。他对中国的政治精英充满了失望之情，而把统一中国的希望寄托于以"乡团"为代表的农村共同体。同时，他还希望能够引入"外部"势力，作为政治整合的力量来改造旧中国的政治组织。但当内藤湖南提出"国际管理说"把列强认定为改造中国的"外部"势力时，其思想的悲剧也便由此产生。可以说，内藤湖南希望通过"外部"势力以维持旧政道来适应共和制新政体的探索是彻底失败的。

　　作为一名近代中国的研究者，橘朴对于王道政治有着独特的理解，他希望通过王道思想在中国建构一个有别于近代西方的新的文明共同体。其王道论有三项基本原则：地方分权主义、道德主义与善政主义。但橘朴并不排斥法制，同时"自治"更是实现王道的基础。通过王道思想他要建构的是一个共同体国家，其中的代议制机构是集权型一院制机关，橘朴还要求在代议制中加入职业代表制的因素。而对于如何实现真正的自治这一难题，橘朴把目光投向了政党。他提出了通过单一的革命性政党对农村基层加以改造并最终实现"乡土自治"的方案。虽然橘朴的王道思想中包含了许多矛盾的成分，但其重视理论建构，重视解决基层问题的思路仍具有时代意义。更为重要的是，橘朴提示我们，为了巩固新政体最为需要的是探索一条新政道。

第 五 章

日本中国学中的"中国模式"

——内藤湖南论近代中国的重构

湾头烟罩四茫茫,吹笛何人度水长。
来泊烟台无月夜,不忆家乡忆异乡。

——《烟台夜泊》

这位对异乡满怀乡愁的诗人就是内藤湖南（1866—1934 年）。他本名为内藤虎次郎,是近代日本的著名汉学家,也是中国学的创始人之一,他引领的京都史学派对中国历史的发展脉络有着独到的见解,最受关注的就是"唐宋变革说"。至今,他对中国历史演变

的把握与对"东洋"发展模式的期待仍然鼓励着追寻"中国模式"的学者，成为其建构自身学说的重要思想资源。① 另一方面，以"国际管理说"为代表，他对晚清民国时期的时政观察和评论，又饱受诟病，被称为是"侵略殖民的卫道士"，认为其思想与战前法西斯侵略理论无异，② 甚至直接被批判为"御用文人""政治的奴仆"。③ 目前，在国内较为全面的内藤湖南研究当属钱婉约的著作，她对内藤湖南的中国学从学术史的角度进行了全方位的梳理与剖析，不过其研究仍然缺乏对内藤的系列中国论中有关重构中国的这一未来取向侧面的探究。④ 而将内藤湖南的汉学研究与其政论联系起来加以创造性解读的代表著作就是傅佛果的《内藤湖南：政治与汉学（1866—1934）》，然而遗憾的是，傅佛果最终也未能明确揭示政论背后所隐藏的内藤湖南独特的思维方法。⑤ 在日本，从战后一直到20世纪90年代的许多研究也认为内藤湖南是肯定日本侵略行径的，并对此加以批判，而对内藤的重新解读则始于90年代之后。⑥ 不过即便在这种学界潮流中，日本思想史学家子安宣邦也还是认为，内藤"国际管理说"的问题就在于他对"乡团组织"的"过大关注"，他对中国未来的预测呈现一种"虚无"的态度，使

---

① 韩毓海：《五百年来谁著史》，九州出版社2011年版，第297—303页。

② 杨栋梁：《民国初期内藤湖南的"支那论"辨析》，《南开学报》（哲学社会科学版）2012年第1期。

③ 杨栋梁：《在学识与良知之间：国策学者内藤湖南的"支那论"》，《史学月刊》2014年第7期。

④ 详见钱婉约《内藤湖南的中国学》，九州出版社2020年版。

⑤ 详见［美］傅佛果《内藤湖南：政治与汉学（1866—1934）》，陶德民、何英莺译，江苏人民出版社2016年版。

⑥ ［日］小松浩平：《内藤湖南における東アジア観の再検討——先行研究の整理を中心に》，《教育論叢》2012年总第55号，第23页。对内藤湖南进行重新解读的典型研究成果可以参见内藤湖南研究会编《内藤湖南の世界　アジア再生の思想》，河合文化教育研究所2001年版。

他无法准确把握"五四"以来的民众运动。①

这到底是怎么回事？一位通晓中国历史的学者为何对现实如此的"无知"？这一切难道都可以归咎于内藤湖南的政治态度与立场？问题真的"不在于中国'怎么样'以及'何至于此'的认知，而在于认识主体对认识客体，即内藤本人对中国的态度"②吗？围绕内藤湖南的中国论，到目前许多研究恰恰都是停留在讨论"认识"或"态度"的层面。③笔者无意否认内藤言论背后存在政治因素，但如果把问题都归结于"态度"，那也就无法从思想、从学理上真正分析内藤的中国观察所包含的问题与可能性了。正如评论指出的，内藤湖南的这些殖民者口吻的言论背后"有日本历史研究的资源，有中国的思想背景，还有中国现实政治的刺激"④。也许我们真的需要重新借助内藤湖南，先看看近代中国到底"怎么样"以及"何至于此"，这样才能从根本上理解他对中国的认识。⑤

---

① ［日］子安宣邦：《日本人は中国をどう語ってきたか》，青土社 2012 年版，第 70—72 頁。

② 杨栋梁：《在学识与良知之间：国策学者内藤湖南的"支那论"》，《史学月刊》2014 年第 7 期。此外，关于内藤湖南的人物及学术思想研究，还可参见钱婉约《内藤湖南研究》，中华书局 2004 年版。

③ 除前述杨栋梁论文外，国内的研究还有胡天舒《内藤湖南中国观的变与不变》，《中南大学学报》（社会科学版）2013 年第 3 期；薛天依《辛亥革命后内藤湖南的中国认识》，《外国问题研究》2014 年第 2 期等。另一方面，日本的典型研究有［日］增淵龍夫《日本の近代史学史における中国と日本（Ⅱ）——内藤湖南の場合》，《思想》1963 年总第 468 号；［日］池田誠《内藤湖南の国民的使命感について——日本ナショナリズムの一典型》，《立命館大学人文科学研究所紀要》1968 年总第 13 号等。

④ 葛兆光：《从"唐宋变革论"说到宋代思想史与文化史研究》，《思想史研究课堂讲录续编》，生活·读书·新知三联书店 2012 年版，第 24 页。

⑤ 此外，目前的研究还有一个特点，那就是将内藤湖南的中国史论等同于他的中国论，缺乏分析内藤湖南是如何考察近代中国变革的同时代视角，因此也忽略了时局对其思想的影响。目前从同时代视角分析内藤湖南的典型研究有李梁《清末民初における政治と社会の一側面——内藤湖南と服部宇之吉の場合》，《文経論叢人文科学篇》1995 年总第 15 号。然而由于此研究主要依据内藤的《清朝衰亡论》和《支那论》等有限的资料，所以其分析并不充分，结论也还值得商榷。

第一节　中国的"内忧"与"外困"

首先来确认下内藤湖南是如何认识政治变革的，关于政治的变迁进步，他说：

> 不单是由既往的事实作为原因而产生出的结果，还必须认识到这是把将来作为目的、树立理想成为标准，一步一步地打破既往事实，走向理想的过程……特别是近年，没有哪个国家不被世界上共通的时代思想所支配。①

可以看出内藤湖南认识到"理想"在政治变革中的作用，同时承认国家还受到"时代思想"的影响。正是在这个意义上，他表示共和政体虽是"进口货"，但既然已经成为理想，中国定会朝这个方向前进。②需要注意的是，这里的"时代思想"虽然在"空间"上是共通的，但并没有超越"时间"上的限制，并不具有先验的绝对性，这一点直接影响到后文中内藤对政体选择的评价。不过从原理上，他对以实现共和为目标的辛亥革命是持肯定态度的，但辛亥革命后的政治现实却令内藤十分失望。他评价说，"据我所见，爆发革命成立中华民国以来的政治比起清末的政治，反而变得非常恶劣"③。他都看到什么了？事实上，中国的旅行经历使内藤产生了对当时中国的失望之情，比如在甲午战争

---

①　［日］内藤湖南：《支那動乱鄙見》，《内藤湖南全集》第 5 卷，筑摩書房 1972 年版，第 6 頁。

②　［日］内藤湖南：《支那動乱鄙見》，《内藤湖南全集》第 5 卷，筑摩書房 1972 年版，第 6 頁。

③　［日］内藤湖南：《支那の現状》，《内藤湖南全集》第 5 卷，筑摩書房 1972 年版，第 25—26 頁。

初期，内藤还是持模糊的"中国未必守旧"论，认为不能立即判断中国是否是"守旧的代表"①。而1899年的第一趟中国之行，就改变了他的看法，②他直言，"日本勇于进取不善守成，而中国则相反"。③当然，中国的问题不仅仅在于守旧，作为京都大学的教授，他十分关注民国以来的教育，而中国的"内忧"与"外困"首先就体现在教育上。

一 教育

在回忆1917年来中国考察教育机构的情况时，他对于车夫能够认识门牌上的字表示很惊讶，说这是清末时绝对没有的。但这并非是在赞赏民国的教育成果，恰恰相反，他强调这是由以张之洞为代表的清末政治家进行教育改革的结果。④而民国的教育情况又是怎样的呢？与清末相反：

> 革命以后的第一急务就是尽可能组建更多的军队。说什么兵营狭小便毁学校作兵营，说什么即使没有教育费也不会饿肚子，便截留教育费充作军费，现状就是如此。⑤

---

① ［日］内藤湖南：《所謂日本の天職》，《内藤湖南全集》第2卷，筑摩書房1971年版，第132頁。

② 胡天舒：《内藤湖南中国观的变与不变》，《中南大学学报》（社会科学版）2013年第3期。内藤湖南一生多次来中国游历，其中1905—1908年间三次受外务省委托来中国考察，并得到军方的协助。参见薛天依《辛亥革命后内藤湖南的中国认识》，《外国问题研究》2014年第2期。

③ ［日］内藤湖南：《燕山楚水》，《内藤湖南全集》第2卷，筑摩書房1971年版，第31頁。

④ ［日］内藤湖南：《支那教育談》，《内藤湖南全集》第5卷，筑摩書房1972年版，第102頁。

⑤ ［日］内藤湖南：《支那の現状》，《内藤湖南全集》第5卷，筑摩書房1972年版，第26頁。

在内藤湖南眼里，辛亥革命以及之后的军阀混战，给教育事业带来了毁灭性打击。可另一方面，彼时教育也并非没有一片"净土"。内藤湖南发现，由外国人经营或与外国有种种联系的学校反而办的红红火火。据他所记，当时在中国由外国人经营的学校有近千所，从小学到大学，学生总数达 70 万人。[1] 从济南的齐鲁大学，南京的金陵大学，苏州的东吴大学，再到北京的清华大学，他走访了众多与外国有着千丝万缕联系的大学，发现这些学校里学生众多，而且都在接受着英美式教育。[2] 先不论他记录的数字是否准确，他发现的问题是确实存在的。也即，正当民国初期政客们相互争斗、教育荒废的时候，在国内的"外部"力量大力投入到教育领域，并且开始培养着异于传统文人的新文化人。其实早在清末时，一批批的留日青年，如邹容、陈天华、蔡锷、鲁迅等，已经成为清帝国的一种"异质"力量，[3] 而真诚投身于中国革命的日本友人宫崎滔天就曾对留日中国学生寄予厚望，认为他们与传统文人不同乃是"先觉者"，背负着建立"世界模范国"的"天职"[4]。如今面对着在中国国内展开的西式教育，内藤湖南更是敏锐地注意到，这是要"从社会的根本上将支那外国化"[5]。加上从清末派出的留学生，在处于变革时期的中国内部，实际上已经开始形成一股"外部"力量。内藤湖南更是预感到，将来一定会产生"支那的文化与

---

[1] ［日］内藤湖南：《支那に於ける外人の教育設備》，《内藤湖南全集》第 5 卷，筑摩书房 1972 年版，第 117 页。

[2] ［日］内藤湖南：《支那に於ける外人の教育設備》，《内藤湖南全集》第 5 卷，筑摩书房 1972 年版，第 118—120 页。

[3] 关于近代国人在留日期间的思想变化，请参见严安生《灵台无计逃神矢——近代中国人留日精神史》，陈言译，生活·读书·新知三联书店 2018 年版。

[4] ［日］宫崎滔天：《支那留学生の責任》，《宫崎滔天全集》第 2 卷，平凡社 1971 年版，第 604 页。

[5] ［日］内藤湖南：《支那教育談》，《内藤湖南全集》第 5 卷，筑摩书房 1972 年版，第 109 页。

外国的文化相互冲突的问题"①，一场"文明冲突"在所难免。总之，通过内藤湖南我们可以看出，近代中国存在着"内部"教育荒废与"外部"教育势力扩张的困局。

二 财政

对于财政问题，内藤湖南一直给予高度重视。自清末以来，中国财政状况持续恶化，他认为财政是当时最为困难的问题。仅举一例，他记录中华民国第二年的预算，"岁入三亿一千余万元，岁出六亿四千六百余万元，差额由内外债填补"，并讽刺这样的预算也算是"绝无仅有"的。② 糟糕的财政状况，除了由于军阀割据、军费开支以及连年外债的积累等原因外，内藤还是把目光投向了历史，从历史中寻找到国家与社会关系乃是症结所在。简单地说，就在于"胥吏"。胥吏的存在，严重影响了国家的财政汲取能力，还增添了民众的负担：

> 支那民政的巨大弊害……在官吏与人民之间，政治上存在着一种商业里所谓买办的组织，这种组织握住了官吏和人民两方的命脉，有这种组织则立宪政治的基础完全无法成立……当官吏直接统治人民，人民直接接触作为统治者的官吏时，人民的负担也会减轻，各省各自维持财政也并非特别的难事。③

他认为有必要从根本上改变这样的局面，彻底清除以胥吏为代

---

① ［日］内藤湖南：《支那教育谈》，《内藤湖南全集》第5卷，筑摩书房1972年版，第113页。
② ［日］内藤湖南：《支那论》，《内藤湖南全集》第5卷，筑摩书房1972年版，第373页。
③ ［日］内藤湖南：《支那论》，《内藤湖南全集》第5卷，筑摩书房1972年版，第385—386页。

表的中间势力，实现国家对人民的直接统治。持同样观点的也不只是内藤，大隈重信在谈及中国财政问题时也曾指出，由于中央缺乏财政的汲取能力，在中国"贫穷的只是中央，地方反而很富裕。从彼地考察后回国的人都是这么说的"①。内藤湖南在辛亥革命之时，曾期待着革命党能够完成变革中国的使命，但遗憾的是，他的希望最终还是落空了。② 而财政的窘境也使得北洋政府根本无法实现中华民国的统一，军阀割据又进一步加重财政困难，不断积累的外债与内部财政汲取能力的缺失，使得健全财政变得遥遥无期。

三 货币

政府手中没钱不算，在现实中流通的货币本身也存在着巨大问题。那就是，在中国内部实际上存在的货币不统一的问题。在内藤看来，这可以算是自明清以来的积弊，民国时期的割据状态更是雪上加霜，已经到了非改不可的地步：

> 总的来讲，根据地方不同，银的价格不同，铜钱的价格也不同，另外政府和人民之间收取和支出时各自价格还是不同，支那的货币真是非常复杂，根本是如今的日本人所无法想象的。③

这样一种货币不统一的局面使得各地专门从事兑换业务的钱庄非常发达，而后来进入中国市场的外资银行自然也不会放过这笔买

---

① ［日］大隈重信：《瀕死の支那に最後の忠言を與ふ》，《新日本》第 12 卷第 10 号，1912 年 10 月，第 117 頁。

② ［日］内藤湖南：《支那論》，《内藤湖南全集》第 5 卷，筑摩書房 1972 年版，第 385 頁。

③ ［日］内藤湖南：《支那經濟上の革命》，《内藤湖南全集》第 5 卷，筑摩書房 1972 年版，第 74 頁。

卖。另一方面，当时世界贸易中，主要国家都是金本位国家，① 而中国仍然处于银本位的状态，再加上国内货币的不统一，这让中国在贸易中处于十分不利的地位。内藤湖南指出，有必要将中国国内多变的货币统一并改为金本位。但他却发现，在中国国内的"内外"势力都在反对货币的统一。为什么呢？很简单：

> 如果其货币在任何地方都是一个价格通用的话，支那众多的兑换商就会失业。……如果变成了金本位，这些大型的外国银行的大部分业务也会消失，所以对于支那成为金本位国，外国银行也处于必须反对的立场，从外国银行的角度来看，支那一下子变为金本位国也是难以办到的事情。②

结果，对于统一货币这样一件对近代中国有着重要意义的事情，从"内外"两方面都产生了阻挠的势力，而且还都是出自金融界本身的力量，由于这些势力的阻挠使得改革完全无法进行。可见，当时的中国并不能决定本国货币的走向，也毫无"金融主权"可言。所以，在内藤湖南眼中"支那的中央政府于财政上、经济上是毫无信用的"。③

四 政治与官场

虽然内藤湖南创立了"唐宋变革说"，认为中国自宋以后就进

---

① 第一次世界大战后，各国曾一度停止金本位制。美国在1919年恢复金本位，之后各主要国家的金本位相继重建。最终国际金本位于20世纪30年代崩溃。而日本则是在1917年停止并于1930年重建了金本位。参见[日]滨野洁等《日本经济史1600—2000》，彭曦等译，南京大学出版社2010年版，第148—149页。

② [日]内藤湖南：《支那経済上の革命》，《内藤湖南全集》第5卷，筑摩书房1972年版，第80—81页。

③ [日]内藤湖南：《支那経済上の革命》，《内藤湖南全集》第5卷，筑摩书房1972年版，第81页。

入"近世",与君主独裁相伴随,平民力量不断扩张,这为思考中国独特的发展道路提供了思想资源。但"近世"以来的中国政治,在内藤眼中却并非是值得称道的。问题集中体现在,一君万民体制之下,官僚集团因无权而无责,最终完全丧失"责任感"。甚至还出现地方官向流贼行贿,使他们从自己管辖之地移到他处的情况。到后来受到列强冲击时,这些官员便更没有为国家牺牲自己地位的念头。① 据他所闻,熟悉军事的人评论说,"支那国弱……并非兵卒素质不好,只不过他们受到毫不负责的长官支配,而兵卒的素质其实是非常好的"。

> 而这一切都是独裁专制的政治组织给今日支那带来的弊害。平时理想的独裁政治,面对内乱也好外患也罢,便成为一种几乎无力拯救的、具有弊害的政治。②

长期处于无权亦无责的状态之中,给中国政治精英的精神世界也带来了严重影响。那就是缺乏"德义心"。他寄希望于革命党能够完成改革事业,一改政治界的精神面貌,但不幸的是,以袁世凯为首的旧官僚集团在继承了旧有的政治组织与政治文化的基础之上掌握了民国政权。这一现实让内藤湖南十分失望,他一直认为渐进式的除弊是不可能的,因为如果可能的话,那"清朝不倒台也可以了"③。另一方面,他也对普通民众提出了要求,认为人民必须自觉地认识到"自己是支那的国民",不"产生很强的爱国心"改革

---

① [日] 内藤湖南:《支那論》,《内藤湖南全集》第 5 卷,筑摩书房 1972 年版,第 322—323 页。

② [日] 内藤湖南:《支那論》,《内藤湖南全集》第 5 卷,筑摩书房 1972 年版,第 323 页。

③ [日] 内藤湖南:《支那論》,《内藤湖南全集》第 5 卷,筑摩书房 1972 年版,第 365 页。

就不会有成功的可能。① 总之，在政治方面，"升官发财"的"习气"是数千年的"积弊"，

　　一句话，如果不一洗官场的习气，无论什么政体，无论什么政府，都不可能完成统一支那的事业。②

中国的复杂之处在于，内部同时存在着许多看似矛盾的现象。内藤便观察到，虽然"唐宋变革"之后，君主独裁日益加强，但令人意外的是，中国竟然是一个"舆论之国"。也即，对于官员而言，舆论的评价非常重要，比起业绩而言"声名好"成为官员评判的指标。③ 而这样一个重视舆论的社会，到了民国之后，舆论环境又如何呢？内藤湖南感到，民国的舆论对政治产生了负面影响：

　　近来支那人的政治论，不根植于自己国家的历史，凭借进口的理论、上下都是空泛的意见，对于本国存在的利弊，对于作为世界中一国的地位也都没有确切的观察。④

从这里我们可以看出，作为历史学家的内藤湖南，特别重视历史的脉络，对于不尊重历史的"纸上谈兵"是不屑一顾的。但另一方面，正是因为过于重视历史脉络，也使得内藤很难深入到当时中

---

① ［日］内藤湖南：《支那論》，《内藤湖南全集》第 5 卷，筑摩書房 1972 年版，第 372 頁。

② ［日］内藤湖南：《支那論》，《内藤湖南全集》第 5 卷，筑摩書房 1972 年版，第 477 頁。

③ ［日］内藤湖南：《清国の立憲政治》，《内藤湖南全集》第 5 卷，筑摩書房 1972 年版，第 417 頁。

④ ［日］内藤湖南：《支那を悲観し併せて我国論を悲観す》，《内藤湖南全集》第 5 卷，筑摩書房 1972 年版，第 19 頁。

国舆论的深层，分析舆论中的思想变化以判定这些思想的影响。这一点很显著的就体现在他对新文化运动的态度上。对于新文化运动，他评价说：

> 近来支那的新人，由于没有历史知识，既不知道支那原有的弊害也不知道其优点，不分善恶就要将支那文化从根破坏，以嫁接到西洋文化上，这样的看法很多还被认为是最进步的意见。其结果是，要不就是无法实行，要不就是实行了，却产生了比以前更多的弊害。①

应该说，他的批评是抓住了新文化运动自身所包含的一个问题点的。但由于他过于重视历史，只抓住了问题，而没有感受到新文化运动带给中国社会的变化及其意义，也就使得内藤无法理解中国知识界、舆论界的变化。与此形成鲜明对比的是，同一时期的日本政治学家——"大正民主"的旗手——吉野作造由于其秉持以人为本的"人格主义"原则，所以能够及时捕捉到中国国内的新变化，一改曾经支持"二十一条"的态度，转而同情并理解中国的新文化与五四运动。② 当然，在这里笔者完全无意去要求历史上的前人必须准确理解新文化运动，以"事后诸葛"的态度批判前人。在此，只不过想确认内藤湖南思维模式中的一个特点，那就是他十分重视历史自身的发展脉络，同时他的思维也存在着被历史的巨大引力所限制的局限。

五 边疆

围绕边疆问题的内藤的言论，是受到批判最多的地方，是什么

---

① ［日］内藤湖南：《新支那論》，《内藤湖南全集》第5卷，筑摩書房1972年版，第542页。
② 近年关于吉野作造的对华政策论研究，可参见［日］藤村一郎《吉野作造の国際政治論——もうひとつの大陸政策》，有志舎2012年版。

令东洋史学家内藤湖南开出"分裂中国"的"药方"呢？内藤首先认为，清末随着西方的冲击，在中国存在着两重"种族观念"，一重是"从支那全体看对外国人的种族观念"，另一重则是"回想起明被清灭亡时的历史而产生的对清朝的种族观念"。[1] 不可否认，"驱除鞑虏、恢复中华"的口号，实际上带来了一个棘手的民族问题。那就是，抛开对外国列强不谈，在中国内部，如何维持多民族统一的局面成为一个难题。

对于如何整合多民族国家，内藤湖南认为存在着两种方式。一种是"以某种文明为基础，同化他者"，另一种是"保持各种族文明的独立性，再谋求统一"。他认为清朝的统一方式是后者，也即帝国式的，其他民族只不过是"服从于满洲的天子"而已。[2] 但辛亥革命后的中华民国则不同，他注意到了这场革命是在谋求建立近代的民族国家。因此，他预感到，以近代民族国家的原理来维持各民族的统一是十分困难的。[3] 应该如何认识内藤湖南的这一判断呢？只一味地批判他"不愿意接受'中华民族'的概念和事实"，低估了中华民族"强大的内聚力"[4] 是没有意义的。[5] 实际上正如第三章所提到的，已有学者认识到了近代中国的这一困境，并从维持民

---

[1] ［日］内藤湖南：《清朝衰亡論》，《内藤湖南全集》第5卷，筑摩书房1972年版，第240頁。

[2] ［日］内藤湖南：《支那論》，《内藤湖南全集》第5卷，筑摩书房1972年版，第338—339頁。

[3] ［日］内藤湖南：《支那論》，《内藤湖南全集》第5卷，筑摩书房1972年版，第341頁。

[4] 杨栋梁：《民国初期内藤湖南的"支那论"辨析》，《南开学报》（哲学社会科学版）2012年第1期。

[5] "中华民族"这一概念，最早见于梁启超的《论中国学术思想变迁之大势》（1902年），参见上海古籍出版社2001年版，第29页。因此问题的重点不在于作为日本汉学家的内藤湖南在当时能否接受"中华民族"这一概念。而在于近代中国能否建构出"中华民族"，并使这一概念被广泛接受。

族统一的角度重新评价了有贺长雄为中华民国提出的"统治权移转说"，即认为袁世凯的就任表明中华民国继承了清朝的统治权，因此各少数民族地区应当仍然保持在中国的主权之内。① 不过，如前所述，内藤湖南并没有从民族问题的角度来看袁世凯的政权，而是批判其继承了清朝的旧习，使得积弊无法得到割除。那么处于财政困境的中华民国该如何处理这些民族地区呢？在他看来，由于少数民族地区都在勾结外国势力，与其为了处理这些问题徒增财政负担，不如"将这些对支那的根基即财政只有害而无益的地方割出去，从财政的理想上说这才是恰当的"。② 可以说，他的主张丝毫没有对中国主权的尊重，也缺乏对于中国历史上多民族融合经验的考察，其背后的逻辑完全是现实政治角力的"力"与"利"，充分体现了其思维深陷于帝国主义世界观之中的特征。当然，他的这一想法是无法被近代中国所接受的。

以上，通过内藤湖南回顾了近代中国所面对的"内外"困局，涵盖了政治、经济、教育、边疆等多方面。这些问题既相互关联又相互矛盾：由于财政紧张导致教育荒废，而外国势力对教育的侵蚀却导致了文化的冲突，新生势力与传统势力相互抗衡，革命党人与军阀、军阀与军阀之间战争不断，这些冲突与战乱一方面导致中央政府难以完成多民族国家统一的重任，另一方面又进一步恶化了财政、教育状况。但面对着如此的乱局，政治精英却束手无策，政治危机与经济、社会危机相互叠加。而化解危机、重构中国的突破口在哪里？内藤湖南为此提出的建议的问题点与可能性又在哪里呢？

---

① 参见章永乐《旧邦新造 1911—1917》，北京大学出版社 2011 年版，第 61—70 页。

② ［日］内藤湖南：《支那論》，《内藤湖南全集》第 5 卷，筑摩书房 1972 年版，第 348 頁。

第二节 内藤湖南的"药方"

关于内藤湖南给近代中国提出的解决困境的方案,一直以来人们主要关注他的"国际管理说"。他建议由包括日本在内的列强对中国实行共同管理,而中国则处于近乎丧失主权的状态,对他的批判也由此产生。但"国际管理说"是内藤湖南分析近代中国变革的全部内容么?答案是否定的。在批判他的言论时,首先需要把握内藤湖南关于中国变革的方法论。

一 变革的方法论

首先内藤湖南非常重视"自然之势",认为历史的惯性在社会变革期间起到重要作用。他分析说,世界政治、经济的变迁尤其到了近代,已经超越了人力,特别是文明的普及使得人的能力趋向平均,很难出现异常的天才,任何国家任何人民都很难在一个天才构建的范畴内创造新的东西了。而中国则更是如此,

> 像支那这样,从数千年前开始,其国土人民的广大自然发动力已经超越了后来所有著名治者的能力。在今日,谁还能够做出除顺应自然倾行的惰力来制定政策以外的事情呢?今日统治支那的最优政策就是,确定国情的惰力、国土人民的自然发动力如何倾斜,向何处去,由此来制定方针,除此之外别无他法。①

那谁能够看清中国的历史惯性,发现其"自然发动力"呢?很

---

① [日]内藤湖南:《支那論》,《内藤湖南全集》第 5 卷,筑摩書房 1972 年版,第 306 頁。

显然，内藤湖南有这个自信。正如子安宣邦所说，内藤所谓其《支那论》是"替支那人为支那所思"的意思就在于，内藤认为自己是比中国人还能够观望中国数千年的历史，洞察贯通于历史深层的流向，以此分析当时中国状况并给出判断的人。① 可以说，通晓历史是内藤湖南分析近代中国时的巨大优势，历史思维也是他的分析方法，但正如前所述，历史的惯性在另一面也限制了他的视野，一些难以单纯通过历史来解释的事物往往属于他的"盲区"。

不过这并不意味着内藤湖南完全没有现实主义的一面。比如，在如何统一中国这个问题上，他很清楚地表明，"有利且安全的统一，在任何时代都应是靠武力进行的"，而"整理军队的最简便的方法就是战争"，因为失败的一方会有恐惧心理而服从，所以战争可以降低整理军队的成本。② 在统一的形式上，虽然他主张采取地方分权的方式，不过却有一个前提，也即在没有出现"法国革命时拿破仑那样的豪杰，能够凭借其天才颠覆政治的根本"的情况下。③ 当然，他认为出现豪杰的几率是微乎其微的，但从中还是可以体会到内藤湖南对"力量"的肯定。加上之前所论，历史的惯性限制了内藤的思维，因而对"力量""能力"的肯定直接反映了其思维方式停留在19世纪强权政治模式之中，不能适应20世纪初的变化。比起仅仅停留在批判内藤湖南那些带有侵略殖民者口吻的话语④，更应该明确的是，内藤湖南之所以有那样的认识，就在于其

---

① ［日］子安宣邦：《日本人は中国をどう語ってきたか》，青土社2012年版，第54页。

② ［日］内藤湖南：《支那近時の内紛》，《内藤湖南全集》第5卷，筑摩书房1972年版，第137—138页。

③ ［日］内藤湖南：《支那論》，《内藤湖南全集》第5卷，筑摩书房1972年版，第391页。

④ 参见［日］内藤湖南《支那とは何ぞや》，《内藤湖南全集》第5卷，筑摩书房1972年版，第160、163页。

思维深深地受到了19世纪帝国强权政治逻辑的影响，没有能够体会到第一次世界大战后在中国出现的呼喊"公理战胜强权"的思想变化，[1] 这也就注定了他的话语必将和中国新的思想动态相冲突。

然而，对"力"的重视是不是又意味着内藤湖南只重视赤裸裸的暴力呢？一个思想家的复杂性就在于，答案不是那么简单。在如何建构近代中国的问题上，内藤其实非常重视"人民"。在分析胥吏之所以能够把握实权的问题时，他便指出，那是因为"从根本上讲，接近人民的人会增加势力，上级反而会没有了势力"，接着他还以明治维新为例，强调接近人民的下级武士是维新的主力，维新之后平民的力量便开始抬头，总之"接近人民者便会得势，之后再进一步便是人民得势"。[2] 实际上，内藤湖南这是给近代中国的政治精英提出了一个巨大课题，那就是如何让人民成为变革过程的主体，如何调动广大人民参与的积极性，"即便不把民众作为竞技者引入到政治竞技中，至少把民众作为观众引进来，那样支那的政治组织也会从根本上改变"。[3] 正是由于内藤湖南重视人民的作用，所以在考察中国社会时，他把重点放到了"乡团组织"上，提出了以"乡团自治"为基础建构近代国家的想法。但由于他认为中国民政的真正机能都在乡团而与中央无关，最终便推导出了"实行共同管理也好，抑或实行任何统治方式也罢，只要乡团自治

---

[1] 关于围绕"公理"这一概念在近代中国的演变，请参阅金观涛、刘清峰《观念史研究　中国现代重要政治术语的形成》，法律出版社2009年版，第27—70页。另外，对于第一次世界大战后中国思想界的变化，最新著作请参阅汪晖《文化与政治的变奏　一战和中国的"思想战"》，上海人民出版社2014年版。

[2] ［日］内藤湖南：《支那論》，《内藤湖南全集》第5卷，筑摩書房1972年版，第327頁。

[3] ［日］内藤湖南：《新支那論》，《内藤湖南全集》第5卷，筑摩書房1972年版，第505頁。

不被破坏，支那整体的安全就不会破坏"①的结论。而这也确实是内藤湖南《支那论》的所有问题所在。②

此外，内藤湖南虽然希望扩大人民的政治参与，但他却并非是宪政、民主制度的鼓吹者。作为历史学者，他深知西方近代的宪政体制是有其历史沿革的，在制度的"适用性"层面上，他不认为西方近代的政治制度具有"普适性"。他深刻地指出，"即便是文明国的政治，其起源也都是由其国家特有的历史沿革而来，有不少也并非是从理想中推出的。这样的制度在一国或数国即使很便利，也不一定能够在其他的国家里应用"。③他还以流行病作比方，认为所谓的时代思潮就如同流行病，20岁的人和50岁的人不一定都会得病，更不能认为得病的人是顺应时代，而没得病的人是时代错误。④不仅如此，在制度的"实用性"层面上，他同样也持怀疑态度。正当中国思想界许多人都在拿中国与日本进行比较、寻求日本富强的原因，并把原因归结于日本实行了立宪政治之时，他就在分析了英德日的政体变革与国运盛衰后提出疑问，

> （以德国为例）如此看来，也不知道国运的盛衰到底是否只与立宪政治有关……结果上，国家的盛衰根本上恐怕未必与政体有关。⑤

---

① ［日］内藤湖南：《新支那論》，《内藤湖南全集》第5卷，筑摩书房1972年版，第503页。

② ［日］子安宣邦：《日本人は中国をどう語ってきたか》，青土社2012年版，第70页。

③ ［日］内藤湖南：《支那論》，《内藤湖南全集》第5卷，筑摩书房1972年版，第355页。

④ ［日］内藤湖南：《新支那論》，《内藤湖南全集》第5卷，筑摩书房1972年版，第526页。

⑤ ［日］内藤湖南：《清国の立憲政治》，《内藤湖南全集》第5卷，筑摩书房1972年版，第412页。

之所以内藤湖南能够保持比较清醒的头脑，从前文他对辛亥革命追求共和理想的态度就可以看出，因为在制度的"规范性"层面，内藤只把政体的变革看作是一种"时代思想"的影响，而不是超越时空具有绝对性的"普世价值"的实现。因此，他才坚持，解决中国问题必须采取根植于中国历史的方法。

二 开错的"药方"

对于中国是否能够实现自发的变革，内藤湖南持一种"虚无"的态度。那就是他认为除非经历"从天下大乱到天下大治"，中国便无法实现统一。而统一的根本动力就在于"乡团自卫"。

> 即便在今日的支那，如果彻底骚乱，到了支那人民不得不进行乡团自卫的阶段，出现了像曾国藩似的人物，无论是自己组建军队还是采取洋式训练，都用非常认真的精神的话，统一支那这种事情也就并非难事……如果今日支那彻底腐败，到了政治也需要乡团自卫的阶段，出现了曾国藩式的天才，即便不模仿外国的政治，支那人也可能编织出最为适于本国的新政治。①

这里可以看出，内藤湖南对中国的变革寄寓了巨大希望，同时又包含了彻底的失望。什么样的状况才是"彻底骚乱"，何时才需要"乡团自卫"，"曾国藩式的天才"又是谁？又是什么势力让中国"彻底腐败"？不幸的是，随着日本侵略者的步伐，这一切在后来都成为现实。而近代中国又创造出了怎样的"新政治"呢？在思考这一问题之前，还需要看一下内藤湖南提出的避免天下大乱的变

---

① ［日］内藤湖南：《新支那論》，《内藤湖南全集》第 5 卷，筑摩书房 1972 年版，第 519—520 页。

革方法。遗憾的是，他还是开错了药方。

> 由外国人来进行支那的政治经济革新的改造，当然会暂时将这方面支那人的势力全部驱逐，使得支那人的支那的议论变得没有意义，但正因如此，原来的读书人阶级、商业阶级被一扫而光，为此如果促成了新的农民阶级的兴起，支那人的支那在将来也还是会有实现之时到来。①

正是在这个意义上，他认为"国际管理"是从"维持世界和平与救济支那人民"的角度来看解决中国问题的唯一办法，是"自然的趋势而非外部的压力所致"。② 内藤湖南的"药方"，无论其主观是出于什么目的，客观上最终确实都可以成为侵略者的借口，这一点是毋庸置疑的。但之所以一位汉学家能够提出这样令人瞠目的方案，也还是有当时中国"内外"的深刻原因的。正如本章所分析的那样，可以说当时的中华民国是一个典型的"失败国家"，在内藤看来民国的整个政治、经济精英阶层都是无能的、不可信赖的。唯一的希望在于基层，在于农民，为此需要将精英阶层重新洗牌。因此，所谓的"国际管理"实质上是内藤湖南希望通过引入"外部"势力来改造中国的"内部"政治组织，刷新政治精英阶层、排除既有政治势力，最终通过"外部"势力强化政治的引领能力，以此来实现重构近代中国的目的。不过关键问题是，这个"外部"力量只能是外国人，只能是侵略者么？

---

① ［日］内藤湖南：《支那の忠告者》，《内藤湖南全集》第5卷，筑摩书房1972年版，第144—145页。

② ［日］内藤湖南：《支那の国際管理論》，《内藤湖南全集》第5卷，筑摩书房1972年版，第154页。

三 橘朴与尾崎秀实的回答

为了思考以上问题，也许借助另外两位近代日本的中国研究者——一位是下一章的主角橘朴，另一位是具有传奇色彩的尾崎秀实——的探索会有一些裨益。即便有些剧透，同时亦不免重复，但笔者还是想在此简略地将橘朴的方案与内藤的构想加以比较。橘朴在1940年年末，正式发表论文否定了他一直坚持的中国近世以来"只有循环没有进步"的看法，认为明清时期的中国内部已经发生重大变化，产生了与以往不同的"异质的新势力"——"以均田为目标的农民运动"和"中央集权式的金融组织"。假设中国没有受到西方的冲击，随着钱庄等商业资本的发展，一方面会侵蚀官绅阶级，另一方面又会压榨农民，最终也会导致矛盾不可调和而再次进入"乱世"。中国便会经历像"春秋战国、南北朝、唐宋五代时的长期内战从而解决这些矛盾"。① 橘朴认为中国存在一种不需要西方势力冲击而自我变革的"内发式发展"的可能性，对于他而言，即便现实中遭受了西方的冲击，改造中国的主体也可以不是外国人而是内部的新势力。沿着内藤湖南的思路，对于谁可以成为改造"乡团"、沟通中央与"乡团"的新势力，橘朴把目光投向了主张"耕者有其田"的单一政党。当然，在这里橘朴指的政党是汪精卫伪政权里的国民党。他深知，在中国的传统基层社会，不仅存在胥吏的问题，地主乡绅等也是需要被改造的部分。因此，他建议把国民党的组织改为中央、县市及乡镇三级制，并在中央和县市之间设道支部，在乡镇党部以下设村街支部。② 通过这种方法，将乡村的指导机关置于单一政党的领导之下，让乡土出身的少壮党员加入

---

① ［日］橘朴：《漢民族の性格と其の文化》，《橘朴著作集》第3卷，勁草書房1966年版，第108—113页。

② ［日］橘朴：《支那建設論》，大陸新報社1944年版，第79页。

到乡村的指导机关内，逐渐完成对乡村基层政治势力的改造，以最终实现"乡党自治"。① 也就是说，在橘朴那里政党成为改造基层的"外部"力量，通过政党组织，将中央的政治与基层的民政相互联系起来以实现中国的重构。

同时，对于中国的工业化问题，特别是关于中国的企业会不会成为列强的威胁，内藤湖南的看法又是很复杂的。他认为中国不会成为列强的威胁，但这并不意味着那是"和平崛起"，恰恰相反，内藤认为中国很难独自完成资本积累。他分析说，要从中国的内部社会组织的历史性质与和外部的关系两方面出发来考察。第一，历史上，至少清末民初的中国社会不是长子继承制，这首先就阻碍了资本积累。而且更为重要的是：

> 像股份企业，还是需要有稳定的政治作为背景，其最后的依靠还是在国家权力上。比如支那的经济组织，即使成立了股份公司，如管理者做出很无理的事情，也不会有政治法律机关来制裁，这种国家里无法成立股份组织。所以，单纯只凭支那人进行资本集中是无望的。②

那由谁来进行资本积累呢？很简单，最后还是需要外国人。而他还认为，"支那人会满足于在他国的稳定政治之下保有资本"③的状态。很显然，中国人是不会满足于这种状态的。但靠什么来进行资本积累呢？在橘朴关于构建近代中国的设想中，那就是要靠国

---

① ［日］橘樸：《支那建設論》，大陸新報社1944年版，第91頁。
② ［日］内藤湖南：《新支那論》，《内藤湖南全集》第5卷，筑摩书房1972年版，第529頁。
③ ［日］内藤湖南：《新支那論》，《内藤湖南全集》第5卷，筑摩书房1972年版，第529頁。

家资本,"在国家资本的建设过程中指导乡土资本的建设,以此来为乡土社会的安定与发展做出贡献"。①

而另一位中国研究者尾崎秀实(1901—1944年)的论述则更加直击内藤中国论的要害。作为一名国际共产主义战士,尾崎在运用马克思主义原理分析中国社会变革的同时,还深入到中国的民众生活中去,亲身感受他们的痛苦、理解他们的要求。尾崎认为要真正理解中国,就必须关注"在那片土地上顽强生存下来的支那民众",② 同时还必须对中国进行"动态的""综合的""具体""全面"且"实证"的研究,而不是依靠传统"东洋的支那论"。③ 基于他在中国的实地考察,尾崎敏锐地捕捉到了近代中国社会运动的性质,那就是中国的民众一方面在与以日本为代表的侵略势力做斗争,争取民族的独立,另一方面还在与国内的各种压迫势力做斗争,争取社会革命和人的解放。他是这么想的也是这么做的,因此,尾崎才能够同情地理解中国的抗日民族统一战线,并对他的祖国展开了隐晦而委婉的批判。在1938年他向日本社会呼吁说,中国的民族运动从根本上是要"消除支那社会半殖民地和半封建性而摆脱漫长的历史停滞",因此日本如果真诚地想与中国结束战争状态并解决"支那问题",就必须回应中国民族运动的要求。④ 正如有研究指出的,重视中国的民族解放意识是尾崎中国论的方法论特

---

① [日]橘樸:《支那建設論》,大陸新報社1944年版,第43頁。关于橘朴的中国论,详细请参见第六章。

② [日]尾崎秀实:《嵐に立つ支那:転換期支那の外交・政治・経済》,《尾崎秀实著作集》第1卷,劲草书房1977年版,第4页。

③ 参见[日]尾崎秀实《现代支那论》,《尾崎秀实著作集》第2卷,劲草书房1977年版,第195—202页。

④ [日]尾崎秀实:《现代支那论》,《尾崎秀实著作集》第2卷,劲草书房1977年版,第286页。

征。① 因此，尾崎是不可能指望由列强作为外部势力来重构近代中国的，在尾崎看来，中国的事情必须由中国人来解决。然而问题的关键是，阻碍中国人解决问题的恰恰就是法西斯主义体制。尾崎思想的可贵之处就在于他不但期待近代中国能够得以重构，并且要求为了达成此目的而重构日本。他还为此找到了切入点，那就是处于战争状态的两国都在动员国民参与战争，而动员对象的主体显然是两国的农民。尾崎认为要解决日中两国间不正常的关系、实现真正的"协同"发展，就必须在两国完成"农业革命"。他深刻地指出，由于日本与中国有着相似的农业生产关系，所以为了实现真正的日中提携，就必须重构日本，把广大农民——不是作为战争的动员对象——从封建地主关系中解放出来，使得东亚半封建的农业社会彻底解体。② 在这一重构的过程中，尾崎还期待着日本与苏联和共产党掌握了政权的中国能够紧密协作，最终形成一个"东亚新秩序社会"，为亚洲及世界的共产主义革命做准备。③ 我们可以嘲笑尾崎的方案是浪漫主义的妄想，然而他的那种不回避矛盾直面其祖国根本问题的勇气、深入两国社会底层敏锐地找到以"农业革命"为突破口的洞察力，足以为我们重新思考中国、思考日本提供丰富的养料。

　　为什么与橘朴和尾崎秀实相比，更加精通中国历史的内藤湖南反而把重构中国的任务都交给了外国人？除政治因素以外，通过本章的分析可以得出以下几点结论。第一，当时中国所面临的内外困局制约了内藤的思维。特别是当时中国政治精英的腐败与无能，让

---

① 赵京华：《社会革命与亚洲改造的大视野——尾崎秀实的现代中国论》，《开放时代》2018年第2期。
② ［日］尾崎秀实：《東亜共栄圏の基底に横たはる重要問題》，《尾崎秀实著作集》第3卷，劲草书房1977年版，第211页。
③ 参见《现代史资料　ゾルゲ事件第2》，みすず书房1962年版，第128—129页。

内藤看不到中国内部有能够重构中国的可能性。这并非是单纯的对华蔑视的态度问题，而是在面临巨大历史难题时，选择何种解决方案的现实问题。在结果上，内藤湖南选择了"外部势力"来解决。第二，虽然内藤湖南的立场是"从历史的深层中思考未来的方向"，① 但中国历史或者说内藤的历史思维限制了他的思考。他对中国特殊性的尊重与追求是限定在对中国历史中展现的特殊性的尊重与追求。内藤并没有像橘朴那样在中国历史中发现"唐宋变革"后仍具有"内发式发展"可能性的可靠依据，他也没能像尾崎那样准确地捕捉到现实中国所展开的民族运动的性质，因此他对中国特殊性的探索是一种不完整的探索，他不能把在当时中国社会出现的变革视为一种特殊性的延续，因而他对于五四运动以后的中国革命才持极为消极的态度。② 所以内藤虽可以提出"最终，支那人是坚信自己优越性的国民，虽然曾尝试模仿俄国，学习日本的国会政治，但最终支那人坚信自己的优越性，还是会按照旧有支那式的方法来办。这就是我从支那近代生活中得到的关于支那命运的十分贫弱的结论"③ 的主张，但他却没有思考"中国式"的方法只能是旧有的吗，他也无法具体回答是中国的"谁"来按照旧有的方法重构中国。内藤对中国的误读既不是由于他过于坚持中国的特殊性，固定地看待中国，④ 也非因为他是一个不受时代约束的自由人，一位

---

① ［日］谷川道雄：《内藤湖南の思想次元》，《東アジア文化交涉研究別冊3》2008年号，第48頁。

② 这也被认为是内藤不尊重中国主体性的一种表现。参见［日］山根幸夫《日本人の中国観——内藤湖南と吉野作造の場合》，《東京女子大学論集》1968年第19卷（1），第14頁。

③ ［日］内藤湖南：《近代支那の文化生活》，《内藤湖南全集》第8卷，筑摩書房1976年版，第139頁。

④ ［日］野村浩一：《近代日本の中国認識》，研文出版1981年版，第65頁。

普遍主义者。① 问题在于，他恰恰没有像橘朴与尾崎那样，找到中国社会自我变革的可能性。归根结底，他对中国特殊性的探索是不彻底的。所以，即便是经济组织的改革，他都把希望寄托给"日本小资本商人的活动"，② 更不用说把在中国大地上展开的国民党、共产党领导的各种运动看作是中国特殊性的现实展开。因而，他也就不会认为这些政治势力有能力重构中国。于是，在现实与思想的困境中，内藤最终把重构中国的使命交给了"外国势力"。

结语　另一种"中国模式"？

内藤湖南对中国历史和现实的观察是深刻的，而他的评论与建议则又包含着巨大的矛盾，一方面是蔑视与失望，另一方面又是对"东洋"模式的坚持与期待，在这种"虚无"之中，他将中国变革的主动权转给了"外部"力量。面对在中国建构起来的共和新政体，内藤湖南实际上没能成功地找到一条与之相配的新政道。数千年的中国史对于他来讲，既是资源又是包袱，最终他也没能就中国自我变革的可能性展开深入的思想探索。由于他没能正视新文化运动的影响，所以他无法构想出，接受了新文化运动洗礼的人们最终会成为改造中国传统内部的"外部"势力。但内藤并没有放弃，他仍然坚持存在一种有别于近代西方的发展模式，只不过讽刺的是，这种希望仍是建立在对中国的蔑视之上。他认为即便中国日后发展了，也不会像西方那样在对外关系上变

---

① ［日］藤田昌志：《内藤湖南の日本論・中国論》，《三重大学国際交流センター紀要》2008 年第 3 号，第 40 頁。
② 参见［日］吉尾寛《内藤湖南の中国共和制論——『支那論』から『新支那論』への道すじを考えつつ》，《内藤湖南の世界——アジア再生の思想》，河合文化教育所 2001 年版，第 210—211 頁。

得"进取",因为中国人自古就有一种"安分的倾向",正因如此,"也许到某个时代,通过弥补欧罗巴人科学的发展的缺陷,支那人在其间又可以占据一个特殊位置"。而他对中国进行锲而不舍地研究的动机也就在此。

> 世界上的进步能够走到何处不得而知,殖民地也并非可以永远地无限利用。全世界的经济如果走到了头,能够缓和的方法就还是支那人从历史中得到的安分方法,除此以外别无他法。所以现在无论是支那的政治还是经济的状态,都可以看作是对世界将来状态的一种暗示。这也是我仔细地观察支那而感到最有意思的地方。①

内藤湖南对近代资本主义的发展道路是充满怀疑的,他不是一位社会主义者,没有去分析资本主义体系的运行方式和内在危机,他是一位历史学家,试图从文明模式的角度在漫长的中国历史中去挖掘出另一条人类的发展道路。不过很显然,处于内忧外患之中的民国时期的政治、经济状态无法成为世界未来的暗示。但具有"安分倾向"的中国人如今能走出一条有别于西方的"和平发展"之路吗?能够在积极意义上创造出一种"中国模式"吗?这一切,也许都需要在回答新时期"内外"各种课题的过程中寻找答案。

---

① [日]内藤湖南:《新支那論》,《内藤湖南全集》第5卷,筑摩書房1972年版,第531—532页。

第 六 章

王道政治如何成为可能？

——橘朴的王道论与近代中国

敌进我退，敌驻我扰，敌疲我打，敌退我追。

1938年初，一位在中国大陆上度过了半生的日本人，一面引用这四句游击战的口诀，一面对关东军提出了警告，要求他们注意游击战的作用，因为他认为游击战将成为抗日的"中心方法"。[①] 之

---

① ［日］橘樸：《長期抗戰と其の對策》，《橘樸著作集》第2卷，勁草書房1966年版，第485頁。

所以重视游击战,那是因为他发现在游击战背后存在着一套能够使得游击战成为可能的、并且在中国未曾有过的基层组织模式。而如何能从基层重构一个现代的中国正是这位"北漂"日本人一直以来思索的问题,他曾经把这个问题的解决寄托于儒家的"王道"。而近年来政治儒学也成为学术界的一大热门,"新儒家"学者从多种角度重新审视传统儒学中的思想资源,特别是对于儒学中的王道思想格外重视,将王道政治描述为未来中国政治发展的可期蓝图,认为"中国的政治未来更可能由儒家悠久的'王道'来决定"[1]。还有学者从王道思想对于当下国内政治及国际政治的借鉴意义角度认可"通过对传统王道思想的创造性转化,王道思想可以在 21 世纪中国崛起的时刻发挥重要的正面影响"[2]。另一方面,对于王道政治主张的批判也不绝于耳,问题主要集中在认为王道政治是一种"儒士精英主义,或以儒士为核心的精英主义"[3],警告"越是张扬王道,就越肯定王制;越是把王道作为一种理论追求,那么所谓的'道'就越依附于王"[4],甚至直言"王道政治的适用政体是君主制"而且是"非君主立宪制的君主政体"[5]。简而言之,批评意见多是认为王道政治的理想与"多元化""民主化"的社会发展潮流相悖,是不合时宜的。

---

[1] [加] 贝淡宁:《中国的儒家宪政》,《原道》2012 年第 1 期。

[2] 郭敬东:《近百年王道思想研究述评》,《船山学刊》2014 年第 2 期。这方面学术成果可参见干春松《重回王道——儒家与世界秩序》,华东师范大学出版社 2012 年版;任剑涛《天道、王道与王权——王道政治的基本结构及其文明矫正功能》,《中国人民大学学报》2012 年第 2 期,等等。

[3] 王绍光:《"王道政治"是个好东西?——评"儒家宪政"》,《开放时代》2010 年第 9 期。

[4] 刘泽华:《论"王道"与"王制"——从传统"王道"思维中走出来》,《天津社会科学》2014 年第 5 期。

[5] 谢晓东:《走出王道:对儒家理想政治的批判性考察》,《哲学动态》2014 年第 8 期。

其实关于"王道"的思想论争是个古老的话题，对于王道政治的追求也一直没有间断过，而且追求者也不仅限于中国学者。在20世纪20年代到40年代，那个中国及整个世界都处于巨大变动的时期，本章开头提到的那位从年轻时就来到中国并在中国度过其大半生的日本思想家就在展开着对王道政治的思索。这个人就是橘朴（1881—1945年），一位饱受争议的中国研究者，一位被鲁迅评价说比中国人还懂中国的日本人。王道政治必须有"王"的存在吗？王道政治一定是"德治"吗？王道政治只能是精英主义吗？对于这些问题，橘朴在他大半生的思考中都给予了不同程度的解答。而今天，我们静下心来重新思考橘朴的这些解答，对于审视王道思想在近代的转换以及面向未来的创造性转化都是大有裨益的。

第一节 橘朴早期的王道论

在中国近代史的语境下，特别是联系到日本来谈论"王道政治"这个概念时，往往不会勾起人们美好的回忆。毋庸赘言，那就是因为"王道政治"曾经被关东军和伪满洲国所利用，成为侵略殖民中国的文化武器。而橘朴在历史上又确实曾经为关东军出谋划策，提出了一系列在伪满洲国实行"王道政治"的主张。因而，他才被评价为参与伪满殖民建设的"右翼理论家"[1]。所以，有必要在进入分析橘朴的王道论之前，就如何看待其与伪满洲国的殖民活动的关系做一些说明。

一 伪满的阴影

首先，关东军和伪满洲国傀儡政权在伪满初期利用所谓

---

[1] 杨栋梁编，王美平、宋志勇：《近代以来日本的中国观 第四卷（1895—1945）》，江苏人民出版社2012年版，第287页。

"王道政治"的口号开展殖民统治是无可争辩的历史事实,而橘朴确实又曾经积极向关东军献策,兜售他关于王道政治的理想。从这个角度对橘朴的思想与活动展开批判是无可厚非的,也是必需的。

但另一方面,橘朴与关东军及伪满又并非铁板一块,双方在根本目的上是存在巨大差异的。对于橘朴而言,伪满洲国是其实现自己王道政治理想的一个试验场,军部法西斯势力是其选择的一个"同行者"[①],他的态度是"我们一方面潜入国家社会主义者的政治组织中,同时只有进入到将校团、农民和劳动者的组织中努力争取他们之外别无他法。承认国家社会主义作为历史发展的必然过程而拥有一时的霸权,(我们)应当成为其底下的人,执拗地开展吾等独自的工作"[②]。可以看出,对于橘朴而言,关东军及伪满洲国是其利用的对象,而并非其追随效忠的目标。而关东军方面,对他们而言"王道政治"也只不过是个幌子而已,他们也从没有真心想实行过,他们的目标是伪满的"皇国化"。从1939年强制改革祭孔仪式,到1940年迎立"天照大神"后宣布神道为伪满洲国之"国是",所谓的"王道政治"已被置换为日本的"皇道"[③]。这一切,当然与橘朴所设想的政治图景大相径庭。

因此,橘朴对关东军及伪满洲国政权的所作所为是持不满态度的,他本人最终也没有得到军部的信任。在1941年,深受橘朴的影响,在绥化县开展合作社运动、担任过《满洲评论》主编的佐藤大四郎等满铁调查部相关人员50余人,被以宣传共产主义为由遭

---

① [日]橘樸:《満州事変と私の方向転換》,《橘樸著作集》第2卷,勁草書房1966年版,第19頁。

② [日]橘樸:《独裁政党論》,《橘樸著作集》第2卷,勁草書房1966年版,第607—608頁。

③ 参见方艳华《试论伪满祀孔典礼的堕落与变异——兼论"王道政治"的历史命运》,《辽宁师范大学学报》(社会科学版)2007年第6期。

到宪兵的检举而后受到各种迫害，这就是有名的"合作社事件"①。橘朴本人也不得不在 1942 年秋开始宣布又一次的"战术上的方向转换"，其主张也从"勤劳农民的乡土社会建设"转为"曾国藩式的地主乡土社会建设"②。从这也可以看出，橘朴的论述受到了时代背景的巨大限制，因此，在分析时不能仅凭字面的意义或其著作中一时的只言片语便轻易下结论，而需要从其一生思想的整体发展脉络出发来把握，体会其文字背后的思想含义。

而一个尴尬的问题也就摆在思考王道思想的人们面前，那就是为什么侵略者会选中了王道政治这一概念来推行殖民统治呢？从关东军的角度看，利用王道政治这一中国人所熟知的概念，有利于对其殖民行径进行包装，有利于之后为其"皇国化"奠定基础。而从王道政治这一思想本身看，又不得不承认其包含的"天下为公""仁政"等内涵具有普遍性的指向，"这种普遍性也淡化模糊了中华民族的边界意识、国家意识、种族意识，为日伪提供了发挥的空间"③。但也许还有另外一种可能，那就是在近代中国及世界都处于大变革的时期，王道政治的思想内涵确实吸引了一些人的思考，他们确实认为王道政治是应该也是可能追求的一种有别于近代西方的政治理想，即使他们是"他者"，甚至有时走到了中国人民的对立面。橘朴就是这样一个人。如后文所述，他对王道政治的思考起于 20 世纪 20 年代，很显然王道政治是其追寻的一个政治理想，并非一时的、仅仅是为了伪满洲国统治而提出的谋略。而且，最终橘

---

① 关于橘朴与佐藤大四郎的关系及合作社事件，请参见［日］田中武夫《橘樸と佐藤大四郎—合作社事件・佐藤大四郎の生涯》，東京：龍溪書舎 1975 年版。合作社事件后，1942 年 9 月、1943 年 7 月，相继发生两次满铁调查部事件，与橘朴关系密切的多人遭到检举和迫害。

② ［日］山本秀夫：《橘樸》，中公叢書 1977 年版，第 339 页。

③ 方艳华：《伪满"王道政治"的出笼与其异化错位研究》，《兰州学刊》2007 年第 5 期。

朴所设想的王道政治的实现范围是整个中国而并非伪满，他所行进的思想努力是为了用王道政治来重构近代中国，在近代中国建构起一个不同于近代西方的新式文明，其生前的最后一本著作恰恰就是《支那建设论》（1944年）。这才是如今重新审视橘朴王道论的意义所在。正如竹内好在谈论"近代的超克"时所谈到的，需要"承认思想对于体制的相对独立，冒着困难去剖析作为事实的思想，不如此就无法从隐藏的思想中获取能量"[1]，也许对于橘朴的思想，恰需要这样一种态度吧。

二　橘朴王道论的思想由来

橘朴对于王道政治的追求并非一时的谋略，而是有其思想由来的。在他早期思想仍然倾向于自由主义的时候，其论述中就已经蕴含了日后他构筑其王道政治理论的基础，这集中体现在以下几点。首先，表现在他对人生的态度上。他这样写道：

> 不能逃避的事实是，现在的社会组织和经济组织过分地而且不自然地助长了人们的利己心乃至利己的行为。资本主义的经济学、伦理学还有法律学都背负着必须被改造的命运……问题在于，第一将所谓文明人的注意力都集中在物质上而忘记了精神的重要性。第二，奖励超出必要的财富集中而在人类间造成了可怕的不公平。所谓资本主义社会繁荣的百余年，文明人利他心的退步的事实是显著的。我对于任何事情还是持肯定其现有状态的态度的，因而我不喜欢故意煽动利他心。但是，对于那些故意煽动利己心

---

[1]　[日]竹内好：《近代の超克》，《竹内好評論集》第3卷，筑摩书房1966年版，第150页。

的人们，则更是感到强烈的憎恶。①

从这里可以看到，橘朴对于人的道德生活的追求态度以及他对资本主义的那一套运行体系的不满。这一切都从根本上推动他不断寻找一种新的政治、社会模式，以满足人们精神提升的需要，克服资本主义自身所带来的各种弊端。

其次，橘朴对于孟子的思想格外推崇，他认为孟子就是民主的主张者。与现代学者重视董仲舒建构的天道与王道的紧密关联，评价他将原始的儒家政治哲学"规训为基于客观力量的限制而成就的规范化政治形态"②不同，橘朴认为恰恰是董仲舒将孟子的民主理想埋葬，"在政治和民众中间造成了巨大的间隔，官僚得以牺牲民众而随意施政，民众则为了将牺牲控制在最小程度而随意的经营生活。即便到现代也是如此"③。如前所述，橘朴大半生都在中国度过，他深入到民众的生活中去，深刻体会到了官僚阶级的统治④造成的政治与民众的隔绝。因而橘朴认为，实现孟子理想的最大障碍就是官僚、乡绅这个统治阶级的存在。

> 只要如今的统治阶级不被破坏，政治和民众之间的间隔恐怕永远都不会消灭。而只要这个间隔不消灭，那种非政治的道

---

① ［日］橘樸：《人生観成立の過程》，山本秀夫編《甦る橘樸》所收，龍溪書舍1981年版，第237页。

② 任剑涛：《天道、王道与王权——王道政治的基本结构及其文明矫正功能》，《中国人民大学学报》2012年第2期。

③ ［日］橘樸：《支那民族の政治思想》，《支那思想研究》，日本評論社1936年版，第13页。

④ 橘朴认为在中国，官僚及乡绅作为一种特殊的阶级而存在，虽然由于科举等原因，中国社会存在一定的流动性，但仍然不影响官僚及乡绅作为一种统治阶级而存在的事实。关于橘朴的官僚阶级论，可参见何鹏举《政道と政体——近代日本における中国観察》，劲草书房2016年版，第213—217页。

教就不会在民间衰落。如此，则在支那的社会中复活孟子的民主的政治思想就没有可能。我等深信，对于支那民族的思想和其民族性的纯真样态而言，孟子的政治论是最适合他们的。①

在20世纪20年代，橘朴对孟子政治思想的这种赞赏，就是他日后将王道政治作为其勾画重构近代中国政治图景的思想根源。而且，他对于秦汉之后中国中央集权的政治体制一直持否定态度。与如今普遍将"三代"作为一种传说来处理不同，在后文将会看到，橘朴的王道政治思想的出发点恰恰就是其对于"先王""三代"政治的想象与提炼。他对于王道思想所做的创造性转化是基于其对先秦思想的理解，而秦汉之后中国政治及思想则是其批判的对象。

最后，橘朴对王道政治的追求还源于其对于近代中国社会的发展方向的观察。与内藤湖南不同，对于中国的发展方向，他不像内藤那样把希望寄托于曾国藩式的精英，而是把希望寄托于民间的乡团组织，并认为中国今后的重构将"采取一种民主的地方分权的形式"②。与此同时，橘朴对于在中国大地上展开的各种革命运动也持较为正面的看法，并且从这些革命运动的形势上看出了今后中国可能朝一种与近代西方不同的、非资本主义的道路前进。

> 只不过将来在支那兴起的以中产阶级为中心的社会会与欧洲所兴起的所谓资本主义社会不同，前者由于内外种种原因将不会经历那种后者所存在的极端的资本集中带来的毒害……具体而言，支那的中产阶级社会在其兴起的同时，会有很大可能

---

① ［日］橘樸：《支那民族の政治思想》，《支那思想研究》，日本評論社1936年版，第14頁。

② ［日］橘樸：《支那は何うなるか——内藤虎次郎氏の新支那論を読む》，《月刊支那研究》第1卷第3号，1925年2月，第3頁。

实施比较进步的社会政策。依卑见,所谓社会政策就是架设在资本主义社会与社会主义社会间的一种过渡的权宜方法。因而,我一方面主张在中国会有资产阶级革命的可能性,另一方面也主张在不久的将来的中国社会里会实现社会主义社会的平等的信条及"不劳动者不得食"的思想,这绝不矛盾。①

顺便说一句,橘朴在20世纪20年代对中国的妇女运动也曾经展开了细致的观察与研究,可以说他是同时代研究中国问题的日本人中少有的注意到女性问题的重要性的思想家。他发现中国的妇女运动也并非单纯追求法律意义上的男女平等,而是朝着一种非自由主义的,注重要求经济能力平等的方向发展。② 总的来讲,虽然对中国的革命运动持理解的态度,但橘朴当然不是一个社会主义者,在他论说中所出现的"资本主义""资产阶级""社会主义"等词语,无疑是那个时代所特有的印记。在当时开始流行的"阶级学说"确实也影响了橘朴的思维,他也确实认为官僚作为统治阶级对中国的重构是巨大障碍并一度承认"平稳的阶级斗争"的必要性,但他最终还是没有选择激烈的阶级斗争作为改造社会的方法,他选择了王道政治的路径。因为橘朴认为,对于会朝非资本主义方向发展的中国而言,王道政治也是一种可能的选择。

三 王道政治的方法论

刺激橘朴开始认真思考有关王道问题的是孙中山,众所周知,1924年年末孙中山在日本神户做了一次演讲,里面提到了王道,他

---

① [日]橘樸:《支那は何うなるか——内藤虎次郎氏の新支那論を読む》,《月刊支那研究》第1卷第3号,1925年2月,第55—56頁。

② [日]橘樸:《支那婦人の環境及び問題》,《支那社会研究》,日本評論社1936年版,第574頁。

认为西洋的文化是霸道而亚洲的文化是王道。① 橘朴对此是持怀疑态度的,他说将王道思想"适用于其他民族是不可能的"②。不过另一方面,他又认为限定于政治学说的王道思想是适用于中国的政治思想,承认王道思想有"充分的展开性乃至现实性",坚信其"对现代的支那民族能够提供新的而且是活生生的政治理想"。之所以这样说,是因为橘朴与那些"倡导形而上学的王道论的人正相反,我不把王道政治看作远古里光辉的事实,反而是把其看作既能带给支那民族政治生活幸福,又为处于困境的西洋文明带来暗示和刺激的"思想。③ 橘朴对于王道政治的态度很明显,他是把这种思想资源作为重构未来中国图景的规范,这一点与当代的部分政治儒学的提倡者颇为相似,不过后文就会看到,橘朴构筑王道政治的理论路径则与当代的政治儒学全然不同。

引文中也多次出现,橘朴对于近代西方的文明是不满的,但他是不是对西方文明持全盘否定的态度呢。事实又并非如此,在他观察第一次世界大战后西方人反思自己文明时的一段话中可以看出橘朴对人类文明的态度。他这样写道:

> 文明也并非仅限于西洋文明,在人类中产生的其他种类的文明里具有和西洋文明不同的价值,而这些价值或许能够补充西洋文明的缺陷。④

---

① 参见孙文《对神户商业会议所等四团体的演说》,《孙中山全集》第11卷,中华书局1986年版,第407页。
② [日]橘樸:《大革命家の最後の努力 孫文氏の東洋文化観及日本人観》,《月刊支那研究》第1卷第4号,1925年3月,第139頁。
③ [日]橘樸:《編輯の後に》,《月刊支那研究》第1卷第4号,1925年3月,第202頁。
④ [日]橘樸:《日本に於ける王道思想——三浦梅園の政治及び經濟學說》,《支那思想研究》,日本評論社1936年版,第473頁。

对于橘朴而言，西方的近代文明是人类文明的一种而并非是一种普世的文明，他要追求的王道政治则又是能够给予西方文明以良性刺激的另外一种人类文明，二者并非相互替代的关系。橘朴坚持他的想法，东洋与西洋"两者都平等地属于人类，两者所创造所展开的文化也平等地都是人类共同的实物"，最大的错误就是"努力证明东洋的精神文明对于西洋的物质文明的优越性，颠倒历史、拥立封建遗制"①。橘朴所要追求的王道政治绝非复古，而是由中国传统政治思想中生发出来的另一种未来而已。

那么，在橘朴看来，王道政治具体而言都有哪些特征呢？橘朴虽然认为上古的王道并非光辉的事实，但为了建构王道政治的理论规范，他仍然从有限的文献资料中归纳出了"先王"所行的王道有以下六点特征。第一，王道政治是"帝王体会天即上帝之意"而实行的政治；第二，在政治组织上采取的不是中央集权的郡县制而是封建制，即地方分权制；第三，为政者自身的"道德仪范及道德关心"是必须条件；第四，有经济上的民生关怀；第五，在维持着严格的阶级制度的同时，阶级间的关系"意外的很亲密而没有隔绝"；第六，统治阶级和被统治阶级由共同的利益而连接在一起。② 当然，这些可以说完全是橘朴对上古王道政治的一种想象，但问题的关键在于，橘朴把这种想象作为其思考构建新的王道政治理想的基石，

---

① ［日］橘樸：《独裁政党論》，《橘樸著作集》第 2 卷，勁草書房 1966 年版，第 605 頁。

② ［日］橘樸：《日本に於ける王道思想——三浦梅園の政治及び経済学説》，《支那思想研究》，日本評論社 1936 年版，第 474—475 頁。有趣的是，当代对王道政治持批判态度的学者也总结出了王道政治的五点特征（或者说问题也许更合适），后文所述橘朴的王道论在很大程度上似乎意识到了这些问题，并且给予了独到的解答。不妨摘录下当代学者的批判如下：第一，王道政治是一种区别于"责任政治"的"存心政治"；第二，积极的国家观；第三，政教合一，重视教化；第四，"善治"占主导而非"民治"；第五，家长制。参见谢晓东《走出王道：对儒家理想政治的批判性考察》，《哲学动态》2014 年第 8 期。

其王道论正是在此基础之上加以改造，不断完善而形成的。对于王道政治的理念，他的态度很明确，是要"通过对其多少进行修正，使其具有成为贯通现在和未来的新的政治规范的资格"①。

为了构建作为新的政治规范的王道政治理论，橘朴从以上六个特征中又进一步归纳出了王道政治的三项原则，即地方分权主义、道德主义、善政主义。② 而如何落实这三项原则就成了摆在橘朴面前的难题，他深知王道政治之所以数千年来没能够真正得到实施就在于缺乏保障，特别是制度上的保障。因此，第一为了落实地方分权主义，橘朴提出，"实现所谓联省自治或故去的孙文所提倡的县级自治可以恢复王道精神"，因为王道政治"与官僚政治是相对的，也与资本主义的法治主义所建构的近代国家是正相反的"③。那是不是说王道政治就只是道德主义的，与法完全无关呢？恰恰相反，为了落实道德主义，橘朴反而提出法的重要性，虽然无法明确"法""法治"或"法制"这些概念在橘朴的思想中到底是如何明确及区分的，但他对法的态度是明确的，那就是法是必需的，而且"王道法制"是可能的。在结合论述评价江户时代学者三浦梅园的法制论，即三浦主张要适时修改德川家康所立的祖法之时，橘朴这样说道：

> 进一步想，他们（各大名——笔者注）遵循家康的仪范并不仅仅因为家康是霸者的祖先，也还是因为那里面包含了许多普遍的价值。因而，从古今东西的众多仪范中抽取出各自所包

---

① ［日］橘樸：《日本に於ける王道思想——三浦梅園の政治及び經濟學說》，《支那思想研究》，日本評論社1936年版，第478頁。

② ［日］橘樸：《日本に於ける王道思想——三浦梅園の政治及び經濟學說》，《支那思想研究》，日本評論社1936年版，第516頁。

③ ［日］橘樸：《日本に於ける王道思想——三浦梅園の政治及び經濟學說》，《支那思想研究》，日本評論社1936年版，第486頁。

含的普遍价值，依此来形成我们自家王道政治所需的新的仪范是充分可能的。即便由于没有杰出的立法者，最初的法制是不完备的，也可以顺应时势变化逐步修改祖法，最终制定出完备的王道法制。如此想来，王道政治的实现也并非像支那及日本的儒者所想的那样，必须要等待圣人那样的超人出现才可以。①

橘朴认为，法制恰恰是王道政治实现的保障，他同意三浦的主张，即法应当简明，但同时他还要求法应当涉及人民的纯道德及纯经济生活领域，因为他坚信，人民的道德生活的提高不是靠圣人的感化，而是"主要依靠良善的法及有效的行政手段"②。橘朴理想中的王道政治并不依靠"圣人""圣王"那样的杰出统治者，这一点在对善政主义的完善上也体现出来了。在批判三浦的"节制娱乐"的主张时，橘朴便深刻地指出，那种主张是因为统治者将农民只看作是生产的工具，因而娱乐是有害无益的，但"农民是人而非工具"，"人——民众是人——把人当作工具而拒绝承认他们的人格，无论哪个时代都是王道思想所具有的根本的缺陷"③。而橘朴所追求的王道政治则是将民众当作人的政治，是民众通过自己的手实现自身幸福的政治。

> 如果无阶级的社会得以实现，万人得以期待万人生活的幸福的话，那个社会一定会产生与古代的王道思想所不同的善政主义。而这时的政治是人们各自治理自己的政治，所以周礼中

---

① ［日］橘樸：《日本に於ける王道思想——三浦梅園の政治及び経済学説》，《支那思想研究》，日本評論社 1936 年版，第 501 頁。

② ［日］橘樸：《日本に於ける王道思想——三浦梅園の政治及び経済学説》，《支那思想研究》，日本評論社 1936 年版，第 502—503 頁。

③ ［日］橘樸：《日本に於ける王道思想——三浦梅園の政治及び経済学説》，《支那思想研究》，日本評論社 1936 年版，第 496—497 頁。

所记的治者那种对民众的非常细致的关怀就不需要了。即，新社会中民众为了自己而亲自实行善政。无论出现什么样的圣人，都不能实现比聪明的民众掌握进步的科学知识和生产能力，为了自身幸福而实现的更完全的善政。①

显然，橘朴所追求的善政主义是在民众自治基础之上的善政主义而并非开明专制，在橘朴眼里，"政治上的中央集权及资本主义从根本上是与王道思想不两立的"②。虽然正如有批评指出的那样，这一时期橘朴的王道论还缺乏具体内容，③但如前所述，橘朴的王道论却并非像一些批判所指出的，是在第一次世界大战的阴霾下对东洋固有价值的追求，"善政主义是无视民众人格的'善意的专制'，缺乏法治主义的'道德主义'只不过是为政者的口号"④。即便缺乏具体内容，但在方法论上，橘朴所追求的是建立在对东西洋各自所蕴含的普遍价值的整合之上的，是建立在民众自治、地方分权、逐步完善的法制之上的王道政治。在橘朴的思维中，他是预想到了所有可能的对王道政治的不解与批判，并通过自己的努力给予突破和解答。他相信，王道思想"虽然其内容当然还需要许多修正，但其根本的原则一定会成为地球上人类永久的指导"⑤。而为了具体勾画王道政治的蓝图，橘朴接下来还做了哪些工作呢？遗憾的

---

① ［日］橘樸:《日本に於ける王道思想——三浦梅園の政治及び経済学説》，《支那思想研究》，日本評論社1936年版，第516—517頁。

② ［日］橘樸:《日本に於ける王道思想——三浦梅園の政治及び経済学説》，《支那思想研究》，日本評論社1936年版，第519頁。

③ ［日］中西勝彦:《中国国民革命の展開と橘樸》（一），《法学雑誌》第30卷第1号，1983年，第67頁。

④ ［日］野村浩一:《近代日本の中国認識——アジアへの航跡》，研文出版1981年版，第232—233頁。

⑤ ［日］橘樸:《日本に於ける王道思想——三浦梅園の政治及び経済学説》，《支那思想研究》，日本評論社1936年版，第519頁。

是，这些思想努力不得不等到日本军开启对华侵略，橘朴完成思想转向之后了。

第二节　王道政治重构中国

进入到20世纪30年代之后，随着日本加紧对中国的侵略，橘朴本人也宣告自己思想的转向，开始把一部分精力投入如何建设伪满洲国的活动当中。不过如前所述，伪满对于橘朴而言，其意义更多是一个其思想的试验场，即便如此在事实上日本军部也没能容忍橘朴的试验。橘朴也一直没有放弃对于如何重构整个近代中国的这一更大课题的思考。随着思考的深入，他开始逐步放弃了本来他对中国持有的一个认识，那就是认为中国自"唐宋变革"之后一直处于一种"停滞"的状态。到1940年年末，他正式发表论文，否定了中国近世以来"只有循环没有进步"的看法，认为明清时期的中国内部已经发生重大变化，产生了与以往不同的"异质的新势力"，而这种势力将会给汉民族的统治形态带来巨大变化。新势力的两大支柱就是"以均田为目标的农民运动"和"中央集权式的金融组织"。橘朴认为，与日本相比之所以中国对西方的应对显得十分迟钝，并非因为中国的"封建性或不发达"，恰恰相反是因为"中国经历的官绅支配的半封建时代比德川时代典型的'封建社会'要进步，与近世西欧的绝对主义、重商主义相通"。而随着钱庄等商业资本的发展，一方面会侵蚀官绅阶级，另一方面又会压榨农民，最终将导致矛盾不可调和而再次进入"乱世"。而中国会经历像"春秋战国、南北朝、唐宋五代时的长期内战从而解决这些矛盾"。[①]也就是说，到了这个阶段，橘朴认为中国存在一种不需要西方势力

[①] ［日］橘樸：《漢民族の性格と其の文化》，《橘樸著作集》第3卷，劲草书房1966年版，第108—113页。

冲击而自我变革的"内发式发展"的可能性。之所以他坚持通过构建一种王道政治来重构近代中国，从根本上说，是建立在中国具有"内发式发展"的可能性这一点上的。虽然这一结论是成熟于橘朴生涯的晚期，但我更愿意把这一结论看作为橘朴王道政治思想的理论起点，有了这一起点之后的思想努力也才具有根基。那么橘朴所要构建的中国是一个什么样的国家呢？他给出的答案是"共同体（Gemeinschaft）国家"。

一 共同体国家

橘朴一直以来对于起源于近代西方的、基于独立个体假说的资本主义及国民国家体系抱有不满的态度，并且不认为这一套制度毫无条件地适用于中国。而他所设想的另一种"近代"，即在中国实现的王道国家则是一种重视血缘关系，即建立在"家"之上的共同体国家。[①] 而王道的作用就是"将国家改造为一个共同体（Gemeinschaft）"，其目的在于"完全保障国家及社会成员的全部生活。这是王道国家乃至王道社会的理想"[②]。而这种生活保障绝非出自善意的专制，而是源于橘朴所提倡的"作为王道实践的自治"，这种自治"从消极上是人民通过自己团体的力量谋划其生存的保障，从积极上则是谋划人们福祉的增加"[③]，在这个自治过程中所需要的不是西方的个人主义，而是体现"天下兴亡匹夫有责"的一种

[①] 在国内学界围绕王道政治进行讨论时，也有一种观点认为，与自由主义的个人主义预设不同，儒家的王道秩序也可以从"家庭人"出发，以家庭为最基本单元构筑王道的普遍主义秩序。秋风发言，彭永捷主持：《王道政治与天下主义》，《现代哲学》2013 年第 2 期。

[②] ［日］橘朴：《支那民族性と其の対策》，《支那思想研究》，日本評論社 1936 年版，第 358 页。

[③] ［日］橘朴：《王道史概说》，《橘朴著作集》第 2 卷，劲草书房 1966 年版，第 45 页。

"积极的共同体自我意识"①。通过长期的这种自治的努力，橘朴相信"大同社会"在未来一定可以实现，他说"我相信大同社会的可能，而且断言必须经过自治社会、小康社会这两个阶段而到达"②。他在回顾了《礼记·礼运》中对大同社会的想象后，自己也给大同社会下了定义，首先，大同社会是王道得以完整实现的社会，其次这个社会中有三大特征：第一，一切人民的生活得到保障；第二，开发社会财富而不据为私有；第三，所有的劳动力为社会付出。③ 为了实现这一理想，橘朴勾画的蓝图的第一步便是通过王道思想建设共同体国家，在这个国家之内开展民众的自治。而在共同体国家里需要何种政体呢？橘朴给出的则是一个较为模糊，但又充满想象的答案。

二　王道政体

橘朴所构建的王道政治中的政体采用的是怎样一种形式呢？他虽然没有直接给出明确的答案，却可以从三个角度加以归纳。第一，1926年10月起，经过三次暴动在上海于1927年3月22日终于建立起了革命群众自己组建的革命政权，虽然这个政权后来被蒋介石的"4·12"政变所摧毁，但却引起了橘朴的格外关注。因为从这个过程中，橘朴了解到，当中国民众自发起来组建一个政权时会采取什么样的形式，他详细记录了"上海市临时市民代表会议组织法"的内容，包括市民代表会议分为全市及区两级；代表会议构成由各职业团体依据所属人数按比例确定；市代表会议有立法、预

---

① [日] 橘朴：《漢民族の性格と其の文化》，《橘朴著作集》第3卷，劲草书房1966年版，第107页。

② [日] 橘朴：《王道史概説》，《橘朴著作集》第2卷，劲草书房1966年版，第31页。

③ [日] 橘朴：《王道の実践としての自治》，《橘朴著作集》第2卷，劲草书房1966年版，第60页。

算、处理执行委员会提案及市民请愿并作出决议等各项权力；市民代表会议选举执行委员 50 人；执行委员中再选出常务委员 15 人组织常务委员会，总览市政、执行市代表会议决议等各项内容。[1] 他分析说，这样一种组织形式，是一种在有立法权的同时兼有行政权的机构，虽然这次革命政权具有"左倾"的色彩，但"市民会议并非马克思所解释的巴黎公社或十月革命后在俄罗斯出现的无产阶级独裁的苏维埃，仍然是一种三民主义式的机关"[2]。在评价孙中山的三民主义时，橘朴就曾经对"五权宪法"的主张表示不满，他举例说连英国本身都不是严格的三权分立，批评五权分立的主张是逆时代潮流的"烦杂"构想。[3] 因而可以推断，在橘朴的心目中，他更倾向于一种与英国议会相似而非美国式的，一种权力融合型的代议制机构。另外，关于代表如何产生，这个革命政权也给橘朴很大提示，那就是职业代表制。围绕职业代表制问题，橘朴曾经对章士钊的"联业救国论"进行过评论，有研究已经指出，橘朴对于职业代表制这个方向是赞同的，"后来橘朴提出的'职业自治论'就和章士钊的职业代表制论相当接近"[4]。因而，对于经由职业代表方式选出的市民代表会议，橘朴仍然给予了高度评价。与此同时，"上海市民权力的形成过程及构想作为革命的理想形态也深深地刻在了橘朴的脑海里，直接与后来他的'满洲国'构想相连"[5]。

---

[1] ［日］橘樸：《上海総罷工及び其の意義》，《支那社會研究》，日本評論社 1936 年版，第 418—420 頁。

[2] ［日］橘樸：《上海総罷工及び其の意義》，《支那社會研究》，日本評論社 1936 年版，第 421—422 頁。

[3] ［日］橘樸：《孫文の赤化》，山本秀夫編：《橘樸と中國》，勁草書房 1990 年版，第 289—290 頁。

[4] ［日］森川裕貫：《議會主義への失望から職能代表制への希望へ——章士釗の『聯業救國論』（1921 年）》，《中國研究月報》2011 年第 65 卷第 4 号，第 8—9 頁。

[5] ［日］中西勝彦：《中國國民革命の展開と橘樸》（二），《法學雜誌》1984 年第 30 卷第 1 号，第 192 頁。

第二个可以窥见橘朴对于王道政体想象的资源便是他对伪满洲国所提出的政体建议。他曾经建议从村一直到中央都设立"公民议会",而中央的议会称为"国民议会","国民议会"作为"自治国家"的最高机关,由它组建执行和监察两个委员会。① 另外,关于如何选举这个代议机构,他就提议作为一个过渡的方法,以"家"为基础,给"家"的代表以公民权,以此逐渐培养民众的民主观念。② 第三个资源便是橘朴对于毛泽东提出的新民主主义论所做的肯定。他引述新民主主义论中的政体构想,认为这种从全国人民代表大会到乡人民代表大会系统构成的民主集中制比起蒋介石领导"亚流国民党"而言,更接近于孙文的革命立场。③ 从这两点也可以看出,橘朴对于王道政治中的代议制机构的设想,应当是一种权力融合型的一院制机关。

但另一方面,由于橘朴一直坚持地方分权和职业自治的理念,可以想象,按照他的逻辑,王道政治中的代议机关一定会加入某种职业代表制的因素。虽然橘朴没有给出明确的设计,但仍然可以肯定,在他的王道政治构想中,政体绝非美式三权分立,而是采取立法权与行政权融合的一院制机构,同时代表形式除选举以外还会加入职业代表的成分。如前所述,橘朴的王道政治中,地方分权是三大支柱之一。而构成地方分权的实际上在后期橘朴的论说中,就是所谓的"乡土自治"。这是一种与职业自治并行的,利用中国传统基层社会中"乡约制度"并对其加以改造的自治形式,构成了他所提倡的共同体国家的社会基础。

---

① [日]橘樸:《满州新国家建国大綱私案》,《橘樸著作集》第2卷,劲草书房1966年版,第66—70页。

② [日]橘樸:《独裁か民主か》,《橘樸著作集》第2卷,劲草书房1966年版,第80页。

③ [日]橘樸:《中国共产党批判》,《支那建設論》,大陸新報社1944年版,第189页。

三 政党与乡土自治

橘朴大半生都在中国度过，他对中国的研究是建立在其对中国社会细致入微的观察之上的。他的理论也是建立在如何解决中国社会所固有的问题这一动机之上的。1943年8月，济南银行调查室的越村卫一陪同橘朴在山东省的农村进行实地考察后就感慨，他说橘朴对中国的认识是"深入到根植于中国大地的民众社会的内部的一种实证研究积累的结果"[①]。比如，橘朴对统治中国社会的官绅阶级的认识就是这样一种研究的结果。官绅阶级的存在对于橘朴而言，是能够实现王道政治、实现孟子理想的障碍，因为这个阶级的存在直接干扰了橘朴对自治的追求。在他评论孙中山三民主义的时候就提道：

> 现阶段自治或以县为单位进行。然而在各县中无论从社会角度还是政治或经济上，发挥领导作用的就是前面提到的那伙贵族（官绅——笔者注），所谓自治最终也就是归结于一两个贵族或贵族团体的专政。总之，从支那社会组织的现状上来看，只不过是贵族专政的继续而已。[②]

橘朴甚至有一段时间感到消灭官绅阶级是很困难的，便放弃自己的想法而认为也许二三十年内在乡村中实行依靠大家族制的专制式的自治是适当的。[③] 但很显然，这种自治并非橘朴的理想。怎样

---

① ［日］越村衛一：《農村実地調査に随行して》，山本秀夫编《甦る橘樸》，龍渓書舍1981年版，第172頁。

② ［日］橘樸：《孫文の赤化》，山本秀夫編《橘樸と中国》，勁草書房1990年版，第288頁。

③ ［日］橘樸：《孫文の革命思想》，《月刊支那研究》第1卷第2号，1925年1月，第100頁。

才能消灭官绅对于乡土自治的影响呢？给予橘朴提示的是孙中山所提出的"以党治国"①的主张。橘朴还吸取中国共产党的民主集中制而提出相似的"众议统裁"原则，认为"以党治国"的"众议统裁"原则"不仅仅是党治及乡党自治的运行方式，还是规定党治与乡党自治间相互关系的方式"②。而这一切都是针对如何改造乡土社会，如何削弱官绅的影响以达到乡土自治的。为了实现王道政治，橘朴希望在县以下取消议会机构，建立起以传统的"乡约"组织为基础的乡土自治，但为了避免"劣币驱逐良币"的现象，他把目光投向了单一政党，当然，在这里橘朴指的政党是汪精卫伪政权里的国民党。③他深知，在中国的传统基层社会，包括胥吏问题在内，地主乡绅等都是需要被改造的部分，不改造则不能实现真正的自治。因此，他建议把国民党的组织按照以下设置：

改为中央、县市及乡镇三级制，有必要在中央和县市之间设道支部，乡镇党部以下设村街支部。④

通过这种方法，将乡村的指导机关置于单一政党的领导之下，

---

① 关于国民党的党治理念及实践可参见王奇生《党员、党权与党争：1924—1949 年中国国民党的组织形态》，华文出版社 2010 年版。
② ［日］橘樸：《郷土社会論——支那建設に於ける政治工作》，《支那建設論》，大陸新報社 1944 年版，第 59—60 頁。
③ 橘朴一直坚持认为，只有继承"孙文思想"的正统政治力量才有资格领导新中国的建设。对于谁是正统，橘朴首先否定了蒋介石，他一直对蒋介石持负面看法，认为蒋只不过是一个新式的军阀。他也非常清楚，比起蒋介石和共产党，只有汪精卫没有任何社会支持基础，橘樸：《支那建設論》，第 135 頁。而他为松本慎一的《中华民国三十年史》补充的注·十一里，便透露出，他认为在提出新民主主义论后，标志了继承孙文正统政治地位的势力已经逐渐转移到了中国共产党。松本慎一：《中華民國三十年史》，東京：岩波書店 1943 年版，注十一，第 206 頁。
④ ［日］橘樸：《郷土社会論——支那建設に於ける政治工作》，《支那建設論》，大陸新報社 1944 年版，第 79 頁。

第六章　王道政治如何成为可能？　◀◀　167

让乡土出身的少壮党员加入到乡村的指导机关内，逐渐完成对乡村基层政治势力的改造，以最终实现理想的"乡党自治"。① 也就是说，在橘朴那里，政党成为改造基层的"外部"力量，通过政党组织，将中央的政治与基层的民政相互联系起来。与此同时，橘朴对于这样的单一政党也提出了严格的要求，那就是，这种政党"是从军部、农民、劳动者及其他一切勤劳大众的内部自然地涌现出来的，并且两者（政党与民众——笔者注）之间必须存在无法剪断的密切联系"②。正如有研究表明的，橘朴的这种政党论实际上内部隐含了一种代表制的原理。③ 也就是橘朴要求这种革命的单一政党与民众之间保持一种同质性，以此来担保其革命性，并期待这种革命性的政党能够对乡土社会施以改造，消除传统官绅的影响，最终促成乡土自治。当然，正如有批判指出的，橘朴的这种通过政党改造基层社会的想法，"结果上还是由党进行的革命，是由党从上到下的民主主义的主张，与他的'勤劳者民主主义'的另一个目标'职业自治论'，即通过从下到上的自治的积累而进行的分权式民主主义论存在明显的矛盾"④。虽然这一批评主要针对的是橘朴提出的通过独裁政党改造日本的主张，但同样适用于橘朴通过王道政治重构近代中国的构想。但这里仍然要明确的是，橘朴对于国家建设及组织运作的态度是鲜明的，那就是"专依正道而避开权道。这里所谓正道就是效率低一些但安全度高的民主主义，权道就是效率高

---

① ［日］橘樸：《協同組合論——支那建設に於ける經濟工作》，《支那建設論》，大陸新報社 1944 年版，第 91 頁。
② ［日］橘樸：《独裁政党論》，《橘樸著作集》第 2 卷，勁草書房 1966 年版，第 606 頁。
③ ［日］清水亮太郎：《橘樸の戦場——民族・国家・資本主義を超えて》，《早稲田政治公法研究》2010 年総第 95 号，第 43 頁。
④ ［日］小股憲明：《橘樸の社会思想と変革論》，《人文学報》1982 年総第 52 号，第 35 頁。

但危险性多的独裁主义"①。而橘朴之所以最终会选择通过单一政党来改造基层社会以达自治的办法,还是因为他所面对的当时中国社会所特有的结构问题。正是为了解决这一问题,他才最终选择了以上方法,至于这种方法是否是合适的,抑或最优的,也只能任由评说了。

四 民生关怀

橘朴对于王道政治的追求不仅体现在共同体国家及政体的建设上,还体现在他对民生的关怀上。保障民众的生活是橘朴的王道政治的一大目标。他一直对于孙中山"平均地权"的主张持肯定态度,到后来谁能够实现"耕者有其田"的目标甚至成为他判断哪个政治势力能够成为孙中山革命正统的依据。实际上橘朴之所以要求革命政党对传统基层社会加以改造的另一个重要原因是,官绅的存在阻碍了"平均地权"及"耕者有其田"目标的实现。当然橘朴的主张也并非短时间内彻底消灭地主,他所谓的改造更多的体现在比如"提高中农以上的生产力、诱导寄生地主参加劳动生产"② 等方面。

同时,对于中国的工业化问题,橘朴也进行过思考。正如前章所论,内藤湖南就曾经认为近代中国很难进行资本积累,他分析说,要从中国的内部社会组织的历史性质与和外部的关系两方面出发来考察。首先,历史上至少清末民初的中国社会不是长子继承制,这首先就阻碍了资本积累。而更为重要的是,内藤认为像股份企业,还需要有稳定的政治作为依靠,但在当时的中国由于不会有

---

① [日]橘朴:《独裁か民主か》,《橘朴著作集》第 2 卷,劲草书房 1966 年版,第 81 页。

② [日]橘朴:《協同組合論——支那建設に於ける経済工作》,《支那建設論》,大陸新報社 1944 年版,第 137 页。

政治法律机关进行公正的制裁,所以无法成立股份组织以进行资本积累。① 那由谁来进行资本积累呢?很简单,最后还是需要外国人。而且内藤甚至还认为,"支那人会满足于在他国的稳定政治之下保有资本"②。但显然中国人是不会满足于这种状态的,而橘朴也不能同意这种说法。为了在中国进行资本积累以实现工业化,橘朴把注意力放在了"乡土资本"上。他认为由于在中国存在以宋家财阀为代表的买办资本,并且买办资本垄断了国家资本地位,所以乡土资本很难转化为大规模的民族资本。为此,他给出的药方就是,排除买办资本的垄断问题,建设国家资本,推动以合作社为主体的乡土资本建设,"在国家资本的建设过程中指导乡土资本的建设,以此来为乡土社会的安定与发展做出贡献"③。当然,橘朴的这个建议的具体语境是在为汪精卫的傀儡政权出谋划策,他甚至主张汪伪政权协助日本打败蒋介石政府是消灭买办资本的根本方法。但如果我们撇开具体语境,仅从其谋划中国资本积累的路径方法来看,在一定程度上确实又与日后中国经济发展轨迹有契合之处。仅就橘朴的思想理路而言,无论是乡土资本的建设还是民族资本的积累,贯穿其中的都是乡土自治或职业自治这一民众自治活动,体现的是民众通过自己的手实现自己生活完全保障的王道精神。

结语　与橘朴对话王道政治

本章通过思想史的研究重现了20世纪上半叶一位"他者",一

---

① [日]内藤湖南:《新支那論》,《内藤湖南全集》第5卷,筑摩書房1972年版,第529頁。
② [日]内藤湖南:《新支那論》,《内藤湖南全集》第5卷,筑摩書房1972年版,第529頁。
③ [日]橘樸:《鄉土社會論——支那建設に於ける政治工作》,《支那建設論》,大陸新報社1944年版,第42—43頁。

位曾经在立场上甚至一度站在中国人民对立面的思考者的关于王道政治的探索。这样做并不是因为橘朴的王道论的内容多么的正确，多么的值得现代的思考者学习。这样做的原因主要在于展现橘朴思考王道政治的理论路径和思维特点，那就是：第一，他既不盲目自大又不妄自菲薄，他将追求王道政治作为追求真正的属于全人类的普世文明的一部分来看；第二，他并非复古，而是在创造，无论从王道与法的关系上，抑或是如何实现新的善政主义上，橘朴都在努力提出符合时代要求的新的办法；第三，橘朴把眼光紧紧地盯在中国的基层社会，他深入到中国社会中去，发现问题、思考问题，通过自己王道政治的理念来解决问题，又在解决问题的过程中谋求王道的实现。王道政治就是橘朴给近代中国找到的一条貌似古老实则全新的政道。他似乎并不十分看重"顶层设计"，因而其政体论的内容颇为模糊，他重视自治更愿意去解决基层的问题，并从基层入手，奠定实行王道政治的自治基础。而从基层入手，实际上也是近现代中国革命的历史遗产。正如有研究指出的那样，过去的中国近百年史，过于注意上层结构，很少涉及底层，恰恰是中国共产党领导的革命改造了中国的基础结构。① 而这一宝贵的思路应该值得重视。当学者们思考用王道政治的思路构筑不同于当今国际秩序的"天下"时，为什么不再一次关注中国的基层社会呢？王道政治对于解决今日中国基层社会的问题又能够带来什么启示呢？也许重新审视橘朴的王道论，最大的意义就在于提供给现今的王道追求者们另外一条思考当代中国的王道政治的可能路径。

---

① 黄仁宇：《资本主义与二十一世纪》，生活·读书·新知三联书店 1997 年版，第 454 页。

第四篇

从特殊建构普遍

中国到底特殊不特殊？革命是特殊还是普遍？有没有放之四海而皆准的普遍性？从特殊性中能建构出普遍性吗？现代中国的两位日本"知己"对这些问题曾做出了令人深思的思想努力。

竹内好提出了"作为方法的亚洲"的命题，其目的在于创造真正属于人类的普遍文明。他对中国革命道路的观察与研究，恰恰是基于这一需要而进行的。他认为作为新政道的中国革命道路是条充满"抵抗"、体现"回心"的现代化之路。他总结出了"根据地理论"，集中概括了实现由弱到强的价值转化的革命过程。而从根据地培养出的人民民主的传统，也被他认为是中国革命的重要成果。随着革命概念在时间和空间上的不断扩大，革命与现代化之间的张力也逐渐明显，也即作为新政道的革命最终对人民共和国的新政体产生了动摇的负面效应。竹内好虽然忠于他对中国革命道路的理解，却最终因此没能在中国革命道路中找到完整的关于"作为方法的亚洲"的答案。不过，他提出的中国革命道路所展现的价值转化的思想内涵则可以成为进一步思考中国道路的新契机。

而沟口雄三坚持以中国为方法、以世界为目的，进行他的中国思想史研究。他给近代中国的变革道路找到了其历史基体的根源，那就是起于明末清初的思想及社会变革。而成熟于清末的乡治空间一方面推动了王朝体制的解体，另一方面又给在中国实行代议制度带来了困境。沟口既不是文化本质主义者，也不是中国特殊论者。儒教社会主义对于他而言并非一种理论，而恰恰是一个需要解决的问题。沟口始终站在人类的立场上思考中国问题，他也期待中国能够以参与创造新的人类普遍原理的精神创造新的基体，开展新的思想、社会变革实践。

第 七 章

重读竹内好:中国革命如何成为"作为方法的亚洲"

　　竹内好(1910—1977年),一位日本现代中国的观察者,他既是鲁迅的知音,也是中国革命和毛泽东的理解者。在20世纪60年代初的一次演讲中,他发出了如下的呼吁:

> 我不承认作为人的类型会有什么区别……人的本质是共通的,我认为从历史性上讲人也是等质的。这样看不得不承认,

近代①社会在世界是共通的，并且产生出等质的人的类型。同时，文化价值也是等质的。不过文化价值并非悬在空中，是需要贯彻到人当中去而获得现实性……那么如何贯彻呢，只凭欧洲的力量无论如何都有很严重的局限，感到这一点的是亚洲……为了将西欧的优秀的文化价值以更大规模实现，需要通过东洋重新将西洋包摄，从我们这里变革西方本身，通过这种文化的逆袭或价值上的逆袭创造出普遍性。为了通过东洋的力量将西洋产生的普遍价值进一步提高而变革西洋……在这个逆袭的过程中，自己必须有独特的东西。这是什么呢，我并不认为这是一种实体。但是作为方法，也就是作为主体形成的过程也许是存在的，这也就是我以"作为方法的亚洲"为题的原因，不过我并不能将其明确定义。②

这就是竹内好提出的一个著名的命题——"作为方法的亚洲"的来源。很显然，竹内好并非一个特殊论的主张者，他不承认有什么实体能够对抗西方的现代价值。不过，为了能够建构一个更高层次的普遍价值，他把希望寄托于"亚洲"，当然这里的"亚洲"并非实体意义上的亚洲，而是一种方法，一种主体形成的过程。那么在竹内好的思想中，存在这样一种方法吗？

数年后，他在总结中国近代革命的历程后，正式提出了一个中国现代化历程的法则——"根据地理论"（后文详述），他说如果这个想法理论化了的话，可以成为超越历史唯物主义的必然论与现

---

① 在日语中，现代及现代性对应的是"近代""近代性"，在本书的引用及论述中，受到原文影响，"现代"与"近代"有交替使用现象，如未特殊注明则二者意思相同，请读者见谅。

② ［日］竹内好：《方法としてのアジア》，《竹内好評論集》第3卷，筑摩書房1966年版，第419—420页。

第七章　重读竹内好：中国革命如何成为"作为方法的亚洲"

代化理论的一般理论。可惜，他承认自己没有这个能力，而把希望寄托于年轻人。但他仍然毫不掩饰其内心的冲动，将这个想法（根据地理论——笔者注）变为现代化理论的替代物，想凝练成一个能证明不是中国特殊反而是日本或者西欧是特殊的理论。① 在这里，近代中国的革命道路，成为提供竹内好建构新的普遍理论的重要资源。

而问题也随之而来，竹内好所赞赏的近代中国的革命道路，或者说近代以来的中国道路和竹内好提出的"作为方法的亚洲"之间是何关系？在论及何为"作为方法的亚洲"时，子安宣邦敏锐地指出，"他把希望寄托于由东洋的主体形成而实现的新'近代'。恐怕这和竹内寄托于毛泽东中国的'新民主主义革命'的希望别无二物吧"②。孙歌也表示，当竹内好论述"亚细亚主体性的时候，中国革命是一个重要的契机"③。不过，已有研究都没有深入分析二者之间的联系，也没有详细阐述在竹内好的思想中，中国的革命道路何以能够成为"作为方法的亚洲"的重要资源。而不弄清楚这一点，也就无法读懂竹内好，无法理解"亚洲"和"中国"这两个关键词在这位日本思想家头脑中是如何存在的。

第一节　读不懂的竹内好

对于竹内好的著作学界普遍的观点是，读不懂。自20世纪80年代开始，围绕竹内好的争论就不曾中断，比如，沟口雄三批评竹

---

① ［日］竹内好：《中国近代革命の進展と日中関係》，《竹内好全集》第4卷，筑摩書房1980年版，第389頁。
② ［日］子安宣邦：《日本人は中国をどう語ってきたか》，青土社2012年版，第296頁。
③ 孙歌：《中国革命的思想史意义》，《开放时代》2013年第5期。

内好对中国的"憧憬"影响了人们对中国的客观认知,①而松本三之介则评价竹内好强调亚洲原理是为了实现属于全人类的新"普遍性"②。因而代田智明就说,竹内好这个名字带着令人费解的色彩,"因为这个名字被相互对立矛盾的因素所环绕着。有人说他肯定源自近代西方的近代性价值,也有人说他是反近代主义者。他生前所得到的评价毁誉参半褒贬不一,去世至今已有20年、对他的评价仍然无法统一"③。在国内亦是如此,研究竹内好基本上有两条思路,一条是以他的鲁迅文学研究为对象,另一条是以他的现代化论及中国论为对象。比如孙歌的日文著作《竹内好という問い》④ 就从竹内好的鲁迅理解入手,探索他是如何介入到中国近代史的。与前代学者不同的是,孙歌着重剖析了在竹内好思想中存在的以"挣扎"为代表的"自我否定"这一思想主题,这为更好地理解竹内好提供了一个新的视角。但围绕着竹内好的近代化论及中国论,则更是众说纷纭,其中还不乏有许多误解甚至是误读。

比如,竹内好本人写过一篇关于日本的亚洲主义的回顾性文章。有学者就因此认为竹内好的主张是亚洲主义的延续,批评他的亚洲主义是建立在"他者"不在的基础上的,甚至说他关于侵略是连带的一种表现的提法实际上反映了其错误的战争认识。⑤ 这种批评首先把竹内好的"作为方法的亚洲"和亚洲主义混为一谈,完全无视竹内好在那篇文章中对亚洲主义的批评,即认为作为亚洲主义

---

① [日]沟口雄三:《〈中国の近代〉を見る視点》,《UP》1980年10月号—1981年1月号,第4頁。

② [日]松本三之介:《戰後思想と竹内好》,《世界》1986年总第486号,第237頁。

③ [日]代田智明:《论竹内好 关于他的思想、方法、态度》,《世界汉学》1998年第1期。

④ 参见孙歌《竹内好という問い》,岩波书店2005年版。

⑤ 孙江:《在亚洲超越"近代"?——一个批评性的回顾》,《江苏社会科学》2016年第3期。

第七章　重读竹内好：中国革命如何成为"作为方法的亚洲"　　177

某种意义上的归结或变种的"大东亚共荣圈抹杀了包括亚洲主义在内的一切思想……没有产生任何东西"①。其次，这种批评也忽视了竹内好对战争认识的变化，没有考虑到竹内好通过鲁迅研究而逐渐认识到"大东亚文化"的不可能。② 战后的竹内好对于日本对华侵略战争的性质有着明确的认识。他在谈及如何对待"近代的超克"这一命题时，确实提到承认对华战争的侵略性，而不认为与美国进行的"太平洋战争"具有侵略性，强调那是帝国主义之间的战争。③ 我们可以批评他的这种认识是不彻底的，不过还需要考虑竹内好在战后所处的环境，那就是美国在第二次世界大战后不久便与还没有进行彻底民主改革的日本建立起了合作甚至是同盟关系。这不得不令竹内好思考第二次世界大战时到底这两个国家是因何而开战？这个问题由于和本章主题无关在此不便赘述，至少在研究思想家的论述时应该考虑到当时的历史背景以及其个人的思想变化，而不能只就其一时一地之论以偏概全。

此外，也许受到国内对于竹内好著作翻译有限的制约，有学者在阅读了他部分著作的基础上就下结论，认为竹内好战后的思想只不过是"近代的超克"的延续，在他的"关于中国近代史和中国现代文学的叙述中，竹内好偏偏漏掉了五四新文化运动"④。而事实上，关于五四运动，恰恰是竹内好的近代中国革命研究的一个重点，论述颇多。他曾经就评价过，"五四"是"回归点，是再出发的起点。即近代的转换点"，"使新人成为可能的就是五四"，"通

---

① ［日］竹内好：《日本のアジア主義》，《竹内好評論集》第3卷，筑摩書房1966年版，第263頁。
② ［日］平石直昭（文）：《竹内好历史观的转变——大东亚·鲁迅·亚洲》，鱼鸢堂译，《世界哲学》2010年第1期。
③ ［日］竹内好：《近代の超克》，《竹内好評論集》第3卷，筑摩書房1966年版，第171頁。
④ 韩毓海：《竹内好何以成为问题》，《读书》2006年第4期。

过对一切传统的否定，在此基础上重新书写新的价值，进而唤醒一切传统"①。还有的研究把竹内好对待现代西方的态度简单地归结为"不断与之对抗，最后产生非欧洲的东西这条路"，然后再提出一个"学习欧洲近代精神的过程，必然是东、西思想融合的过程"这样一般论式的结论。② 这种评价更是忽视了竹内好"作为方法的亚洲"的方法论意义，同时也无法理解他对近代以来的中国道路持之以恒进行研究的动力何在。对于竹内好而言，"近代的超克"是一个失败的命题，原因在于近代日本把这本经念歪了。而为了补考"近代的超克"这一命题，他才提出了"作为方法的亚洲"，在这一过程中，为其提供思想资源的恰恰就是中国的革命道路。因为中国革命意味着另一种现代化。为了解开各种误读，也为寻找另一条现代化之路，让我们重读竹内好。

第二节 两种现代化

在比较中日两国近代以来所经历的变革之后，竹内好在现代化理论传入日本之前就表示，中国和日本代表了两种不同的后发国家进行现代化的路径。其原因之一在于，日本的文化是"转向"文化，而中国的文化是一种"回心"文化。具体而言，回心表现为自我保持，而转向则表现为自我放弃。③ 在这里，竹内好所关注的并非可以数据化的客观现实，而是在现代化过程中主体的形成过程，也即现代化主体在这一过程中所呈现的状态。那么作为"回心"文

---

① [日]竹内好：《五四记念日について》，《竹内好全集》第4卷，筑摩書房1980年版，第247页。

② 刘超：《东洋何以近代，回心还是转向？——竹内好的东洋近代观探究》，《鲁迅研究月刊》2016年第5期。

③ [日]竹内好：《中国の近代と日本の近代》，《竹内好評論集》第3卷，筑摩書房1966年版，第42页。

化的典型，中国在近代呈现出了一种什么样的状态呢？用竹内好的话说，那就是"抵抗"。这一关键词是他从鲁迅研究中体会得出的。抵抗也就意味着自我的保持。而日本呢，恰恰相反：

> 日本对欧洲没有展示出抵抗，我认为这主要源于日本文化的结构特质。日本文化总是向外等待着新的东西。文化总是从西而来。①

日本的问题在于缺乏主体性，处在一种时刻被给予的状态里。在这种情况下产生不了"抵抗"，中国之所以呈现出"抵抗"的样态，就在于中国不求给予。这是中国从经验中得出的自觉，曾经不被给予，现在也没有，将来也不会被给予。②"抵抗"与不被给予便进入了循环。与日本不同，中国就在不被给予的环境中，通过不断地"抵抗"走出了自己的现代化之路。因此他才断定，中国虽然热忱希望与资本主义诸国进行贸易，但绝不会只以速度为要件，采取日本的方法，中国自己会把握选择权。即便被全世界封锁，虽然困难会有所增加，但中国的基础也不会动摇。③ 也许会有批评认为，竹内好的这种判断完全是一种无法验证的文化论，无法量化，无法证实，没有依据，是不科学的。竹内好并非不清楚有这种批评的可能性，他也了解现代化理论，而他所反对的恰恰是那种以量化为唯一依据的"科学"理论。他承认，他的想法与现代化理论存在着根本的对立：

---

① ［日］竹内好：《中国の近代と日本の近代》，《竹内好評論集》第3卷，筑摩书房1966年版，第45頁。

② ［日］竹内好：《中国の近代と日本の近代》，《竹内好評論集》第3卷，筑摩书房1966年版，第37頁。

③ ［日］竹内好：《新中国の精神》，《竹内好全集》第4卷，筑摩书房1980年版，第97頁。

简单地说，在近代化理论中，将近代化这一历史现象看作是等质的东西，认为只要把各种指标的组合精密化，就应该能够进行定量分析，因而有一种在终极上可以建立起统一法则的这样一种信仰。而我并不这么认为。如果单就日本型的近代化而言，也许近代化理论能够说明，但与之完全不同的中国式的近代化则不能用这种方法。①

竹内好通过亲身的观察，发现了两种现代化的道路，因而他不相信现代化的理论是唯一的，而且不是能够通过定量分析简单统一的。为什么单纯的定量分析是有局限的呢？在竹内好看来，那是因为在现代化理论当中，通过定量分析，可以观察出从量变到质变的过程，但这里忽视了另外一个过程，那就是由质变产生量变的过程。他将这一过程称为"价值的转化"。也就是由负向正，由弱向强，由消极向积极的转换，而这一价值转化的过程就是革命。②

竹内好并非不重视量的变化，而是更强调量变的缘由，通过质变而产生出的量变会呈现出不同的样态，产生不同的影响。他也绝非对现实毫不关心，比如他曾经就感慨道"如果中国成功实现工业化，并且完成了核武开发，那在世界政治中的比重将会发生质的变化"③。只不过对竹内好而言，中国呈现出的现代化样态与日本不同。原因在于中国道路的性质，这是一条价值转换的现代化之路，一条革命的现代化之路。

---

① ［日］竹内好：《中国近代革命の進展と日中関係》，《竹内好全集》第 4 卷，筑摩書房 1980 年版，第 366 頁。

② ［日］竹内好：《中国近代革命の進展と日中関係》，《竹内好全集》第 4 卷，筑摩書房 1980 年版，第 367 頁。

③ ［日］竹内好：《中華人民共和国の誕生》，《竹内好全集》第 4 卷，筑摩書房 1980 年版，第 252 頁。

第三节 作为革命的现代化

如果说近代以来的中国道路是一条充满"抵抗"、不断"回心"实现价值转化的革命的现代化之路，那么竹内好从这条道路中获得了什么，或者说经由这条道路产生出了什么呢？竹内好总结出了六条。第一条是传统理想的实现，也即一条太平天国—孙中山—毛泽东的理想实现之路。其标志就是"耕者有其田"这一梦想的实现。第二条是中国共产党的民主传统。他认为中国的人民民主是一种高水平的民主，而且这种民主是有传统的，起源于中国共产党的根据地建设。关于这种民主在新中国的表现形式，竹内好聚焦到了新政协会议的组成，他说"这个会议的组成是民主选出来的，而且在实质意义上比直接选举还代表了民意"[1]。在这里竹内好实际上指出了人民民主的标准，那就是以代表的构成保证实质民意的体现。竹内好的这种民主观实际上是基于他对日本战前宪政体制失败与民国宪政教训的反思，因为在日本单纯的选举制度并没有阻止法西斯主义的侵蚀，而在中国，选票同样没能真实地反映民众的心声。所以，对竹内好而言，民主的标准主要就在于能否真实地表达民意，能否积极地回应民众的关切。

此外，在他看来，中国的革命道路产生了第三条，即非侵略性的军队，也就是和平思想。这是竹内好从历史观察中得到的结论，他说只要军队的性质没有突变，中国就不会去侵略外国。而第四条则是对生产和劳动的尊重。与之相关，第五条是对国民的思想改造。竹内好把人的思想改造与尊重劳动和土改联系在一起。在中国革命的进程中，一方面培育出对生产劳动尊重的观念，另一方面通

---

[1] ［日］竹内好：《新中国を生み出したもの》，《竹内好全集》第 4 卷，筑摩书房 1980 年版，第 186 頁。

过土改，使得广大农民产生了自己要拥有土地并为之与地主进行斗争的意志。竹内好将其看作是一种自由意志的体现，而且也只有拥有了这种自由意志，土改才能得以彻底。最后，第六条便是向单一化发展的国民文化，或者说文化的大众性。竹内好指出，与日本文化呈现出统治层文化和庶民文化两种不同，在中国，由于通过革命、通过教育的普及，文化不再分层而趋向单一，也即出现大众的文化。① 以上就是竹内好总结出的中国革命的六大产物，② 这些革命的成果都是在革命过程中不断被培育出来的。而孕育这些成果的，归根结底，就是"根据地"。

"根据地思想"是竹内好从中国革命道路中发现的独特性资源。首先，这意味着一种解决处于军事及经济绝对劣势的殖民地国家如何能够夺取独立这一课题的方法。这是经过几十年的中国革命道路所验证的。③ 其次，"根据地思想"或者后来竹内好所提出的"根据地理论"对于中国革命则意味着，这是一个从点到面不断试错、不断积累、不断产生价值转化的过程。而中国革命所带来的产物，在竹内好看来都可以在根据地中找到原型。比如，井冈山的试验。竹内好格外关注军纪的整顿，围绕着"三大纪律、八项注意"的起源，他并没有把这项制度的确立简单地看作是毛泽东个人的领导作用的结果，而是强调这项制度符合了军心民意，是一个通过合议达

---

① 在战前，关于未来中国文化的样态，我们曾讨论过的两位日本著名的中国研究者都有各自的判断。一位是内藤湖南，他认为中国文化将以农民为领导阶级，但呈现的则是《红楼梦》里那样的文化。另一位是橘朴，他对内藤的看法持反对意见，认为中国未来的文化将是平民的。竹内好对于中国的认识，在一定程度上受到了橘朴的影响，关于这段争论以及橘朴，请参见何鹏举《政道と政体——近代日本における中国観察》，勁草書房2016年版，第205—275页。

② 关于这六条内容，参见［日］竹内好《新中国を生み出したもの》，《竹内好全集》第4卷，筑摩書房1980年版，第183—194页。

③ ［日］竹内好：《中華人民共和国の誕生》，《竹内好全集》第4卷，筑摩書房1980年版，第232页。

成共识而被广泛接受的过程。因而，竹内好将这一时期的合议制看作是民主集中制的原型。①

在抗日战争中形成的解放区则是根据地扩大版。解放区是怎么形成的呢？作为同时代的观察者，竹内好明确地说，"日本军一进攻，通常首先退却的就是国民党的军队。接下来官吏和商人也逃跑了。有钱人和地主也跑了。剩下的就是没有财力逃跑的中农以下的农民"②。一旦某地区被日本军占领，剩下的老百姓也需要管理，虽然日本军会树立傀儡政权组织，但很显然他们是不能服众的。迫于需要，人民群众会摸索着建立起自治组织，而帮助人民群众建立自治组织并给予指导的就是地下共产党员。就这样，在占领区共产党的组织和人民群众紧密地联系在一起。而一旦日军失利或撤退，起源于井冈山的试验又开始在新生的解放区开展，并加以不断修正和完善。对于解放区的意义，竹内好这样评价：

八年的抗日战争，仅从军事面看是日本军和国民党军、共产党军一进一退的拉锯，而在这后面，进行着那样的国民生活的变化。日本的侵略在结果上破坏了中国农村共同体的秩序，为从根上生长出人民政权而进行了大扫除。战争结束时，每个解放区都建立起了联合政府，民众的政治能力在这八年间取得了令人刮目的成长，几乎所有的村子进行了直接选举。③

就这样，在解放区这一根据地里形成了人民政权的雏形，中国

---

① ［日］竹内好：《中国の人民革命》，《竹内好全集》第4卷，筑摩书房1980年版，第205页。

② ［日］竹内好：《中華人民共和国の誕生》，《竹内好全集》第4卷，筑摩书房1980年版，第224页。

③ ［日］竹内好：《中華人民共和国の誕生》，《竹内好全集》第4卷，筑摩书房1980年版，第225页。

共产党的领导作用和人民民主得以完美地结合，这正是前一章里橘朴观察到的那个使游击战成为可能的基层组织模式的升级版。在这里价值实现了转化，甚至是颠倒，"弱"的一方逐渐转化为"强"的一方。这种转化还体现在经济层面，竹内好特别提到了在解放区展开的"货币战争"，人民政权通过依靠群众发行自己的货币，逐渐获得了在金融上的信用，"按照日本、国府、中共的顺序，纸质及印刷由好到次，而信用的程度则完全相反"①。总之，根据地、解放区为人民政权的诞生准备好了一切，最终的胜利只是时间问题。

通过根据地，在历史上成功实现了弱者的胜利。竹内好认为，这是中国革命道路的重大意义，因而他把根据地总结为"使价值颠倒成为可能的场所，将革命不断再生产的场所"②。作为革命的中国道路的成功是通过根据地思想，而不是现代化理论或自由竞争的原理得以实现的。"因为从自由竞争理论出发，强者总是会胜利的。而在根据地里，或是从根据地思想出发，弱者会胜，弱者以弱而胜。"③ 按照竹内好的思路，中国道路，就这样通过根据地，通过革命，实现了由弱到强的价值转化，呈现出了一种伴随着"抵抗"与"回心"的现代化过程。

---

① ［日］竹内好：《中華人民共和国の誕生》，《竹内好全集》第 4 卷，筑摩書房 1980 年版，第 227 頁。

② ［日］竹内好：《中国近代革命の進展と日中関系》，《竹内好全集》第 4 卷，筑摩書房 1980 年版，第 385 頁。

③ ［日］竹内好：《中国近代革命の進展と日中関系》，《竹内好全集》第 4 卷，筑摩書房 1980 年版，第 387 頁。实际上以弱胜强这一主题对于竹内好而言不仅仅是他对中国革命道路的理解，也是他对于毛泽东个人的理解。他就曾经肯定地分析说，认识到敌人的强大和自己的弱小，同时又坚信自己不会失败，这一矛盾的组合是毛泽东思想的根本。参见［日］竹内好《評伝毛沢東》，《竹内好全集》第 5 卷，筑摩書房 1981 年版，第 304 頁。

第四节 永久革命？抑或现代化？

由于近代中国走了一条革命的现代化之路，革命成为一种重要途径。革命对于近代中国具有独特的意义，人们对待革命的态度也有所不同。竹内好敏锐地观察到，在中国，人们对待革命持有这样一种态度：革命是连续不断的，甚至认为是"永久革命"。有趣的是，关于这一点竹内好并不是从当时中国共产党的一些活动中得到启发的，他认为永久革命的标志人物是孙中山。他多次详细分析了孙中山的革命生涯，认为他的精神就是革命精神，他的人格和革命是一体的：

> 他（孙中山——笔者注）一生中从没有认为革命成功过。只有失败的意识，从失败中再重新出发。不断的失败构成了他的生涯，因而他成了中国革命的标志……因此，革命成为持续的事业，近乎是永远的过程。这就是中国人的革命意识，标志就是孙文。[1]

竹内好在分析孙中山不断推动革命运动之时，他就提到，真正的革命就是革命党为了避免官僚化趋势而不断进行自我否定的过程。[2] 竹内好这一在 20 世纪 40 年代末期的评论，抓住了当时中国革命内部的运动逻辑。在当时，革命这一概念不仅在时间上不断延伸，在空间上也有不断扩大的趋势：

---

[1] ［日］竹内好：《明治維新と中国革命》，《竹内好全集》第 4 卷，筑摩书房 1980 年版，第 346—347 页。

[2] ［日］竹内好：《中国の近代と日本の近代》，《竹内好評論集》第 3 卷，筑摩书房 1966 年版，第 43 页。

国民党在成功夺取政权之后，就把革命限定在了狭义的政治过程，而共产党则认为这是一个社会变革的总过程。在这个社会变革中，人的内心的变革也包含在内。因而思想改造这一独特的运动形态也就由这个根据而导出。革命是物心两面的变革，并非单纯的阶级斗争或权力的转移。就这样，革命不仅和历史成为一体，也带有了和国家目的一致性的倾向。这就成了中苏论争的一个缘由。承天命，也即圣贤之世的古代理想实现在了当代中国，这一点是和苏联或日本的革命观的巨大区别。①

然而，在日本，革命一词的待遇却截然相反。革命成为一种避而不谈的言辞，甚至一度这个词语被禁止印刷。② 革命在中国被罩上了一层神圣的光环。竹内好分析了其中的原因。其一是19世纪末进化论思想传入进来，当时的一批有识之士受到影响，如康有为的大同思想便受到进化论的影响。其二是当时马克思主义思想对中国各界的影响亦颇深，他认为马克思主义呈现了一种永劫的过去和永劫的未来相互重叠的图景，这种思想在传统中国是找不到的，中国传统的历史观是一种循环论。其三是在中国民间还存在着一种以"真命天子"为标志的救赎思想。这几种思想的组合，在竹内好看来就是近代中国几次变革的精神实质。比如太平天国运动就是循环论和救赎思想的结合而缺乏终末论，因此，即便太平天国运动成功也不过是王朝的再现而已。康有为的大同思想虽然站在了进化论的立场上，却没有和救赎思想结合，因而只是一种乌托邦。真正将救

---

① ［日］竹内好：《中国革命思想》，《竹内好全集》第4卷，筑摩书房1980年版，第308—309页。

② ［日］竹内好：《日本·中国·革命》，《竹内好全集》第4卷，筑摩书房1980年版，第313页。

第七章　重读竹内好：中国革命如何成为"作为方法的亚洲"

赎思想和终末论结合在一起的就是现代中国的革命之路。①

曾经革命就是现代化，但随着"永久革命"不断从理论演变为现实，在外界看来，似乎呈现出了一片与现代化相悖的景象。这一切该如何解释？无疑这是给竹内好出了一道难题。考虑到当时中国所处的严峻的国际环境，竹内好给出了一个答案：想想 30 年前。也就是 20 世纪 30 年代。② 也许是竹内好过于乐观，也或者是竹内好"对中国的判断都悖离实际"③之故，他认为解释这种现象恰恰要从 20 世纪 30 年代入手。因为在那个时代，面对着外敌侵略，国民党的军队和官员抛下民众逃跑，中央集权化的国防政策完全无法抵御日本的侵略。对于抗日而言，需要的不是国家，而是根据地。土地革命、根据地、解放区三位一体，这才是胜利的关键。因而在竹内好看来，20 世纪 60 年代末至 70 年代初的中国里发生了通过根据地抵御国际霸权的再现。④ 显然，竹内好对现代中国采取了一种同情式的理解方式。⑤ 恐怕有人会批判竹内好的这种观察和论断完全是枉顾事实，或者是异想天开。⑥ 诚然，竹内好的论述与历史后

---

① ［日］竹内好：《日本·中国·革命》，《竹内好全集》第 4 卷，筑摩书房 1980 年版，第 333—335 页。

② ［日］竹内好：《日本·中国·革命》，《竹内好全集》第 4 卷，筑摩书房 1980 年版，第 319 页。

③ 孙江：《在亚洲超越"近代"？——一个批评性的回顾》，《江苏社会科学》2016 年第 3 期。

④ ［日］竹内好：《日本·中国·革命》，《竹内好全集》第 4 卷，筑摩书房 1980 年版，第 340—341 页。

⑤ ［日］马场公彦：《战后日本人的中国观》，苑崇利、胡亮、杨清淞译，社会科学文献出版社 2015 年版，第 324—325 页。在一次采访中，竹内好曾将彼时的中国看作为一种基于巴黎公社理念的"公社联合体"国家。

⑥ 正如赵京华指出的，不能用今天中国的变化来批评或嘲笑竹内好对中国革命的想象，需要充分考虑到当时竹内好的思考语境和外部现实背景，这些判断集中体现了竹内好思想中的反西方中心主义性格。参见赵京华《作为"同时代史"的中国革命》，《读书》2014 年第 11 期。

来的演变是不符的，但他实际上构筑了一个基于长年中国革命道路观察而得到的中国革命内在理路的中国，这是一个想象的中国，或者说是一个作为革命理想终点的中国。也许竹内好没有忠于事实，但他忠于了自己对中国革命道路的理解。

结语　作为方法的中国道路?

让我们回到本章开篇之问。竹内好对中国近代革命道路的观察与分析，和他提出的"作为方法的亚洲"这一命题之间有何关联？作为中国道路第一版的中国革命，能够成为"作为方法的亚洲"吗？或者说，能够为"作为方法的亚洲"提供什么有益的资源吗？正如有评论指出的，竹内好是一位问题提起型的思想家，他的重要性不在于他提供了什么答案，而在于他提出的许多问题至今都没有解答。[①] 而本章所做的努力，就是厘清在竹内好的思想当中，他到底为自己提出的问题给予了何种程度上的解答。应当说从思想史的角度看，竹内好本人是认为能够从中国革命中获得一些"作为方法的亚洲"的资源的。正如前面所论述的那样，他认为"根据地理论"是一个有可能被普遍化的路径，甚至是替代现代化理论的话语。他评价人民民主是一种高水平的民主，重视代议机构成员的构成、重视民意的实质代表与表达，这些无疑也是反思西方现代民主的切入点。还有他提到的"抵抗"与"回心"，这正是在如何面对西方、如何通过亚洲"逆袭"西方，再一次"包摄"西方进而创造出真正属于人类的普遍文明的过程中所呈现的应有状态。这种态度与战后通过提倡福泽谕吉的"不屈服"（痩せ我慢）精神来获得真正现代性的丸山真男的想法有异

[①] ［日］佐藤美奈子：《「アジア」を語るということ——1980 年代以降の竹内好論》，《社会科学研究》2006 年第 58 卷第 1 号，第 48 頁。

曲同工之妙，虽然二者在对待西方、对待中国革命、对待现代性问题上的观点都不尽相同，但他们都在追求一种"主体性"，一种"抵抗"（或不屈服）的精神。因为正如竹内好反复强调的，西方的现代文明还不能称为文明，而是一种伪文明，需要对其"虚伪化"加以证伪——即通过文明的否定而达到文明的重建。①竹内好期待的，就是作为不同程度上接受了西方现代文明的亚洲各国，在这一"虚伪化"的过程中，发挥出自己的主体性，起到文明的否定与重建的作用。而那一段作为革命的中国道路，则是竹内好最大的期待与依靠。

当然，正如竹内好的理论建设是不完整的，改革开放之前的中国道路本身也是充满艰辛曲折的。竹内好本人最终没有找到"作为方法的亚洲"的完整答案，作为革命的中国道路也没能成为"作为方法的亚洲"。寻找答案的路还在继续，也许这需要经过四十多年改革历程的中国在今后的中国道路中给思想者提供新的资源。然而，作为革命的中国道路并没有白走，竹内好的观察和思考也更非徒劳。就像他所说的，我们需要"承认思想对于体制的相对独立，冒着困难去剖析作为事实的思想，不如此就无法从隐藏的思想中获取能量"。② 竹内好所强调的是，"在落后的事物当中，蕴藏着产生优秀思想与道德的力量，其优秀性仅仅依靠经济和物质的力量是无法理解的"。③ 因为他深信，对"敌人强大、我方弱小"的认识与对"我方不败"的确信，是中国革命一切理论与实践的源头，是从半封建、半殖民地的中国革命现实中

---

① ［日］竹内好：《日本のアジア主義》，《竹内好評論集》第3卷，筑摩書房1966年版，第253页。

② ［日］竹内好：《近代の超克》，《竹内好評論集》第3卷，筑摩書房1966年版，第150页。

③ ［日］代田智明：《论竹内好——关于他的思想、方法、态度》，《世界汉学》1998年第1期。

抽出的最高的、最为概括的原理。①

"勿忘初心、方得始终",作为革命的那一段中国道路将永远是今后中国道路的明鉴,而竹内好从中国革命中所获得的思想成果,他所强调的由弱变强的"价值转化"也会是思考今后的中国道路如何成为"作为方法的亚洲"的重要契机。

---

① ［日］竹内好:《評伝毛沢東》,《竹内好全集》第 5 卷,筑摩書房 1980 年版,第 304 頁。

第 八 章

明清变革与现代中国

——沟口雄三的思想世界

提到日本现代著名中国思想史家沟口雄三（1932—2010年），恐怕许多人都会联想到由他提出的一个命题——作为方法的中国。在与此命题同名的专著中，沟口批判了日本盛行的"没有中国的中国学"，并对日本的中国学研究者们说：

> 真正自由的中国学，无论其形式如何，都不是将目的置于中国或研究者自身内部，也就是说目的不能在中国或研究者自

身里消化，而应当是一种将目的超越中国本身的中国学。这也就是以中国为方法的中国学……以中国为方法，也就是以世界为目的……以中国为目的的中国学，就是以世界为方法来考察中国。……而以中国为方法的世界，就是将中国作为其构成要素之一，换句话讲也是将欧洲作为其构成要素之一的多元的世界。①

然而就是围绕这样的一个命题，却产生了许多不同的解读。日本思想史学家子安宣邦指出，"作为方法的中国"是对竹内好曾经提出的"作为方法的亚洲"的模仿，但他讽刺说，沟口"并没认真阅读竹内好的《作为方法的亚洲》一文"，因为在子安看来沟口的"作为方法的中国"带来的是一个"以中国为基准，站在中国独立存在的认识上观察世界……一种对抗性的一元的'中国式世界'"②。不仅是子安，在日本学界一直存在着一种批判的声音，认为沟口的研究是"文化本质主义"的表现。③葛兆光则认为，沟口提出"作为方法的中国"的目的在于重建日本的中国学，给其在日本学界重新定位，将中国学变成与日本有关联的学问，使得日本学界能够学会从"亚洲出发思考"④。而与沟口先后历时 6 年共同主持"中日·知识共同体"活动的孙歌则展示出更为理解的姿态，认为沟口最终的目的就是要"建立一个去除了霸权思维、彼此形成差

---

① ［日］溝口雄三：《方法としての中国》，東京大学出版会 1989 年版，第 136—138 頁。
② ［日］子安宣邦：《日本人は中国をどう語ってきたか》，青土社 2012 年版，第 294、305 頁。
③ ［日］伊東貴之：《解説——伝統中国の復権、そして中国の近代を尋ねて》，見溝口雄三《中国思想のエッセンスⅡ 東往西来》，岩波書店 2011 年版，第 245—247 頁。
④ 葛兆光：《"前近代"、"亚洲出发思考"与"作为方法的中国"》，见《思想史研究课堂讲录续编》，生活·读书·新知三联书店 2012 年版，第 136—139 页。

异性关联的世界思想体系"①。许纪霖也曾经评价指出,"作为方法的中国"与"亚洲价值"等思潮不同,"是一种心怀更为博大、视野更为宽广的人类立场"②。

为什么围绕沟口雄三会出现如此不同甚至完全对立的解读?除了民族主义情绪或意识形态因素的干扰,从结论上讲最大的症结在于学界缺乏对于沟口雄三本人思想的全面剖析,目前的研究重点仍然集中于他的学术世界。③ 而只有真正理解了沟口雄三本人的思想世界,才能弄清他到底是站在何种立场,采用何种思想方法开展其中国研究的,也只有如此才能够更加全面理解他的中国思想史论,而不是以偏概全地误读甚至是曲解。为此,本章将聚焦沟口雄三的思想世界,试图从其中国研究入手,通过解读包括其评论、随笔在内的更多的文献,最终提炼出沟口的思想方法,还原其本来的思想面貌。

第一节 中国从何处来

总结沟口雄三一生的中国研究,可以说他所探究的是现代中国从何处来的谜底,而他所关注的则是今后中国向何处去的问题。为了回答前者,他不惜又提出了一个似乎能够佐证其为文化本质主义者的概念——基体。然而,基体一词真的如有研究指出的与文化本

---

① 孙歌:《思想史中的日本与中国》,上海交通大学出版社2017年版,第72页。

② 许纪霖:《以中国为方法,以世界为目的》,《国外社会科学》1998年第1期。

③ 关于沟口雄三的学术评价及研究,可参见康庆《沟口雄三的中国学方法研究》,《武汉大学学报》(人文科学版)2003年第2期;孙歌《在中国的历史脉动中求真——沟口雄三的学术世界》,《开放时代》2010年第11期;任立《沟口雄三对中日思想概念的比较》,《日本问题研究》2016年第3期,以及孙歌前著《思想史中的日本与中国》,第3—159页等。

质意思相同吗?① "作为方法的中国" 真的像一些人认为的是以中国永恒不变的特殊性为理论前提的吗?② 回答是否定的。

一 明清变革：近代中国的基体

为了厘清"基体"这一概念，首先需要回顾沟口雄三本人的论述，他说其研究是站在"基体展开论"之上的，所谓基体展开就是指中国有其固有的历史展开，具体而言是中国"经历南北的混合及和辽金元清等异族的冲突与融合，在其间一面不断变化一面又继承了一条主线的基体"，而"固有的展开就是以基体内因为契机的辩证法的展开"③。虽然沟口的解释中包含了变化，但对固有的强调的确会令人感到存在一种本质主义的主张。不过这样的理解忽视了沟口在运用基体分析近代中国变法与革命时的具体解释，沟口所言的基体是有具体所指的，首先在时间上是有限定的，那就是"三百年"④。他不止一次强调三百年这一时段的重要性，认为观察中国的变化三百年是一个区间，而以千年为单位观察时则会发现巨大的变化，⑤ 沟口曾表示"以鸦片战争为分界点来划分近代的方法该解体了，而且我们至少要重新审视近300年来的历史"⑥。试想，美国

---

① 任立：《沟口雄三对中日思想概念的比较》，《日本问题研究》2016年第3期。

② 顾乃忠：《论文化的普遍性和特殊性（下）——兼评孔汉思的"普遍理论"和沟口雄三的"作为方法的中国"》，《浙江社会科学》2002年第6期。

③ [日] 沟口雄三：《方法としての中国》，東京大学出版会1989年版，第56页。

④ [日] 沟口雄三：《方法としての中国》，東京大学出版会1989年版，第57页。

⑤ [日] 沟口雄三：《東往西来》，见《中国思想のエッセンスⅡ 東往西来》，岩波書店2011年版，第137页。

⑥ 《我与中国研究之缘——沟口雄三氏访谈》，邵艳红译，《国际汉学》2010年第1期。

的独立宣言发表于 1776 年，法国大革命的人权宣言则问世于 1789 年，恐怕没有人会认为当今的美、法两国与当年的两场革命的历史处于一种断裂的关系之中。而对于具有更为悠久历史的中国，将视点倒回三百余年前寻找现代中国的历史源泉就算得上是一种本质主义的表现吗？更何况，沟口本人从来也没有否定来自近代西方对中国的影响，并认为中国的基体是一条历史的"纵带"，而西方的冲击则是一条"横带"，他所强调的是要在"纵带"的历史过程中考虑"横带"的交错。①

而把视角放到三百余年前会发现什么呢？那就是沟口雄三反复强调的发生在明末清初时期的思想及社会变迁。这里将其定义为"明清变革"②说，而其实沟口所提出的基体就是指"明清变革"。首先，沟口对明末清初思想变化的研究起源于他对岛田虔次的中国思想史研究的批判。岛田认为以肯定"人欲"的李贽为代表的思想家已经具有"近代性"的萌芽，然而由于缺乏他们可以依托的社会阶层，中国也没有新教那样禁欲的生活原理，所以中国不得不成为停滞之国。③而沟口雄三则通过将思想带进历史的场域中考察的方法得出了与岛田相反的结论，他既不认为李贽肯定"人欲"是在谋

---

① ［日］沟口雄三：《縦帯と横帯》，见《中国思想のエッセンスⅡ　東往西来》，岩波書店 2011 年版，第 102—103 页。沟口在行文中还特别强调注意，所谓"纵带"并不是指一种定型的实体，所谓"纵"是指时间段，而"带"则象征着此时间段内相互交替的各种思想和社会结构的变迁，见第 103 页。

② 用"明清变革"而非"明清鼎革"一词，是想在日本中国学特有的概念体系中理解沟口，很显然这一体系可以追溯到内藤湖南的"唐宋变革"说。需要加以说明的是，与内藤湖南提出的"唐宋变革"说，即认为唐代与宋代之间存在巨大断裂，中国自宋代进入近世的说法不同，本书所定义的"明清变革"说，并非强调明代与清代之间的断裂，实际上沟口的看法是，明末与清初之间在思想上有继承也有变化，而这一切都和这期间社会结构的变化相关。因此，"明清变革"仅是对明末清初发生的思想及社会变化的概括表达。

③ ［日］岛田虔次：《中国における近代思维の挫折（2）》，筑摩書房 1970 年版，第 161 页。

求脱离"天"的独立自我,①也不认为黄宗羲是"中国的卢梭",因为在他看来这些思想家都是在为应对当时具体的社会现状而思考,比如他指出黄宗羲反对皇帝的言论其实是在反对明代的里甲制和皇帝的"大私",而并非什么近代思维的萌芽。②如果不是近代的先驱,那这一阶段思想变革的意义又在哪里呢?沟口雄三发现了一条由肯定"人欲"到"人各得自私、各得自利"、再到"万物一体之仁"的思想脉络,这条思想脉络是中国"公"(共、均、平之调和)理想③的主线,而这一主线又延伸到后来的"大同主义、三民主义、社会主义"④,成为近代中国变法与革命的思想源泉。

"明清变革"在社会结构上的表现又是什么呢?沟口总结说,那就是在十六七世纪"从一君万民体制下的'民'中,产生了由于阶级分化经济实力逐渐增强的地主阶级,特别是被称为乡绅(曾任官僚的地方名门、大地主)的阶层对乡村支配影响扩大的时代潮流"⑤。伴随这一趋势,在中国的基层社会,出现了后文详述的"乡治空间",这就是近代中国的社会结构基体。在这一基体的延长线上展开的就是以湘军、淮军为代表的省一级的军事权的确立,以及通过各省独立而导致的辛亥革命即王朝体制的解体,也即一条不断地方分权化的潮流。⑥而辛亥革命在沟口看来就是所谓"乡治空

---

① [日] 沟口雄三:《中国前近代思想の屈折と展開》,東京大学出版会 1980 年版,第 67 页。

② [日] 沟口雄三:《中国前近代思想の屈折と展開》,東京大学出版会 1980 年版,第 268—270 页。

③ [日] 沟口雄三:《方法としての中国》,東京大学出版会 1989 年版,第 21 页。

④ [日] 沟口雄三:《方法としての中国》,東京大学出版会 1989 年版,第 186 页。

⑤ [日] 沟口雄三:《方法としての中国》,東京大学出版会 1989 年版,第 97 页。

⑥ [日] 沟口雄三:《中国の衝撃》,東京大学出版会 2004 年版,第 93 页。

间"成熟到各省层次上的表现,只不过中国为了应对此后的国际形势开启了一系列再集权化导向的变革,地方分权化的历史基体则沉淀下来成为流动在中国社会的"执拗的低音"。

综上,沟口雄三认为近代中国的道路是有其历史渊源的,那就是作为思想及社会结构上的"明清变革",这是中国的基体。而近代中国就是在这一基体之上与西方相冲突,后来又遭受到日本的侵略,在这一系列前所未有的新环境中展开了再次集权化的国家重构运动。需要指出的是,沟口雄三的基体论并非单就中国而言,他认为每个国家、每个民族都有其基体,[1]之所以日本和中国两个国家的近代化历程如此不同,在他看来其中一个重要原因就是两国的基体不同。概括而言,在日本存在具有如下特征的起源于江户时代的基体:(1)士、农(百姓)、工商(町人)的身份制、世袭制;(2)长子继承制——家产的稳定继承;(3)私有财产权意识与职业伦理意识的确立;(4)由武士次子、三子形成的知识阶层;(5)由农家的次子、三子从农村流出而形成的都市。这些都为日本后来选择资本主义道路奠定了基础。[2]而与之相对,在中国则是:(1)非世袭的科举官僚制;(2)均分继承制——财产权的细分化、流动化;(3)宗族制、通过宗族结社的相互扶助、共有制;(4)对工(技术 = 末技)的轻视;(6)儒教"万物一体之仁"对"专利"的否定、传统的"均"思想。[3]这些因素都是后来中国走向社会主义道路的基础。但需要指出的是,这些基体虽然在一定时间段内,比如日本的江户时代,中国的清朝,是相对稳定的,但并不意味着沟口雄三是文化本质主义者,意味着他肯定中国不变的特殊性。因

---

[1] [日]沟口雄三:《中国の衝撃》,東京大学出版会2004年版,第246頁。

[2] [日]沟口雄三:《中国の衝撃》,東京大学出版会2004年版,第130—132頁。

[3] [日]沟口雄三:《中国の衝撃》,東京大学出版会2004年版,第133頁。

为很显然，沟口所发现的基体本身就是通过变革而产生的思想和社会结构，即便这一基体会成为限制近代中国走向的磁场，但也不妨碍随着中国的历史进程，就像当初"明清变革"一样，基体的内容也会发生变化，而回答到底变化为何需要的则是基于形而下的具体的分析而非抽象的判断。

二 封建与代议制困境

具体而言，清末中国的基体又是如何发生作用的呢？学界迄今讨论的重点都放在了思想领域，也就是沟口所勾勒出的由"万物一体之仁"到"社会主义"的理想传承。然而，实际上能够真正体现沟口在日本中国学的思想史位置的是他的另外一条考察轨迹，这就是他对清末封建论与代议制之间关系的探索。虽然这部分内容在篇幅上并不多，但是其思想的分量却很重。比如，他多次列举梁廷枏的《合省国说》，张德彝的《航海述奇》与《欧美环游记》《郭嵩焘日记》，刘锡鸿的《英轺日记》等作品中的议会论，分析其与当时清末封建论思潮之间的关系。例如，刘锡鸿曾认为，在英国"下议院绅士，为英国最要之选……绅主之，官成之，国主肩其虚名而已……绅士由公众举富人充当"[1]，其地方自治又与"汉之三老，明之里老略同……以民治民，事归公议……官助绅力，而不掣绅之肘"[2]，总体上，英国的政俗在他看来是"无上下隔阂之情，无残暴不仁之政，无虚文相应之事"[3]。围绕清末这些类似的议会论，学界的评价多种多样，有研究认为这是一种"附会"，表明清末官僚、知识分子

---

[1]《英轺日记》，岳麓出版社1986年版，第102页。
[2]《英轺日记》，岳麓出版社1986年版，第159页。
[3]《英轺日记》，岳麓出版社1986年版，第109页。

仍然没能脱离传统的价值观去考察西方;① 与之相对,有日本学者把江户末期日本人中类似的议会论作为研究对象,认为恰恰是因为时人透过儒学这一"眼镜"观察西方,才将西方理想化为学习的对象,儒学对于日本的西化改革实际上起到了先导作用;② 在国内也有研究认为这样的议会论是在为变法改革塑造正当性话语。③

而沟口雄三的观察则与众不同,他保持了其一贯的将思想与社会相联系的思维方法,认为这些议会论在形式上是倡导西方代议制,而实质上则是受到了基体制约的"旧中国的东西"。他说"清末的议会论经常通过乡士、乡大夫、里正、乡官、三老、里老、乡约等与古代以来的地方制度相关的名词来说明",乡官"实质上是'进士举贡生监'等乡绅、士人层或与之相当的地方望族,他们才是清末的封建—地方自治—议会舆论的实质基础"。④ 在沟口看来不考虑滥觞于顾炎武、黄宗羲的封建论来考察清末的议会论、民权论都是非历史的理解。按照沟口的观察,在清末的中国已经形成了扩大到省范围的"乡治空间"⑤。而"乡治"与西方的自治的区别在于,第一其起源于道德的自发的利他行为而非特权,第二并非是

---

① [日]手代木有児:《清末中国の西洋体験と文明観》,汲古書院2013年版,第40—41页。

② [日]渡辺浩:《東アジアの王権と思想》,東京大学出版会1997年版,第209页。

③ 刘明:《西学东渐与晚清"三代观"的变迁》,《武汉大学学报》(人文科学版)2017年第4期。

④ [日]沟口雄三:《方法としての中国》,東京大学出版会1989年版,第50—51页。

⑤ 沟口最开始用"乡里空间"来定义清末的民间自治,后来在与日本学者沟通中,他明确表示清末中国的地方自治与西方不同,为了区分二者,他把"乡里"修正为"乡治"。参见伊東貴之《解説——伝統中国の復権、そして中国の近代を尋ねて》,[日]沟口雄三:《中国思想のエッセンスⅡ 東往西来》,岩波書店2011年版,第242页。

针对"官治"的"民治",而是官绅民相互协调的治理,第三具有从乡到县再到省甚至是天下的"自立"倾向。① 而辛亥革命的导火索,即清政府对川汉线与粤汉线的国有化纷争,恰恰就是中央集权化与扩大到省范围的地方分权化之间的矛盾,因而沟口认为辛亥革命就是"乡治空间"成熟的表现。② 而当我们在封建论与地方分权化这一背景下思考近代中国的议会论时,就会发现沟口学说的思想史意义,因为这一课题在近代日本曾被深入地思考,并有着清晰的思想脉络。

为了弄清这一问题需要回顾一下前面我们曾经讨论过的人物,那就是内藤湖南与橘朴。有学者考察了当代日本汉学家谷川道雄与沟口之间的思想联系,认为谷川的"共同体论"对沟口产生了重要影响。③ 实际上,作为京都学派的代表,谷川本人也是内藤湖南史学的继承者。而内藤就曾经对传统中国的地方自治做出过经典分析。他认为自"唐宋变革"之后中国的命运依存于基层社会,内藤将其命名为"乡团自治",并提出了以"乡团自治"为基础建构近代国家的想法。但由于内藤认为中国民政的真正机能在乡团而与中央无涉,最终他便推导出"实行共同管理也好,抑或实行任何统治方式也罢,只要乡团自治不被破坏,支那整体的安全就不会破坏"④,也就是著名的所谓"国际管理说"。正如前章所述,虽然内藤此说的目的或许在于通过外国势力使得"原来的读书人阶

---

① [日]沟口雄三:《辛亥革命の歴史的個性》,见《中国思想のエッセンスⅡ 東往西来》,岩波書店 2011 年版,第 47、50、54 页。

② [日]沟口雄三:《辛亥革命の歴史的個性》,见《中国思想のエッセンスⅡ 東往西来》,岩波書店 2011 年版,第 63—64 页。

③ [日]葭森健介:《"共同体论"与"儒教社会主义"——以谷川道雄、沟口雄三的"公""私"言说为中心》,《江海学刊》2015 年第 6 期。

④ [日]内藤湖南:《新支那论》,《内藤湖南全集》第 5 卷,筑摩書房 1972 年版,第 503 页。

级、商业阶级被一扫而光",为此促成新的农民阶级兴起并最终实现"支那人的支那",①但很显然这样的论调至少在客观上为帝国主义的侵略殖民做了理论上的铺垫,因而内藤的观点也饱受非议。

而深受内藤湖南影响的橘朴则试图摆脱这一因重视基层而导致殖民的悖论。他用"乡土自治"的概念来分析传统中国的基层社会,不过在这样一种"自治"的环境下导入代议制、地方分权制的结果是什么呢,在橘朴看来那就是"所谓自治最终也就是归结于一两个贵族或贵族团体的专政。总之,从支那社会组织的现状上来看,只不过是贵族专政的继续而已"②。此处所谓"贵族"就是指乡绅,橘朴担心以传统基层社会为基础的代议制和地方分权带来的只是"乡绅专政"。但他并没有幻想依靠外部势力来重构中国的基层社会,到20世纪40年代初橘朴从理论上突破了"中国停滞论",认为随着明末"以均田为目标的农民运动"和"中央集权式的金融组织"的发展,中国具有"内发式发展"的可能,③在中国内发式近代的逻辑下他最终选择了通过主张"耕者有其田"的单一的革命政党来抑制乡绅、改造传统基层社会的变革方案。实际上日本思想界这种对传统中国基层自治的关注与憧憬一直延续到了战后。

而当我们从这一思想史的脉络中重读沟口雄三关于近代中国议会论的考察时,就能理解他对中国所面临的代议制困境的关注。他说对于中国的民权运动,不能单纯地从封建到联省自治这一脉络理

---

① [日]内藤湖南:《支那の忠告者》,《内藤湖南全集》第5卷,筑摩书房1972年版,第144—145页。

② [日]橘朴:《孫文の赤化》,见山本秀夫编《橘朴と中国》,劲草书房1990年版,第288页。

③ [日]橘朴:《漢民族の性格と其の文化》,见《橘朴著作集第三卷》,劲草书房1966年版,第108—113页。

解，因为：

> 这里面存在着因代议制最终还是"本乡"豪绅的代议，比专制官僚制下外来、短期赴任的官僚政治更能波及社会细部，所以存在站在被治农民的立场上反对代议制的无政府主义人民权（刘师培），也有借省人治省之名的军阀的省人权，以及陈独秀等《新青年》群体的西方一边倒的民权论，各种潮流虽然复杂，但总体上都在中国的基体之内。①

这就是说，在近代中国无论是封建论也好，还是地方自治论也罢，抑或是赞成或反对代议制，包括前述内藤湖南和橘朴的言说，都是在"明清变革"引发的中国基体这一大磁场的范围内展开的。思考在中国移植近代西方的代议制度所面临的可能与困境时，不能脱离这一基体，实际上沟口雄三通过中国研究给近代中国所面临的代议制困境找到了其历史基体的根源。而近代中国的重构绝非是一条简单的由"大同理想"到"三民主义"再到"社会主义"的顺畅的逻辑叙事，其中内含了"通过成立中央集权国家实现清末以来的民族统一和国家独立的夙愿，与因此导致的通过基层选举实现'一般平民'对地方自治甚至是国政的政治参与之梦的不完全燃烧"② 之间的矛盾。因此，在沟口雄三的视野里，实际上自被西方列强打开国门一直到改革开放之前，中国所走过的道路是其自身基体与外部影响（近代西方思想、马克思主义、列强的冲击、日本的侵略等）之间复杂的相互作用后的历史结果，然而这一结果还不能

---

① ［日］沟口雄三：《方法としての中国》，東京大学出版会1989年版，第53页。

② ［日］沟口雄三：《方法としての中国》，東京大学出版会1989年版，第113页。

完全称得上是历史的结论,因为现实的中国还在不断地深化改革,今后需要回答向何处去的课题,而这一课题也是沟口雄三的毕生关怀。

第二节 中国向何处去

之所以对沟口雄三存在着种种误读,原因之一就在于人们的视角只集中在其中国思想史论,而对于沟口雄三就中国今后走向的观察与判断则很少关注。但正如沟口自己所言,其历史研究的目的存在于流动的现实之中而非研究本身,[①] 对他而言中国是方法不是目的,世界才是目的。而建构一个多元的世界,则必然是一项在总结过去基础之上的面向未来的工作。不能因为沟口关于中国未来的相关论述未能得以成体系的表达而将其忽略,挖掘这方面内容是勾勒沟口雄三思想世界的关键环节。

一 儒教社会主义

有日本学者认为,在20世纪80年代以法国汉学家汪德迈等为代表,"儒教资本主义"论一时成为解释"亚洲四小龙"现象的有力假说。而沟口雄三对此并不满意,他从对李贽的研究入手针锋相对地提出了"儒教社会主义"。[②] 还有观点认为,"儒教社会主义"在沟口的思想中实际上是一个"充满了内在矛盾与冲突的非自然排列组合",因为虽然他想赞美中国实现了"王道式近代",但该"近代"却最终没能培育起"市民社会主义"和"个人自由的城市

[①] [日] 沟口雄三:《中国の衝撃》,東京大学出版会2004年版,第51页。
[②] [日] 葭森健介:《"共同体论"与"儒教社会主义"——以谷川道雄、沟口雄三的"公""私"言说为中心》,《江海学刊》2015年第6期。

原理"。① 所谓"儒教社会主义"论在沟口雄三的思想中真的如此重要,如此令其纠结吗?沟口雄三本人是一个"儒教社会主义"论者吗?其实沟口本人早已有了明确的表态:

> 这本非我作为外人该说三道四的事情,但我想说的是,在中国与其谈什么儒教资本主义,儒教社会主义才是问题。这个问题,简单地讲就是从全体型社会主义转变为个人协作型社会主义、从儒教社会主义转为民主的社会主义。总之就是转变成以个人能力和权利为第一基础的社会主义,如何尽快实现这种转型才是问题。②

很显然,在沟口雄三那里"儒教社会主义"从来就不是一种理论而是一个问题,是一个需要解决的问题。在如何看待儒教的问题上,沟口深刻批判了津田左右吉的理论——"没有中国的中国学"的典型。津田将儒教作为中国特殊性的证明,他通过近代社会科学的方法与理论否定儒教,进而津田也否定了产生儒教的中国文明,构建了一种对中国文明的蔑视观。但沟口对津田所具有的实证精神与"原理主义"色彩并不持全面排斥的态度,反而认为需要加以谦虚地继承,只不过所谓的"原理"不应当是一种"一元的"、局限于近代西方经验的原理。而所谓"儒教社会主义"的课题,实际上就是要通过思考、解决中国的问题创造新的原理。沟口作为历史的研究者从中国的历史中"发现"了在近代接受社会主义思想的土壤,对他而言这一切都是作为"实然"的事实,他并没有"发明"什么理论,"儒教社会主义"对他而言也不具有"应然"的价值

---

① 韩东育:《也说"儒家社会主义共和国"》,《读书》2007 年第 8 期。
② [日]沟口雄三:《方法としての中国》,東京大学出版会 1989 年版,第 194—195 頁。

性。只不过，在近代中国确实存在着接受社会主义的基体，而这种基体在中国进行改革开放时也在以新的形式存续着，因此所有的变革应当在认清这一基体的前提下进行，只有这样才不会做削足适履的事情。比如，他曾经指出在现代中国仍然存在着各种"关系"（血缘、地缘、学缘、职缘等），这些"缘"之"私"的存在实际上妨碍了作为理想的"公"的实现，而今后现代中国知识分子的课题就是如何使得各种"缘"间之"公"扩充为"平民社会"之"公"，将利己、封闭的"缘"内之"私"转化为"自由联合"的"个人"，这样的工作总体而言就是各种"关系"的"民主化"。①当然，在沟口看来这种"民主化"并非是要求个体统合于整体的那种传统的"公"与"私"结构关系的转变，因为这种存在于中国基体之内的结构本身就是多元世界思想体系中的一元，是没有必要强行改变的。

但是，这也并不意味着沟口雄三是一位中国特殊论的信奉者，因为他认为每个国家和每个民族都是特殊的，所以他不相信由特殊的经验中能够直接生成放之四海而皆准的普遍原理，这不仅仅是对近代西方而言，在分析梁漱溟的所谓"礼治社会主义"时，他对东方主义者也做出了如下敬告：

> 将礼治体系的历史特质从历史过程中分离，把这些称为什么东方的文明原理，并试图建构成为西方近代资本主义文明原理的对抗物，这种东方主义者的意图需要引起注意。东方主义者需要明白的是，在19、20世纪资本主义原理从西欧资本主义社会的历史过程中被切割抽出，成为宛如能够超越时空的普遍原理而席卷亚洲。现在，正当将这些原理重新放回其历史过

---

① ［日］沟口雄三：《公・私》，见《中国思想のエッセンⅠ 異と同のあいだ》，岩波书店2011年版，第240—241页。

程进而个别化、相对化之时，所谓的东方文明的原理绝没有独自被抽象化、普遍化的可能。①

如果说在沟口雄三的思想中，"儒教社会主义"对于中国而言并非一个具有"应然"价值的社会体系的话，那么当代中国到底应该向何处去呢？沟口雄三对此课题曾进行过不断的思考，虽然这些思考并没有以学术成果的形式出现在读者的眼前。然而如果我们沿着以中国为方法的理路，从沟口的思考中提炼这一课题的答案时，得出的结论就应当是：创造新的基体。

二　创造新的基体

创造新的基体还需要从不断变化了的基体出发，理由就在于中国所面临的国际国内形势已经出现了根本性变化。随着20世纪90年代国际上冷战结束，中国改革开放后的发展，在写于1994年的一篇短文中沟口认识到了曾经作为中国基体继承者的革命原理——反私、大同的历史、文化的独特性——已被看作发展的障碍而成为破除的对象，中国的市场化改革似乎在印证着整个中国在朝市场原理一元化方向发展。②然而曾经规制了近代中国走向的基体真的变成障碍了吗，基体已经无法在新的时代继续发挥作用了吗？沟口雄三并没有放弃，因为他坚信这个世界本就是多元的，他认为在21世纪，中国学的任务就是创造新的基体。

---

① ［日］沟口雄三：《中国の衝撃》，東京大学出版会2004年版，第197—198頁。

② ［日］沟口雄三：《中国学における二十一世紀》，见《中国思想のエッセンスⅡ　東往西来》，岩波書店2011年版，第96—97頁。

在21世纪，当中国在经济上与欧美并肩，市场原理要将世界一元化时，真正的多元认识就不是欧洲对亚洲的20世纪的对抗结构，而必须是市场原理对反或超市场原理的原理性对抗结构。面对着以利己或利润为动机、为目的的资本主义市场原理，或者说比起整体更重视个体的所谓个人自由的原理，应该需要通过再挖掘创造出基于利他的、更重视整体和谐的新原理。①

沟口雄三认为恰恰是现在整个世界在被市场原理覆盖的时候，对此原理修正的必要性才日益显现。而21世纪的中国学就是要真正站在人类的、地球的立场上，与欧洲学、伊斯兰学等一道超越各自的立场，创造出另一个人类的原理。② 正是为了实现这一目的，中国在改革开放的新时期才需要在原有基体的基础上创造出新的基体。

300余年前，由"明清变革"所产生的近代中国的基体包含了思想观念与社会结构两个层面，如今创造新的基体也必然不仅仅是思想观念层面的变化。其实在沟口看来，"明清变革"所带来的基体中就已经蕴含了今后中国创造新基体的"历史动力"，那就是以"乡治空间"为标志的民众政治参与的要求。③ 这一"历史动力"曾经以各省独立的形式引发了辛亥革命，虽然在后来的集权化的国家重构过程中曾一度似乎沉寂，但在创造新的基体的过程中此动力的作用将会以新的形式呈现。1993年5月《西日本新闻》曾经报

---

① ［日］沟口雄三：《中国学における二十一世纪》，见《中国思想のエッセンスⅡ 东往西来》，岩波书店2011年版，第98页。
② ［日］沟口雄三：《中国学における二十一世纪》，见《中国思想のエッセンスⅡ 东往西来》，岩波书店2011年版，第98页。
③ ［日］沟口雄三：《中国の冲击》，东京：东京大学出版会2004年版，第217页。

道了伦敦国际战略研究所的预测，认为中国到 2010 年将会成为世界最大的经济体。针对此报道，沟口雄三在该报发表评论说，"虽然不能确定是否是 2010 年，但在 21 世纪内（中国成为最大经济体）是完全可以相信的"。我们不必过于局限在沟口的预测是否准确上，因为他并非预言家，沟口的意义在于给当今的中国提供了一条创造新基体的思想理路。沿着这条理路，中国需要面对的是如何处理好维护国家统一与"一国两制"的关系，处理好巩固民族团结与遏制民族分裂的矛盾，处理好如何安置地方自治与民众政治参与的这一"历史动力"的课题。而推动民主法治必然将成为解决这些课题的方法之一。沟口确实并非一位预言家，不过沟口确实又是一位杰出的思想史家，他以最精辟的语言为中国的民主法治建设提供了思想理路。他说中国的历史过程既非欧洲近代之"反"也非其"超"或"后"，就是另一种类型的历史过程，因而中国的"自由"与"民主"只能存在于中国的历史过程中，也只能在其中培育成熟。[①] 知识分子则要尤为注意民主实现的动态过程。[②] 换言之，在中国推进民主法治的过程中，一定要创造出新的基体，实现曾经给代议制带来困境的旧基体向支撑中国式民主建设的新基体转化。沟口通过他的中国思想史研究实际上是在告诉我们，在思考"中国向何处去"时需要确定中国的基体到底是什么，这一基体在新时期又是如何变化的，而中国所遵循的政道也应当是根植于这一基体的。

结语　沟口雄三的思想价值

现今，当我们回顾沟口雄三所留下的精神遗产时，比起具体的论著，更为重要的也许是隐藏在其论著背后的思想方法。沟口曾经

[①] ［日］沟口雄三：《中国の衝撃》，東京大学出版会 2004 年版，第 32 页。
[②] ［日］沟口雄三：《中国の衝撃》，東京大学出版会 2004 年版，第 51 页。

自我评价说,"我把自己看成一个以研究为职业的人,而不是一个理论家。……我的问题意识也不是可以人为制造的,而是自然而然发现的"。① 也就是说,沟口的中国思想史研究成果并非他的"发明"而是他的"发现",他并非为了证明中国的特殊而发明了基体说,而是为了作为目的的世界才发现了中国的基体。当然这并非意味着沟口没有受到任何学术范式的影响,比如伊东贵之就总结说其早期晦涩的文体里有一种浓厚的实存主义影响,后来逐渐倾向对历史进行结构主义式的把握,到晚年则呈现出许多社群主义的思维。② 国内的研究则更加看重沟口雄三所具有的"多元化""内发式近代"与"欧洲价值体系相对化"的视角。③ 但在笔者看来,沟口学术范式转换与多重视角运用的背后是他对各种思想、框架、教条的态度,他的态度就是"自由",是一种真正的思想解放的"自觉",这种自觉的背后则是一种作为职业研究者的"主体性"④ 的体现。丸山真男曾经评价福泽谕吉将一切价值相对化的思维方法就是一种"主体性"的体现,其中的一句话恰恰可以说就是沟口雄三的真实写照,那就是"不把价值作为先验的固定之物,而将其在具体状况中不断流动化、相对化,这是具有强韧的主体精神的人才能做到的"⑤。无论是对于西方、对于中国,还是对于日本,沟口都没有

---

① [日]沟口雄三:《我与中国研究之缘——沟口雄三氏访谈》,邵艳红译,《国际汉学》2010年第1期。
② [日]伊東貴之:《解說——傳統中國の復權、そして中國の近代を尋ねて》,见溝口雄三《中國思想のエッセンスⅡ 東往西来》,岩波书店2011年版,第249—250页。
③ 史艳玲、张如意:《日本中国学研究的新视角——当代汉学家沟口雄三的中国学研究》,《河北大学学报》(哲学社会科学版)2008年第5期。
④ 沟口雄三发起"中日·知识共同体"学术活动的起因之一就是他希望唤起学界对于"主体"的关注。参见[日]沟口雄三《我与中国研究之缘——沟口雄三氏访谈》,《国际汉学》2010年第1期。
⑤ [日]丸山真男:《福沢諭吉の哲学》,岩波书店2001年版,第83页。

采取一种绝对化、固定化的思维方法。所以在他的学术世界中呈现的中国是一个思想与社会不断相互作用,不断传承与变化的动态的历史过程。这也许是沟口雄三中国论的最大价值所在。

沟口雄三还是一位拥有人类立场、世界关怀的研究者,所以他才坚持以中国为方法去发现一个新的普遍原理,而不在意对其"文化本质主义"或"特殊论"的批评,因为那些批评在他看来都有一个共同的前提,即绝对化了的近代西方。但沟口对西方的态度绝非是拒绝的,他曾经以藤原惺窝和姜沆的交往为例,认为在17世纪初日朝之间之所以能出现某种国际主义,是由于存在儒学自然法的"性""天理"这样的纽带。沟口认为在当今,构建新的东亚国际主义,当然需要作为舶来品的"民主"等价值理念,不过在他看来仅仅依靠舶来品还是不够的,为此他把藤原与姜沆的交流看作是东亚国际主义的原型。沟口认为藤原与姜沆二人所追求的人类普遍性是一种"理",也即仁义礼智等道德理念。受此启发,沟口主张在东亚可以形成一种独具特色的道德性的国际主义,[①] 这种区别于基于纯理念价值的国际主义在他看来将成为构建属于全人类的真正的国际主义的重要契机。沟口雄三的这种道德性的普遍主义立场也许会是现今中国参与构建人类命运共同体的一个可能路径。

[①] [日] 沟口雄三:《東往西来》,见《中国思想のエッセンスⅡ 東往西来》,岩波书店2011年版,第156页。

第五篇

构建可比较的话语

在探索中国道路的理论建设过程中，必不可少的就是构建基于中国实践的中国话语。在第五篇中，笔者将带领读者从日本思想史中逐步转入到政治制度中。

首先，大家将会看到的是日本明治时期思想家中江兆民的别具一格的代议制度论。之所以把兆民安排在最后一篇，是因为兆民的论述与完善现代中国政体的问题直接相关。在日本第一届国会召开之际，中江兆民寻求一条新政道以运行代议制。兆民坚信"理"的存在，并且认为世界上存在唯一的真理，而这个真理需要在国会中被发现。他还要求实行一种建立在有限委任原则上的选举制度，并强调国会和政党内的政治家与民众进行直接讨论的重要性。他期待国会能够代表人民并找到政治的真理。当然，在他的思想中，政治真理的唯一性与政治多元性还存在张力关系。另一方面，近现代中国的政治实践被认为是对真理的探索过程。而人民代表大会也正是基于有限委任的原则。与世界上大多数议会不同，人民代表大会拥有一院两层制结构。通过一院两层制结构，人民代表大会在理论上意想不到地克服了有限委任自身存在的缺陷。

在终章里笔者将通过回顾本书主要研究对象的思想精华，为大家勾勒出他们研究中国所具有的普遍意义与当代价值，揭示出近现代日本思想史中关于中国问题的研究与日本思想界围绕现代性的思考具有"一体两面"的本质关联。我们会看到解决近代以来中国所面临的政道与政体间矛盾关系，是本书所考察的日本知识分子在思考如何重构近代中国时所关注的主要问题。与此相对，近现代中国的变革与发展也是在不断处理政道与政体间矛盾中进行的，而创造出一套全新的、相互协调适应的政道与政体将是中国道路对人类政治文明的历史贡献。

第 九 章

代议者如何负责?

——中江兆民的"有限委任论"
与"一院两层"的代议制结构

西风终夜压庭区，落叶扑窗似客呼。
梦觉寻思时一笑，病魔虽有兆民无。

这是中江兆民（原名，笃介）（1847—1901 年）在生命最后

阶段写作《一年有半》时寄与其弟子幸德秋水的一首诗，而秋水则回诗云："卅年骂倒此尘区，生死岸头仍大呼。意气文章留万古，自今谁道兆民无。"比起晚年兆民的一丝悲叹，幸德秋水的诗更是把兆民的风范表现得淋漓尽致。这位坚信"民权是至理"思想斗士一生都在与他所处的时代进行着抗争。对于本书而言，中江兆民比较特殊，虽然他是近代日本著名的思想家，也曾于1884年到上海参与创办东洋学馆并宣传其政治理念，但他并没有留下许多直接关于中国的论述，这点不像他的儿子、身为汉学家的中江丑吉。然而他的思想却又和近现代中国有着千丝万缕的联系，正如在第二章中论证的，他的政治思想曾经是中国共产党创始人李大钊所汲取的重要资源。不过兆民可能产生的影响还远不止这些，就像大家接下来将要看到的。确实，本章的内容乍一看有些令人匪夷所思，一位活跃在19世纪后半叶的日本思想家如何与当今中国的根本政治制度产生联系呢？如果我们了解到，这位被称为"东洋的卢梭"的思想家曾经对近代西方的代议制，特别是针对代议者该如何对人民负责（除选举这一形式外）这一问题进行过深刻批判，并提出了自己独特的政治哲学与议会观之后，本章的内容也就不会显得突兀了。众所周知，人民代表大会制度是我国的根本政治制度，而国家治理体系现代化必然要求进一步发展、完善人民代表大会制度。在这一过程中，创新构建人大的制度话语，也即一套能够解释人大制度、讲好人大故事的理论话语就显得尤为重要。人大制度与西方的议会制度具有本质区别，这个区别从根本上讲就是人大代表与西方议员之间的区别。因而要讲好人大制度就需要创新理论话语，解释好人大与西方议会的区别，特别是人大代表与西方议员之间的本质区别。本章要告诉读者的是，恰恰是中江兆民独特的议会思想，为构建新时代人大制度的理论话语提供了思考的契机。

一直以来学界的关注焦点并非兆民的议会论，而是主要集中在他的唯物主义哲学思想（兆民将哲学译为"理学"），① 即使从政治思想角度开展的研究也并没有深入讨论其代议制度论。② 比如最近十年间，日本学者渡边浩剖析了兆民思想中政治与"理、义"的关系，③ 松田宏一郎从人民主权的角度对兆民思想中的"约"与"法"进行了再阐释，④ 在国内则出现了侧重于考察兆民的政治活动与其国际政治思想的研究。⑤ 然而作为日本自由民权运动的精神领袖，中江兆民的主要思想是围绕明治期日本政治改革进行的，他对于近代西方的代议制度曾进行过透彻地剖析，其理论实际上内含了对西方代议制的某种扬弃，与有贺长雄维护旧政道不同，兆民是在寻求一种新政道，在这一点上可以说至今仍不失借鉴与启迪意义。遗憾的是，目前通过集中探讨中江兆民关于代议制问题的三部曲——《平民的觉醒》（1887年）、《国会论》（1888年）、《选民的觉醒》（1890年）——以揭示其政治哲学与议会论的当代价值的系统研究还不存在。为此，本章试图以兆民提出的"有限委任论"为重点来探究他的议会思想的现代意义，并发掘其有助于完善中国人大制度理论话语的可能性。

---

① 典型研究可参见［日］宫村治雄《理学者兆民》，みすず書房1989年版、同《開国経験の思想史——兆民と時代精神》，東京大学出版会1996年版等。

② 张小苑、宋阳：《近三十年来中江兆民思想研究》，《日本问题研究》2013年第4期。

③ ［日］渡辺浩：《日本政治思想史「十七～十九世紀」》，東京大学出版会2010年版，第452—473页。

④ ［日］松田宏一郎：《中江兆民における「約」と「法」》，《季刊日本思想史》2012年总第79号，第152—182页。

⑤ 此类研究典型文献可参见何力群《中江兆民的政治活动与政治思想》，博士学位论文，吉林大学，2011年，及唐永亮《中江兆民的国际政治思想》，社会科学文献出版社2010年版。

第一节　中江兆民的议会观

兆民之所以被称为"东洋的卢梭",不仅与他将卢梭的《社会契约论》用汉文翻译成《民约译解》(1882年)相关,而且是因为他一生坚持"人民主权"、坚信"理"的绝对性与实践性。不过,"东洋的"这个修辞的意思恐怕不单纯是因为兆民作为"东洋人"用汉文翻译了卢梭的著作,主要还是,他用"东洋的"语言和概念,提出"东洋式"的问题,并最终给予"东洋式"的解答。

一　兆民与"理"

正如在第二章中我们看到的,在《民约译解》里,兆民是这样传播卢梭的思想的:

> 政果不可得正邪。义与利果不可得合邪。顾人不能尽君子,亦不能尽小人。则置官设制,亦必有道矣。余固冀有得呼斯道,夫然后政之与民相适,而义之与利相合其可庶几也。①

"政"与"正","义"与"利","君子"与"小人","官"与"民",还有对于"道"的追求,无一不是"东洋式"的提问。宫村治雄将此处与卢梭的原文相比较,对兆民通过儒学来理解卢梭进行了如下评价,"'政者,正也'是论语里的话,'义利之辨'是孟子的话。兆民将这些儒学的基本命题,这些曾经不容置疑的命题,通过卢梭再一次地将其变为根本的问题。对儒学之问的普遍性的确信,使得兆民从正面理解卢梭发出的问题,并要求其内化于卢

---

① [日]中江兆民:《民约訳解卷之一》,《中江兆民全集(1)》,岩波书店1983年版,第73页。

梭自身给予的回答的尝试之中。卢梭提出了令人吃惊的解决方法，向'民约'寻求'邦国之本'，也即在通过'众民'的'议事'而到达的'众志（la volonté générale）'之下实现'自治'。兆民便将此方法作为新的'理义'而接受。"① 兆民如此通过儒学来理解翻译卢梭是有原因的。因为他从很早就对西洋的"政"抱有疑虑。1878 年载于"奎运鸣盛录"、后又在 1882 年刊登于《欧美正理丛谈》的《原政》一文就很好地展示了这点。

> 政之所为归趣，果安在哉，在乎使民无用于政矣……曰使民移于善如之何，曰教之以道义，教之以道义者，三代之法也。诱之工艺者、西土之术也。②

在《原政》的最后，他又称赞"讥西土政术""欲昌教化而抑艺术"的卢梭是"有见于政治者"③。对于兆民而言，"政"不是"术"而是关于"道义"的课题。所以，深信自由、平等，并希望在日本实现民权的兆民需要通过卢梭来确认西洋的"政"也并非是单纯的"术"，在其中也存在着某种形式的"道义"。并且兆民还通过宣传自己的政治理念并开展民权运动，试图在日本实现那种追求"理""道义"的政治理想。

如果说在一直坚信"理""理义""道理""真理"的兆民的思维中，其朱子学式的思考方法，与"法即正义的具体化"这样的

---

① ［日］宫村治雄：《「東洋のルソー」の政治思想——中江兆民再考》，《思想》2012 年第 3 号，第 98 页。此外，关于译文的中文版，可参见［法］卢梭《社会契约论》，何兆武译，商务印书馆 2003 年版，第 3 页。

② ［日］中江兆民：《原政》，《中江兆民全集（11）》，岩波书店 1984 年版，第 15 页。

③ ［日］中江兆民：《原政》，《中江兆民全集（11）》，岩波书店 1984 年版，第 16 页。

西方的传统思维实现了一体化的话,① 政治之"理"与以国会为代表的代议制之间又形成了怎样的关系呢,如果"理"的实现与现实政治之间存在张力,兆民又是如何解决的呢?

二 国会与政府

首先国会到底是什么呢?兆民回答说,"夫国会者国民之会也""邦国者果谁之有乎,非民之有乎"②。这回答果然令人想起主张"人民主权"的卢梭,可称得上是卢梭的理解者。但现实却是,国会几乎不可能由国民直接组成,那国会与国民之间到底存在何种关系呢?兆民回答说:

> 在作为国民意见保管所的国会里,有作为国民意见保管人的代议士,对种种政务进行议论。作为国民钱包的看管人,必须使得国民除了有益的租税外不承担一切负担。而要成为真正的国民意见的保管所,国民必须睁大眼睛,不能选错作为自己意见保管人的代议士。③

国会首先必须是国民意见的"保管所",因而需要作为国民意见"保管人"的代议士的存在。在这里,兆民首先突出强调了代议制度对国民意见的"保管"作用,这一定位就是后述其"有限委任"论的雏形。而一旦国会成立,会出现什么变化呢?那就是政府从"专擅政府"转变为"自由政府"。在这里,从制度的

---

① [日] 渡辺浩:《日本政治思想史「十七~十九世紀」》,東京大学出版会 2010 年版,第 462 頁。

② [日] 中江兆民:《国会問答》,《中江兆民全集》第 14 卷,岩波書店 1985 年版,第 26 頁。

③ [日] 中江兆民:《平民の目さまし一名国会の心得》,《中江兆民全集》第 10 卷,岩波書店 1983 年版,第 3—4 頁。

"规范性"角度而言,兆民赋予了国会以"实现自由"的规范性价值。这与把国会视为讨论的工具,认为是一种"良术"的想法形成鲜明对比。① 正因如此,他才又把国会称为"人民权理②的扩张所"③。

那么在自由政府的状态下,政府与国会的关系又是如何呢?兆民给出了明确的回答。他说,"国会是主人而内阁诸省则像是家臣,一切政事上的大事如果不经国会评议一件也不能做"④。而且"国会是由全体国民意志而成立的政治事务的一大脑髓,而其他行政官即内阁诸省以及地方厅衙都是政治事务的手足,每件事都要听从脑髓而后才能运动"⑤。在这里并没有出现立法与行政的相互制约,而是非常坚定的代议机构优越论的主张。"名不正则言不顺,言不顺则事不成","正名"的重要性正好体现在了国会与政府的关系之中。"政府本来是为人民而设,无人民时也无有政府之理。人民为本政府为末"⑥,兆民期待通过国会为媒介,理顺国会与政府的关系,来实现这样一种"民本"主义的理想。

不过即便理顺了国会与政府的关系就一定能实现善政吗?国会

---

① 日本的另一位思想家加藤弘之便认为国会是一种"良术",并没有赋予代议制本身以规范性价值。参见何鹏举《「人和」の実現と「公会」——加藤弘之の初期議会論における政道と政体》,《日本学研究》,北京日本学研究中心编,2014年总第24期。本书第三章的主人公有贺长雄也持有类似主张。

② 在日本近代,早期对于"权利"(Right)的翻译,有"通义""权理"等几种。

③ [日] 中江兆民:《国会論》,《中江兆民全集》第10卷,岩波书店1983年版,第72页。

④ [日] 中江兆民:《平民の目さまし一名国会の心得》,《中江兆民全集》第10卷,岩波书店1983年版,第13页。

⑤ [日] 中江兆民:《国会論》,《中江兆民全集》第10卷,岩波书店1983年版,第46页。

⑥ [日] 中江兆民:《国会論》,《中江兆民全集》第10卷,岩波书店1983年版,第69页。

中的讨论就一定是高水平的吗？也就是说，国会的合议能否成为"公论"，符合"理"或是通向"理"的实现。这一问题摆在了一直坚信"理"的兆民面前。而他恰恰就是要在国会的合议中寻找到"理"的存在。虽然关于中江兆民追求政治之理的思想在第二章有所介绍，但由于这个问题是理解兆民制度论的根本，所以有必要在这里稍加详细地再次和读者们分享。关于"理"，兆民说：

> 无论何事道理都只有一个，但又难于很快发现，所以由甲乙丙丁各个党派相互争论、切磋，这其间道理也会逐渐抬出头来映入人们的眼帘。①

这种将国会的合议与"理"的实现相联系的观点，会让人想起认为主权的存在基于"理"，将"理"的实现作为代议制政体的任务的基佐（1787—1874年）的主张。事实上，有研究也表明，由兆民主编发行的杂志《政理丛谈》中，就刊登了基佐的《欧洲代议制政府的历史起源》等批判卢梭的著作。② 而基佐曾认为"代议制不是一个收集个人意愿的机制，而是一个将散布于社会之中的理性收集起来，来形成一个社会政府"③。不过至少在两点上，兆民是不同于基佐的。第一，兆民仍然坚持"人民主权"的理念，并没有将主权的基础放到形而上的"理"中。对兆民而言，就如后面分

---

① ［日］中江兆民：《平民の目さまし—名国会の心得》，《中江兆民全集》第10卷，岩波書店1983年版，第31页。

② ［日］宫村治雄：《中江兆民『選挙人目さまし』代表制をめぐる原理の考察》，《现代思想》2005年总第33号，第80页。此外关于《政理丛谈》的原典，参见［日］井田進也《『政理叢談』原典目録ならびに原著者略伝》，《人文学報》1978年第3号，第164—233页，关于基佐的著作见第187页。

③ ［法］弗朗索瓦·基佐：《欧洲代议制政府的历史起源》，张清津等译，复旦大学出版社2008年版，第44页。

析中表明，政治中的"理"是需要被发现的，但如何证明发现的是"理"，是需要作为主权者的"人民"的确认的。兆民还是"东洋的卢梭"而非"东洋的基佐"。第二，基佐将代议制政体定义为"通过对'理'有认识能力的代表将分散在社会中的'理'通过讨论而发现，同时，所有的国民通过公开的讨论和言论自由的手段参与这一发现过程的政体"，因而在这种政体中，"基于利害对立为前提的集团——政党的观念是不存在的"。①不过兆民却并非如此，他认为政党能够在"理"的发现过程中起到积极作用。众所周知，卢梭认为人民主权与代议制，一般意志与政党政治是不相容的。不过到了 19 世纪中叶，以 J. S. 密尔（如其《代议制政府》，1861年）为代表，代议制被认为是政治体制的理想形态了。而关于政党，白哲特曾指出，"政党是其（平民院——笔者注）内在的因素，是其骨骼的精髓、呼吸的咽喉"②。也就是说，兆民是在代议制和政党都被认为是近代政体组成部分的潮流中，进行了儒学式的继承，并努力解答代议制与政党本身所伴随的问题。

三 政党与"理"

政党到底是什么？与"朋党"有何区别呢？兆民认为，政党"就是关于政事拥有相同想法的若干人物汇合在一起成为一党与其他党相互对抗"③，而"政治党派有数种，大致区分的话有两类，一为自然之党派，另一为私意之党派"④，他认为政党就像追求真

---

① ［日］山田央子：《明治政党論史》，创文社 1999 年版，第 81 頁。
② ［英］白哲特：《英国宪制》，李国庆译，北京大学出版社 2005 年版，第 110 頁。
③ ［日］中江兆民：《平民の目さまし一名国会の心得》，《中江兆民全集》第 10 卷，岩波书店 1983 年版，第 28 頁。
④ ［日］中江兆民：《国会論》，《中江兆民全集》第 10 卷，岩波书店 1983 年版，第 96 頁。

理的学术团体,"政治家之辈都竭其智殚其虑以探索真理,当自己相信已经得到了真理时,便将其付之于言论以求得他人的同意。于是乎政党便兴起了"①。

在兆民的思维中,政党就是政见相同者的集合,在现实中有自然而成的,也有基于"私意"而成的,但终究政党应该如同学术团体那样去追求"理",正是在这一点上,"自然之党派"与"私意之党派"存在严重差异。自然之党派才重视真理,是由"本源自然之理"而生成之物,有时为了追求"真理"即便放弃自己的主张也在所不惜。而私意之党派恰恰就是"朋党""徒党"。② 在这里,兆民将政党与"理"联系到了一起。当然这绝非简单地是兆民用儒学的思考方法来理解政党这么简单的问题。更重要的是,通过将政党与"理"相联系,由各政党所组成的国会的合议性质便发生了变化。如前所述,兆民不认为国会仅仅是国民代表者表达意见的地方,还应该是讨论"理"发现"理"的场所。所以,沿着兆民的逻辑,比起分散的数百名代议士,当国会由"重视真理"的学派式的政党所组成时,至少会更加接近"理"的发现。就这样,将政党与"理"相联系,兆民提升了国会中合议能够达到公论、发现真理的可能性。

不过政党与"理"的关系也并非处于先验的和谐状态。当政党研究、追求"理",不再调整那些多元共存的"私利私欲"时,当政治被认为存在真理时,当"无论何事道理都只有一个"时,真理就有可能被不断地追求而穷尽。到那个时候,也许就不再需要许多党派了,而兆民也确实这么考虑过:

---

① [日] 中江兆民:《国会論》,《中江兆民全集》第 10 卷,岩波書店 1983 年版,第 96—97 頁。
② [日] 中江兆民:《国会論》,《中江兆民全集》第 10 卷,岩波書店 1983 年版,第 97—98 頁。

当关于政治的大大小小的宗旨、主义都已明确,加之以意气投合、道德信用,他日在日本拥立起庞然的一个大日本党也未可知。①

在这里可以明显看出兆民所追求的"政道"与近代西方政体之间的张力关系。当把"理"的存在作为政治追求时,便有可能牺牲政治的多元性。但如果把政治的多元性作为前提时,就会对代议机构内合议的性质产生疑问。兆民就是这样,一方面积极主张在明治日本建立起近代西方的代议政体,一方面又通过继承卢梭、运用儒学,对如何克服西方代议政体所包含的问题进行批判式的思考。试图探索出一条新的"政道"来运行建立起来的代议制度。而他最终通过"理"的追求所找到的,是一条与多党制、政权更替这一西方近代政治原则具有潜在张力的道路。

另一方面,即便在国会里,通过像学术团体似的政党进行讨论,国会的合议成为公论的可能性有所提高,如果那些讨论陷入了"道学先生"的空谈,恐怕也不能完全称为公论。按照兆民的逻辑,作为"国民之会"的国会,无论怎样形成公论,怎样追求政治之"理",都不应该与国民无关。兆民也确实在思考,通过什么样的制度安排将国会内的合议与国民的意志相联系?如何将国民的声音反映到国会当中去?

第二节 "有限委任论"的提出

一 普选与有限委任论

为了使国会成为"国民之会",在《国会论》中,中江兆民

---

① [日]中江兆民:《政党論》,《中江兆民全集》第 11 卷,岩波書店 1984 年版,第 182 页。

呼吁实现（男子）普选。当然，这里需要说明的是，在明治宪政体制之下国会由贵族院与众议院组成，而经限制性选举产生的仅是众议院。而兆民的《国会论》发表于明治宪法颁布前的1888年，兆民在文中所表达的普选主张毋宁说是一种政治的应然之理，正如研究指出的那样，始终贯穿于兆民《国会论》中的就是"迅速使社会成'真'"的方法，在这里兆民没有一点妥协，认为不应给选举设置任何限制以实现（男子）普选。① 在自由民权运动过程中，有一些学者介绍了普选，但又都明确否定了普选在日本的适用。除了植木枝盛等少数人，其余自由民权运动家多倾向于限制性选举。② 因而可以说，兆民的观点在自由民权运动中也是较为激进的。那是不是说，兆民只追求制度的规范性价值的实现，而忽视了制度的"适用性"问题呢。其实他还是从"理"的角度给予了回答。他说，"我辈唯从正理公道，我辈研究泰西诸国的制度时唯看其是否符合正理、是否符合公道"③。而现实是，当时那些泰西诸国不多采用的是限制性选举吗？日本难道不应该效仿他们也采用适合自己国家的制度吗？兆民却回答说，"泰西诸国各自国会的结构在制度上相异的原因非他，皆因各自国家有特殊的历史、习惯，由衣食住及职业形成的风气，所以其制度中有符合公道者，也有无奈不符合公道暂且沿用者，并非从一到十都很完美。然如果说某国的制度典章特别适合我邦我民，便如鹦鹉学舌、狝猴拟态，囫囵吞枣似的这也照搬那也照搬，只会模仿

---

① ［日］吉田傑俊：《福沢諭吉と中江兆民 〈近代化〉と〈民主化〉の思想》，大月書店2008年版，第182頁。
② ［日］松本三之介：《解題》，《中江兆民全集》第10卷，岩波書店1983年版，第300頁。
③ ［日］中江兆民：《国会論》，《中江兆民全集》第10卷，岩波書店1983年版，第62頁。

的话，就会贻害他日……"① 泰西诸国有泰西诸国的国情，无视那些国情而模仿西洋恰恰才是不考虑日本国情的，缺乏"适用性"思维的主张。在这里逻辑被颠倒过来，采用（男子）普选，走日本自己的路，成为兆民对制度的"适用性"的回答。

当然，兆民积极主张普选，除了因为符合"正理公道"，还与国会中合议的性质相关。兆民解释说，"代议士作为代表一国民众意志，就社会大计一个一个获得舆论的许可，以增进公共福祉为己任的人，其负担之重非刀笔吏可比，代议士的任务重而选代议士的任务也重……而欲获得有用的人才，比起在少数人中选，自然不如在多数人中选，这是很明白的道理"②。为了提高国会内讨论的质量，兆民要求在更大范围内谋求代议士的人选。本来，如果说政治中存在"理"的话，也并非一定要由国会来发现这个"理"，比如可以由"圣人"来指出"理"的所在，也可以由两三个贤能的官员对"理"进行探索。而兆民把国会定义为发现"理"的场所，其实是表明了"理"的性质。"理"一方面需要光明正大，另一方面还需要得到天下万民的认同。兆民期待尽可能多的人参与到这个"理"的发现过程中来。获得尽可能多的认同，是"理"作为"理"的印证。在兆民那里，"理"绝非单纯的"圣人"之"理"，而是天下万民之"理"，这也是他支持普选之"理"。

然而现实却没有按照兆民的意愿发展，明治日本实行了限制性选举而非普选。面对这个结果，兆民又开始呼吁选民的觉醒，展开了在其宪政思想中最为重要的"有限委任论"。《选民的觉醒》是兆民著作中较少被提及的作品之一。已经有研究指出了他的有限委

---

① ［日］中江兆民：《国会论》，《中江兆民全集》第 10 卷，岩波书店 1983 年版，第 63 页。

② ［日］中江兆民：《国会論》，《中江兆民全集》第 10 卷，岩波书店 1983 年版，第 59 页。

任论与近代西方代议制原理之间的联系，① 这里主要关注的是有限委任论在兆民的宪政论整体中的作用。

首先，有限委任与无限委任有何区别呢？兆民回答说，"有限委任就是在选举代议士之时，选民事先就'某些事项可以如此'定下纲领，将其命与代议士……无限委任则是选民只听代议士的论纲便进行选举，一切事项皆由代议士在国会中临机应变的讨论。从法的角度看，有限委任中选民是号令者，代议士是受令者……无限委任中，选民是信用者，代议士是受信者"②。有限委任论与例如伯克在布里斯托尔演讲中所表达的不受选区约束的"国民代表"理论不同，认为代表必须尊重选民的意见。兆民在第一次众议院选举前，为什么提出了会让人联想到欧洲等级会议下的"强制委任（或命令委任）"的有限委任论呢？在当今连西方学者也感叹"代表不再是代理人民，而是代替了人民"③ 时，兆民的有限委任论又能给出什么启示呢？

第一，这是作为"东洋的卢梭"对限制性选举的自然反应。众所周知，卢梭否定代议制度，留下了"他们只有在选举国会议员的期间，才是自由的；议员一旦选出之后，他们就是奴隶，他们就等于零了"④ 的名言，"东洋的卢梭"也发出了类似的警句。

---

① 比如，井田进也就指出了，兆民的有限委任论受到了爱德华·菲力本的《法国及外国的命令委任》（Edouard Philipon: Le Mandat impératif en France et à l'étranger, Paris, 1882）的影响。参见［日］松本三之介《解题》，《中江兆民全集》第10卷，第304—305页。另外，关于有限委任与无限委任背后的代议制论争，参见前注宫村论文《中江兆民『選挙人目さまし』代表制をめぐる原理の考察》。

② ［日］中江兆民：《選挙人目さまし》，《中江兆民全集》第10卷，岩波书店1983年版，第88页。

③ ［美］汉娜·费尼切尔·皮特金：《代表与民主：不稳定的联姻》，王绍光编：《选主批判——对当代西方民主的反思》，欧树军译，北京大学出版社2014年版，第82页。

④ ［法］卢梭：《社会契约论》，何兆武译，商务印书馆2003年版，第121页。

多数人民只在选举权的意义上拥有政治权利,从一个选举期到下一个选举期间,便满足于遵奉国会之旨而不得不成为奴隶。无论是成为行政官的奴隶还是成为国会的奴隶都是一样的,这并非崇尚自由之国民能忍之处。①

即使实现了普选,在兆民看来选民在两次选举期间也还是会成为国会的奴隶,更不用说处于限制性选举制度之下的人们了。那么如何才能让选民翻身变主人呢。加强选民对代议士的约束,便是将选民的意见反映到国会中最为便捷的方法。尽最大可能提高"人民主权"的程度,促进选民的政治参与,这是兆民提出有限委任论的动机。如果选举制度中包含了严格的财产等限制,又实行无限委任的原则,那"东洋的卢梭"只好对选民说,"余又说什么呢?只有:公等果然四年一日为自由人,其间则常为奴隶了"②。当然,兆民提出有限委任论绝不是要议员成为贵族、资产者的代理人,只不过是在限制性选举前提下提高选民政治参与的一个办法。最终有限委任论仍然要和兆民提出的普选要求放到一起来分析,兆民所期待的,是在普选状态下实行有限委任,以将全体国民(当然,那个时代主要指成年男子)的意志反映到代议制机关中去。

第二,通过有限委任的实行,将国会中的讨论尽可能地变为公论,以此接近"理"的发现。也即通过尊重民意来防止国会的专断。他要求国会议员"会议中的一个议案万一无法应用选民所嘱托的纲要条文的精神,代议士应该通过文件去咨询选民的意见,他也

---

① [日]中江兆民:《選挙人目さまし》,《中江兆民全集》第 10 卷,岩波書店 1983 年版,第 95 頁。
② [日]中江兆民:《選挙人目さまし》,《中江兆民全集》第 10 卷,岩波書店 1983 年版,第 123 頁。

应该有利用铁路亲自去选区的余暇"①。兆民所要求的就是协商,就是尊重选民的意见。在他看来,这也是符合民权之"理"的政治行为,也是应当形成的政治习惯。他坚信:

> 让行政官兼握议政之权,这是专政家之言,让国会专有议政之权,这是无限委任论者之言,让国民监督议政之权,这是有限委任论者之言。总之,有限委任论是最符合平民主义的。②

有限委任论的重点与其说在于选民对议员的约束,不如说更在于促进选民的政治参与。如果实现了有限委任,国会就不单单是由学术团体式政党所组成的探究"理"的场所,还是经常反映选民声音的场所,不仅仅是发现"理"的场所,更是一个开放的发现"理"的场所。在兆民眼中,这是国会的本来姿态。兆民的视线并没有停留在国会内,而是一直关注着国会之外的声音。

二 "讨论民主"

在政治过程中,兆民反复强调的就是讨论。他对选民说:

> 在这里苦口婆心地讲一句,即,公等无论是遵循前面说的无限委任,还是依照有限委任之法,总之公等亲自研讨政事的纲要是非常重要的……设置两三处会议所一起讨论政治的纲领吧,从前分到各政党里的人也可以到此会议上,抛弃从前的党派心,以此会议所为政党以外的政治会议所,一起讨论也是好

---

① [日] 中江兆民:《選挙人目さまし》,《中江兆民全集》第 10 卷,岩波書店 1983 年版,第 90 頁。

② [日] 中江兆民:《選挙人目さまし》,《中江兆民全集》第 10 卷,岩波書店 1983 年版,第 95 頁。

的,如果不能看淡难以前往,则分成各派也好,总之设置会议所一起讨论政治的纲领吧。如果从前政党中的人物或政党外的人物有希望成为候选人的,立即来会议所成为一员吐露自己的意见吧,候选的竞争者两人也好三人也罢都成为会议所一员各自吐露自己的意见吧……一起讨论政治的纲领吧……总之各选区里设置两三处或五六处这样的会议所一起讨论吧……如此各会议所中人们都吐露意见、倾听意见、比较意见、进行论战,分析、综合、增减、变更,记录涂抹再记录再涂抹,经过五天经过十天,再过一个月,在其间一定能涌现出二十条、三十条或四五十条的好意见。①

在这一段中,"论战"出现一次,"吐露"出现三次,"讨论"出现五次,可以看出兆民非常强调讨论的重要性。这可以说是兆民式的"讨论民主"或"协商民主"论,并且是一种结合了代表制原理的协商民主论。当然,讨论仍然是手段并非目的,目的是要形成"好意见"。肯定寻求合"理"之言,乃至寻求"理"本身,构成了兆民重视讨论和舆论的逻辑基础。并且讨论的主体还不仅是代议士,包括选民甚至是全体国民。他期待着国会内外能够经常沟通、联动起来。他建议"在国会外要经常储备新鲜的政治空气以滋养国会本身,使得国会能够与外界的时事人情一起进步,关键是必须要有计划不能让国会的态势出现不协调"②。

为了监督行政防止有司专制,兆民反复论述国会内外沟通联合的重要性。而使国会内外合作能够成为可能的制度保障恰恰就是

---

① [日]中江兆民:《選挙人目さまし》,《中江兆民全集》第 10 卷,岩波书店 1983 年版,第 119—121 页。

② [日]中江兆民:《国会議士の後盾》,《中江兆民全集》第 11 卷,岩波书店 1984 年版,第 365 页。

"有限委任"。所以正如有研究指出的，兆民的有限委任论并非简单地在从法律角度阐释经选举产生的代表的性质，而是在阐明作为选举方的选民面对代议政治应该持怎样的姿态并采取何种行为。① 如前所述，在兆民的宪政论中，国会是"理"的发现场所，"理"又应是被天下万民所发现所认同的。因而通过有限委任，将国会内外的舆论力量联合起来，便是将合议上升为公论，使得立宪政治成为彰显"理"的政治的重要方法。

兆民相信如果召开了真正意义上的国会，是对国家有好处的，利益也会随着"理"的实现而获得。他对能够施行有限委任的国会抱有很大的期待。不过现实则是一次次地背叛了兆民。不用说"理"的发现，就连关于宪法的"点阅"、租税的审议都没有进行过以国会之名的讨论。自然那里的合议也便绝非公论，甚至也许连合议也称不上。在兆民看来，那只不过是"无血虫的陈列场"②，满怀愤慨的他毅然辞去了日本第一届众议员的职务。

第三节 有限委任论视角下的一院两层制

以上从政治思想史的角度详细分析了中江兆民的以追求"理"的实现为核心的议会观与有限委任论。那么他的政治思想又与我国的人民代表大会制度有何关系，又能为人大制度的理论话语提供什么启示呢？需要指出的是，中江兆民的有限委任论虽然是针对明治宪政体制提出的，但其核心内容如前所述主要涉及的是人大代表与人民之间到底应该建立何种关系这一代表制原理的问题，因此从理

---

① ［日］松本三之介：《解题》，《中江兆民全集》第 10 卷，岩波书店 1983 年版，第 305 页。

② ［日］中江兆民：《無血虫の陳列場》，《中江兆民全集》第 12 卷，岩波书店 1984 年版，第 259 页。

论上讲他的有限委任论可以作为观察当代政体的一般理论,更何况如下文所述,中国的人大制度正是基于一种有限委任的代表原理之上的代议制度。

一 追求"理"的政治实践

众所周知,中国是社会主义国家,人民代表大会制度是根本的政治制度。而这一套制度是中国共产党带领中国人民通过不断探索而形成的。中国共产党的政治实践虽然是在马克思主义指导下进行的,但并不意味着这些政治实践和古今中外的其他政治思想完全绝缘。比如,中国的革命道路就被认为是对"真理"的探索过程。

> 中国人找到了马克思列宁主义这个放之四海而皆准的普遍真理,中国的面目就起了变化了。①

党的领袖把自己所领导的政治行动理解为对真理的追求与探索。同样,现行宪法也以序言的形式对此做出了如下肯定。

> 中国新民主主义革命的胜利和社会主义事业的成就,是中国共产党领导中国各族人民,在马克思列宁主义、毛泽东思想的指引下,坚持真理,修正错误,战胜许多艰难险阻而取得的。

这表明,中国执政党的政治实践被解释为对"真理"的追求以及"真理"如何与中国实际相结合的探索过程。这种解释当然与马克思主义本身作为研究资本主义本质及人类社会发展规律的学说有

---

① 毛泽东:《论人民民主专政》,《毛泽东选集》第四卷,人民出版社1991年版,第1470页。

关。但也可以从另一个角度讲，这也是继承了中国传统政治文化中探求"理"与"道"的政治思维的结果。这是当今中国的政道，也是中江兆民所重视的"理"之追求的一种现代政治实践形式。在这里中国的传统政治文化将近现代的中国政治实践与近代日本思想家的学说巧妙地联系了起来。

不过，虽然中国传统政治思想中存在关于追求政治之"理"的思想资源，但却还未能直接为当代中国的政治实践提供制度话语。而继承了东西方政治思想资源，坚持"人民主权"、以有限委任论为核心的中江兆民的议会论则可以在一定程度上弥补这一缺憾。当代中国的政治实践，如果仍然可以被解释为探索如何将真理与实践相结合的话，这个探索过程则不仅仅是领袖人物、执政党独自的实践了，而是社会主义民主政治的整体实践过程。在这个过程中，作为实现人民当家做主的根本制度，也即当代中国政体的人民代表大会则必然成为探讨、发现、形成政治之"理"的重要场所。也就是说现实中国的政道与政体的应然状态当是相辅相成，相互协调的。而如果顺着前述中江兆民政治思想的理路要求，这个作为"理"的发现场所的代议制机关就应当是以有限委任为组成原则的。

二 有限委任与一院两层

人民代表大会制度又和有限委任原则有什么关联呢？学界在探讨人大代表制度改革的问题时，往往关注人大代表多为"兼职"的特征，并就此提出人大代表专职化等建议。[①] 不过被学界所忽略的是人民代表大会恰恰就是建立在一种有限委任原则之上的，这也是人大代表与西方议员之间的本质区别。现行西方国家的代议制的基

---

① 刘肖宛：《近年来人大代表研究综述》，《人大研究》2011年第10期。

本理论预设的本质是委托——授权,通过选举建立起选民与议会之间授权与被授权、被代表与代表的关系。① 而目前在西方国家所产生的"民主赤字"问题,其本质就是源于选民对代议者的"无限委任(授权)",导致立法机关的日常工作近乎处于一种"无责任状态"。而中国则不同,比如,在《选举法》中是这样规定的:

> 第四十六条 全国和地方各级人民代表大会的代表,受选民和原选举单位的监督。选民或者选举单位都有权罢免自己选出的代表。②

而《代表法》则更是对代表的义务作出规定,"第四条(五)与原选区或者原选举单位和人民群众保持密切联系,听取和反映他们的意见和要求,努力为人民服务"③。在代表大会闭会期间,根据第二十一条,代表"以集体活动为主,以代表小组活动为基本形式。代表可以通过多种方式听取、反映原选区选民或原选举单位的意见和要求"。④ 这些都表明,与西方议会的议员不同,无论是经直接选举还是间接选举,中国的人大代表都不是不受选区约束的接受"自由委任"(兆民语即"无限委任")的代表,而是处于有限

---

① 刘宝辉:《论西方代议制的历史渊源、理论预设与制度形态》,《社会科学论坛》2016年第11期。
② 《中华人民共和国全国人民代表大会和地方各级人民代表大会选举法》,《人民代表大会制度重要文献选编(四)》,中国民主法制出版社、中央文献出版社2015年版,第1476页。
③ 《中华人民共和国全国人民代表大会和地方各级人民代表大会选举法》,《人民代表大会制度重要文献选编(四)》,中国民主法制出版社、中央文献出版社2015年版,第1492—1493页。
④ 《中华人民共和国全国人民代表大会和地方各级人民代表大会选举法》,《人民代表大会制度重要文献选编(四)》,中国民主法制出版社、中央文献出版社2015年版,第1496页。

委任的地位，在选举期之外的日常工作中也需要受到选民或选举单位的约束，接受他们的监督，反映他们的诉求。这就从制度上给有限委任原则提供了保障。

与此同时，有限委任原则的精神实质也已经化为现实政治的一贯要求。

> 人民代表大会制度之所以具有强大生命力和显著优越性，关键在于它深深植根于人民之中。……各级国家机关加强同人大代表的联系、加强同人民群众的联系，是实行人民代表大会制度的内在要求，是人民对自己选举和委派代表的基本要求。[1]

强调人民"选举和委派代表"就意味着选民与人大代表之间既是选举与被选举的关系，同时也是委任和被委任的关系，并且这种委任还是一种需要人大代表不断密切联系群众的有限委任关系。这一点也被总结为关于坚持和完善人民代表大会制度的重要思想的十大内容之一，[2] 是新时代中国特色社会主义思想的重要组成部分。正如有学者指出的，在我国"人民和代表基于委托、授权形成相应的权利、义务、责任等复杂关系。在我国直接选举中，代表和人民构成选举和被选举的关系；在间接选举中，代表和人民构成代表和被代表关系；在日常运行中，代表和人民之间形成监督、回应、罢免的关系"。总体而言，从政治理念上讲人大代表集"代表性、回

---

[1] 习近平：《在庆祝全国人民代表大会成立六十周年大会上的讲话》，《人民代表大会制度重要文献选编（四）》，中国民主法制出版社、中央文献出版社 2015 年版，第 1769 页。

[2] 栗战书：《加强理论武装 增强"四个意识"推动新时代人大制度和人大工作完善发展——在深入学习贯彻习近平总书记关于坚持和完善人民代表大会制度的重要思想交流会上的讲话》，《中国人大》2018 年第 19 期。

应性、责任性"于一身。① 但之所以人大代表具有代表、回应、责任的属性，最根本的就是因为我国的人大代表是基于一种有限委任原则之上产生的，因而要求人大代表必须在选举期以外的日常工作中实现对人民负责。当然仍需要强调的是，选举乃是人民与代表之间建立有限委任关系的法定形式，因此在我国比起经间接选举的人大代表，经直接选举的人大代表与人民之间受有限委任原则约束的程度要高，如何在各级人大代表中更好地贯彻有限委任原则，更好地体现代表的责任性，是需要在今后完善人大制度时给予认真考虑的问题。

另一方面，权力机关的组成人员如果在每个问题上都受到选民约束的话，他们还能否充分行使代议者的职责呢？这一直以来都是人们对有限委任论的最大疑问。不过现实中的人民代表大会制度则巧妙地解决了这一矛盾。方法就在于全国人民代表大会实行了一院两层制：人民代表大会—人民代表大会常务委员会（乡镇人大主席团）。一院两层制就是一种基于有限委任原则的代议制机关，为了有效履行立法、监督等职能，而在实际工作中探索出来的新型代议制的制度安排。对于人大的一院两层制结构，官方已经有所认识，认为这是人大制度的一个特点，② 同时学界也给予了重视，并且在此基础上归纳出四种代议制机构的制度结构，也即"一是'两院单层'（美国），二是'两院双层'（如苏联），三是'一院单层'（如芬兰），四是'一院双层'（如中国）"③。不过目前对于如何从政治哲学原理上解释人大制度的一院两层制，仍然缺乏相应分析。

---

① 蔡文成：《代表、回应、责任：人大代表制度的政治逻辑》，《兰州大学学报》（社会科学版）2017年第4期。
② 程湘清：《论坚持和完善人民代表大会制度》，《求是》2004年第18期。
③ 浦兴祖：《人大"一院双层"结构的有效拓展——纪念县级以上地方各级人大常委会设立30周年》，《探索与争鸣》2009年第12期。

而如前所述，中江兆民的有限委任论则提供了一个具有极大可能性的解释：人大的一院两层制乃是由于代议机关基于有限委任的原则，同时又为了需要克服有限委任本身所具有的局限性而创制出的新的制度实践。

以全国人大为例，全国人大作为国家最高权力机关，正如中江兆民所比喻的，在国家机关的结构中处于"脑髓"的地位。而全国人大代表都是处于有限委任的地位，每年大会期间受选举单位和人民群众的委托，反映民意和要求，作为主权者——人民的代表，审议国家立法、行政、司法机关的工作报告并作出评价，大会闭会期间，则回到工作岗位，在基层中了解民意，听取意见，调研、监督法律的执行。由于每年的大会会期一般不超过两周，所以有舆论便认为，全国人大代表的工作不过是在走过场，全国人大并没有有效行使立法职权，其实这种指责完全是无的放矢，忽视了人大的一院两层制结构。本来繁重的立法工作就不是全国人大的任务，而是全国人大常委会的职责。在人大制度建成之初，加强人大常委会的立法职能就成了迫切需要。[1] 改革开放后则更是如此，制度设计者对此有过明确表示，"我国国大人多，全国人大代表的人数不宜太少；但是人数多了，又不便于进行经常的工作。全国人大常委会是人大的常设机关，它的组成人员也可以说是人大的常务代表，人数少，可以经常开会，进行繁重的立法工作和其他经常工作。"[2] 可以看出，制度设计者还是从政治实践的角度，即如何有效开展工作的角度来分析人大制度的，这也充分表明，人大的一院两层制是由于实

---

[1] 《中华人民共和国第一届全国人民代表大会第二次会议关于授权常务委员会制定单行法规的决议》，《人民代表大会制度重要文献选编（一）》，中国民主法制出版社、中央文献出版社2015年版，第295页。

[2] 彭真：《关于中华人民共和国宪法修改草案的报告》，《人民代表大会制度重要文献选编（二）》，中国民主法制出版社、中央文献出版社2015年版，第568—569页。

际需要,从政治实践中形成的。而当我们通过有限委任论的视角观察这一制度时,则可以看出,全国人大常委会的组成人员,虽然本身也是全国人大代表,但因为具有了"常务代表"的身份,他们的地位比起全国人大代表而言,处于有限委任与无限委任之间或者说更靠近无限委任,虽然他们也需要听取代表和群众的意见,反映他们的呼声,但对于他们而言更为重要的是,担负起繁重的立法、监督等工作。由于常委会组成人员多是前中央或地方官员,还有不同领域专家学者及人民团体的代表,具有丰富的政治经验与专业知识,他们有能力凭借自己的学识、经验和政治良知,从大局和整体的角度审议法律,监督"一府两院"的工作。[①] 因此,即便要分析全国人大在立法过程中的作用,也应该以全国人大常委会为研究对象,特别是目前全国人大常委会在立法过程中已经发挥了越来越重要的主导作用的情况下。[②] 当然,全国人大常委会的立法工作同样还需要接受代表与人民的监督,因此每年都需要向大会做工作报告,立法机关每年进行工作汇报,这在世界议会中也是不多见的。恰恰是由于人大的一院两层制的结构,使得人大能够将有限委任与无限委任相结合,将接受群众约束、反映民意与超越部门、地方利益站在全局角度从事立法、监督工作这两方面有机结合起来,创造了新的政治制度文明。有观点认为,"议行合一"已经无法解释人大制度的现实了,[③] 关于此结论是否正确本章暂不作出判断,只不

[①] 关于人民代表大会及其常委会的组织结构,参见蔡定剑《中国人民代表大会制度》,法律出版社2003年版,第216—257页。

[②] 以全国人大常委会为分析对象,如果与日本自民党"一党优位制"时期的立法过程相比较,全国人大常委会在立法过程中的作用并不亚于日本国会在立法过程中的作用,并且两国立法过程中都能观察到政党的"事前控制机制",参见何鹏举《立法过程中执政党的"事前控制"机制探究——基于中日比较的制度分析》,《党政研究》2018年第5期。

[③] 蔡定剑:《中国人民代表大会制度》,法律出版社2003年版,第87—92页。

过想指出的是，人民代表大会制度完全可以用基于人民主权的有限委任论与一院两层制来进行阐释说明，这也许更符合人大制度的历史沿革与实践。

此外，如前文提到的，在中江兆民的议会论中，有限委任是与"讨论民主"有机结合的，他一直鼓励国会内外、政党内外的联动。而协商民主又恰恰是当今中国民主制度建设的一个重要支柱。2015年2月，中共中央印发了《关于加强社会主义协商民主建设的意见》，其中对人大协商与政党协商做出了明确要求，还特别提到要"建立健全代表联络机构、网络平台等形式，密切代表同人民群众联系"①。例如，自2015年7月起，全国人大常委会法工委先后选择上海虹桥街道、湖北襄阳市、江西景德镇市与甘肃临洮县为基层立法联系点。在这些基层立法联系点里，立法机关内的法律审议实现了与基层群众的直接互动，开启了全过程人民民主的实践。这又与中江兆民所期待的代议制机构内外联动进行大讨论的主张不谋而合。其实这并非是牵强附会，也不是历史的巧合。而是基于有限委任论的政治实践的逻辑必然结果。因为在有限委任的情况下，就格外要求代表不能完全处在超然状态，随意行使权力，必须受到选民的约束，必须经常与选民讨论。因此，人大代表通过与人民群众经常联系，听取反映他们的呼声，成为协商民主的一个重要实现形式也是必然的。与此相协调，执政党内部扩大党内民主，参政党提高参政议政能力，形成良好的政党协商的工作机制，也是实现"讨论民主"、追求政治真理与中国实际相结合的有效实现形式。

总之，人大制度是一个制度潜能还未被充分挖掘的新型代议制度，对于如何完善人大的制度建设，应该从如何坚持和优化有限委任原则、如何更好地利用一院两层制的制度优势角度思考，而不是

---

① 《关于加强社会主义协商民主建设的意见》，《人民日报》2015年2月10日。

简单地呼吁什么人大代表专职化。因为专职化的人大代表很显然会大幅度失去有限委任的约束，也许"绝大多数代表不脱产与人大常委会组成人员全面专职化相结合，以期优势互补"① 是一条思路。今后在进一步完善人大代表选举制度的基础上，实现人大常委会及专门委员会组成人员专职与坚持绝大多数人大代表不脱产相结合，以此巩固有限委任原则下的一院两层制，同时健全协商民主渠道和形式，将成为中国社会主义民主政治的可期蓝图。

结语　创新中国的制度话语

中江兆民在通过对卢梭的思想进行了儒学式的继承与转化的基础之上，对如何完善西方资本主义的议会制度进行了批判式的探索。在兆民看来，政治就是一种追求政治之"理"的实践过程。而在代议制的前提下，要探索政治之"理"，就需要贯彻有限委任的原则，使得代表与选民建立起受约束的互动关系，就必须加强议会内外的联动，实践"讨论民主"。只有如此，代议者才能真正对国民负责，代议制机构才能成为发现真理、形成公论的场所。对兆民而言，相对于政治的多元性，"理"的唯一性更为重要，这是一切政治实践的归宿。遗憾的是，包括日本在内的西方国家，都没有对中江兆民的构想进行过有意义的实践回应。

近代以来，中国共产党的政治实践被认为是探索马克思主义普遍真理与中国实际相结合的过程，是追求"中国道路"的实践。其结果是，中国构建起有别于现代西方的政道——坚持真理的唯一性否定政治多元性，同时作为政体的人民代表大会制度则成为实现民主价值的主要渠道。而人民代表大会就是建立在一种有限委任原则

---

① 浦兴祖：《人大"一院双层"结构的有效拓展——纪念县级以上地方各级人大常委会设立 30 周年》，《探索与争鸣》2009 年第 12 期。

上的制度，与此同时，通过一院两层制这种制度实践又巧妙地克服了单纯的有限委任给实际工作带来的低效与困难，使得反映民意与科学立法相得益彰。西方在"自由委任"与三权分立基础之上，形成了一院或两院制的代议制度，与此相对，当代中国根据"人民主权"原则形成了建立在"有限委任"与"一院两层"制基础上的人民代表大会制度，而这一比较思路则可以成为今后建立中国对西方制度比较话语体系的可期路径。在新的历史时期，坚持有限委任、利用好一院两层制，健全协商民主，不仅仅是跨越时空，通过实践回应了当年中江兆民的构想，更应当成为中国构建新的政治文明的重要契机，是中国对探索人类多样的民主政治实现形式的有益贡献。

终　章

为了世界的中国研究

2004年8月，在西安的一处建筑工地上发现了一块墓志，上面的文字显示这块墓志的主人名叫"井真成"，是一位日本遣唐使团的成员，卒于"开元廿二年"即734年，年仅36岁。这块墓志保存了现今最古的"日本"这一国名，顺便说一句，"日本"这一名称被正式认可而得到使用据说是在702年，当时遣唐使觐见的对象是武则天。"日本"这一名称不像现代人所想象的那样，在当时丝毫没有任何"民族自豪"情绪包含在其中，恰恰相反，这一名称是一个处在太阳升起的"远东"地域的国家对"中央帝国"的谦称，更进一步而言很有可能是站在中央帝国的视角下来命名的结果。① 而在前述那块墓志中作者以点睛之笔刻画出了这位日本人对大唐文化的渴求，说他"才称天纵，故能（衔）命远邦，驰骋上国。蹈礼乐，袭衣冠，束带（立）朝，难与俦矣"。因其不幸早逝，玄宗才赠官"尚衣奉御"。墓志的最后部分则替这位日本人道出了令人惋叹的遗愿：

---

① 参见胡稹、洪晨晖《"日本"国号起源再考》，《外国问题研究》2011年第4期。当然，日本学者更愿意把"日本"这一国名的选择附加上更多的民族主体性，可参见[日]吉田孝《日本的诞生》，周萍萍译，新星出版社2019年版。

（寂）乃天常，哀兹远方。形既埋于异土，魂庶归于故乡。①

由于墓志信息有限，加之本身残损，围绕这位"井真成"还有许多未解之谜，比如他到底是谁？其日本名字为何？以什么身份入唐？入唐时间是719年还是733年？这些问题都还有待于古代史专家来解决。对于当代人而言，就在这块墓志重见天日向世人展现中日两国间曾经的文化交流盛况时，我们所面对的却是21世纪初中日两国间的相互不理解。但是，这并不意味着两国间不能相互理解。

之所以在序章中说，本书所探究的内容是近现代日本思想史的"支流"，就是因为本书里所提到的典型人物的中国论确实并非近现代日本中国论的"主流"。正如众多先行研究所展示的那样，在近现代日本，以中国为话题的思想活动更多的是在"亚洲主义"的话语中展开，所表达的多是对中国的蔑视或战略野心。然而笔者坚持认为，本书所讨论的思想"支流"对于现今的中国更有价值，对于现今的日本而言也更具启示。那是因为正如前面提到的，进入21世纪以来，中日之间的相互理解仿佛越来越难了，特别是越来越受到西方学术话语控制的日本学界与舆论界，在如何看待中国这一问题上显得与西方越来越同质化。究其原因，有一条恐怕是与战后日本的民主思潮有关。在战后，日本大体上存在两类民主思潮，一类是以反思战前体制、反战、反帝、反法西斯为机轴的思潮；另一类是以服

---

① ［日］東野治之：《遣唐使》，東京：岩波書店2007年版，第4頁。由于墓志本身残损，个别汉字已无法辨认，比如关于"（寂）乃天常"一句中的头一个字，在国内就有"寿""命""殁"多种推测，在此暂且选用更能体现日本文化的"寂"字。

务于冷战需要、亲美反共的思潮。前者对现代中国持同情理解的态度，而后者始终视中国为潜在威胁。随着冷战结束，前者逐渐被后者所吞噬，这也与日本社会保守化进程互为表里。在如今的日本学界与舆论界，后者成为主流，导致坚信西方政治理念与体制的思潮成为"政治正确"，而当代中国则成为这种"政治正确"的"反面典型"，这也导致了当代日本学界与舆论界对中国的观察与评价往往意识形态先行而脱离实际。如果中日两国希望双方的关系能够走入一个新时代，那恐怕真的有必要重温一下两国间曾经是如何相互理解的，特别是日本学界与舆论界，有必要认真回顾一下其前辈们对现代性与中国问题的思考。而在本书中给读者们展现的就是一些作为他者的日本人是怎样理解近现代中国的。

透视中国的镜子

沟口雄三说以世界为目的，其实他是在强调不要把世界作为方法、作为衡量中国的"尺子"规训中国，而应当以中国为方法（之一）去创造一个更加丰富多彩的世界。但中国如何能成为方法呢？可以说中国要想成为方法就必须走好自己的路。本书所采取的思路则是以日本为方法，这个方法并非是丈量中国的"尺子"，而是透视中国的"镜子"，借这面"镜子"重新审视中国所走过的路，思考接下来的路该如何走，如果中国走不好接下来的路，也就无法期待会有一个更加美好、更加多元的世界。在这个意义上，"研究中国"就是"以世界为目的"，所以才会有"为了世界的中国研究"。

而近现代日本思想史中的"支流"之所以能成为透视中国道路的"镜子"，主要原因就在于本书所涉猎的这些典型人物，他们的思想与近现代中国的变革有着理路方法上的本质联系，其中多数人还对近现代中国进行过真挚的思考与解读。比如，鲁迅就曾经评价橘朴说"他比我们中国人还懂中国"[①]。在1923年橘朴和鲁迅曾进行过深入的谈话，橘朴将谈话内容记录下来以《与周氏兄弟的对话》为题发表在了《京津日日新闻》上。在谈话中，橘朴认为鲁迅对中国和中国人抱有极度悲观的态度，往往用西洋的尺度衡量中国，而橘朴则认为这样的态度是错误的，中国有中国的尺度。可鲁迅则不以为然，从中国的宗族制度、学问再到医学，他统统加以否定，最后谈话转移到"迷信"上。鲁迅告诉橘朴在前门外西河沿居然有一家以吕纯阳为行长的慈善银行，之所以出现这种荒唐的事情，那是因为"活财神梁士诒停止了交通银行的支付业务，钱贬值了一半以上，而（老百姓认为）长生不死的仙人吕纯阳是不会干这种事的"[②]。这段对话中，鲁迅表达的虽然是对迷信的批判，在其背后实则反映出当时国人对政治、经济精英的极度不信。而对道教也有独到研究的橘朴所坚持的立场其实就是以中国为方法思考中国问题的态度。

就是这位坚持以中国为方法的橘朴在1944年的晚秋，也就是日本已经处于战略败局状况下，在住宿的北京六国饭店和弟子山口辰六郎谈起了关于战争处理的话题，并把他所有思考的结晶——《支那建设论》交给了山口。时年末，在前往上海的途中由于急性肺炎在徐州病倒，曾在上海关照过橘朴起居的柴冈文雄赶到徐州，在病床上橘朴仍然在仔细阅读着《解放日报》，关注着毛泽东《关于整顿三风》的相关信息。病情稍有好转，橘朴就开玩笑对柴冈

[①] ［日］增田涉：《鲁迅の印象》，角川書店1970年版，第39页。
[②] ［日］朴庵：《周氏兄弟との対話　上》，［日］山田辰雄・家近亮子・浜口裕子（編）《橘樸　翻刻と研究——『京津日日新聞』》，東京：慶応義塾大学出版会2005年版，第157—158页。关于橘朴与鲁迅对话的详情，请参见孙江《重审中国的"近代"：在思想与社会之间》，社会科学文献出版社2018年版，第325—347页。

说,"如果我死了,不要把尸体运回日本,请给我送到延安去吧"①。而在1945年8月,橘朴回到了奉天,面对着日本彻底战败的局势,东亚同文书院的师生请橘朴给他们分析今后的形势,橘朴说出的却是,"中共军队必将从热河、辽西、山东方面进入满洲。并以满洲为基础充实军力,最终南下进入关内而拿下整个中国本土"②。这样的观察在当时来讲是十分令人吃惊的,因为当时国共军事实力的对比是完全倾斜于国民党一方的,这样的判断在今人看来也是十分令人钦佩的,其实橘朴的判断乃是基于他几十年在中国的观察与思索,基于他对于中国历史发展的脉络,也就是沟口所说的基体的准确把握。

超越"现代"

同样因为鲁迅而与中国结缘的竹内好,他是鲁迅文学的阅读者,更是理解者、研究者。通过鲁迅,竹内好读出了现代中国的精神基础。不过,竹内好对中国与亚洲的认识也是有一个过程的,他早年因为喜爱和研究中国文学,对中国文化充满了敬意与憧憬。在1937年10月,也就是"卢沟桥事变"爆发的三个月后,27岁的竹内好作为日本外务省文化事业部留学生就来到了北京。但他所看到的并不是其所希望寻找的北京的传统文化,映入眼帘的反而是伴随日军统治而出现的北京文化的"日本化"。竹内好对这样的情景极为不满,甚至是产生了"厌恶"的情绪。③在这种状态下竹内好对他的祖国日本在中国的侵略行动产生了

---

① [日]柴冈文雄:《晚年の橘樸先生》,山本秀夫编《甦る橘樸》,龍溪書舍1981年版,第202页。

② [日]山本纪纲:《橘さんの最期》,山本秀夫编《甦る橘樸》,龍溪書舍1981年版,第214—215页。

③ [日]竹内好:《旅日記抄·北京》,《竹内好全集》第14卷,筑摩書房1981年版,第397页。

不解与不满。世界上恐怕很少会有人愿意看到自己的祖国在世界上、在历史中扮演一种不光彩的角色。竹内好确实曾经就是这样的一名普通的日本人,而第二次世界大战中的一些知识分子也是如此,他们受到所谓"亚洲主义"思潮影响,高喊着"近代的超克"口号,"指鹿为马"地将日本的侵略视为对亚洲的拯救甚至是什么"共荣圈"的建设。就在1941年12月8日随着日本偷袭珍珠港太平洋战争爆发,竹内好仿佛为自己祖国的战争行径找到了终极解释,他写下了《大东亚战争与吾辈之决心》的宣言,声称"历史被创造了,世界一夜之间而变貌,我们亲眼看到这一幕,一边感动得发抖,一边注视着犹如彩虹飞架起的一道光芒",他说,"我们对从东亚驱赶侵略者的行为没有必要进行一丝道义上的反省","我们是爱祖国的,其次我们是爱邻邦的,我们相信正义,我们也相信力量","大东亚战争顺利地将支那事变完成,并使其在世界史中复活,而如今完成大东亚战争的就是我们"[1]。如果看到这些文字,恐怕读者们很难会把此时此刻的竹内好与在战后理解并赞赏中国革命的竹内好联系在一起。然而那些文字的作者就是这一个人。竹内好对太平洋战争的赞美实际上是在给自己一个解释,一个安抚他内心"积郁"的解释,告诉他日军在他所亲近的中国的行为的意义是什么。那就是所谓的"近代的超克",他错误地认为日本所挑起的一系列战争是在开创一个全新的世界史。很显然,历史的事实并非如此,日本的所作所为只不过是近代西方列强的翻版,最多也只不过是"以彼之道还施彼身"(更何况还施加于亚洲其他国家)而已,竹内好最终也认识到了这一点。实际上近代的日本不仅没能超克近代,正如子安宣邦所言恰恰日

---

[1] [日]竹内好:《大東亜戦争と吾等の決意(宣言)》,《竹内好全集》第14卷,筑摩書房1981年版,第294—298頁。

本便是近代自身。① 可是"近代的超克"真的是不可能或不应该的吗，或者说恰恰由于"近代"包含了战前日本所代表的因素才需要被超克。所以，虽然战前的日本把这本经给念歪了，但竹内好最终也没有放弃这一命题。他把希望仍然寄托于亚洲，特别是新生的中国，因为他发现在中国所展现的近代化的样态是与"近代"的发祥地西方不同的，其背后的原理也是不同的。遗憾的是竹内好并没能亲眼观察到改革开放之后的中国，但如果按照笔者在第七章所展示的竹内好的思想理路来观察从革命转入改革之后的中国，我们仍然能够看到在这一系列经济、社会变革的奇迹背后存在着"从点到面"不断试错的"根据地理论"，由"弱"转"强"、因"弱"而"强"的价值转化过程。这样的一种现代化进程，一种"第一桶金"主要依靠自主建立的国民经济体系的现代化进程，难道不已经是一种对依靠战争、侵略、殖民"发家致富"的西方式现代化的"超克"吗。所谓"近代的超克"，从来不是对"近代"给我们这个世界带来的价值的超克，而是对在现实中实现这些价值时所展现的状态的超克。我们需要换一种思维，"近代"不是不能也不是不应该被"超克"，而是"近代"正在被"超克"，而且不仅仅被中国，还在被包括西方自己在内的整个世界所"超克"。这个进程是漫长的，我们正在这一进程之中，需要警惕的是这一进程绝不需要的就是日本曾经所扮演的反面角色，因为"近代"永远不会被"近代"自己所超克。当然，"超克"这个词也许显得过于激进，战后的竹内好也从没想过要用别的什么东西全面否定、代替"近代"。与其说"超克"，不如说我们正在经历的就是历史正常的演化过程，因为历史从未"停滞"，也

---

① 参见［日］子安宣邦《近代知のアルケオロジー——国家と戦争と知識人》，岩波書店1996年版，第151—156頁。

不可能"终结"。

中国之制

空泛地讨论"近代"如何被"超克",或者在形而上的层面论证"现代性"如何无法被超越,这些议论的实际意义并不大,至多也就是一种思想的"游戏"。本书所探讨的研究对象的可贵之处就在于,他们不仅仅展开了各自的思想,他们的思想更是植根于现实的问题之中。比如,当我们围绕西方的民主体制进行辩论,争论这样的一套制度体系到底是否具有"普适性"时,我们不妨把焦点进一步下沉,绕过价值的或静态制度层面,而进入动态的政治过程中去,认真思考一下如何解决当代政治中出现的"普遍问题",因为真正的"普适性"要素一定存在于"普遍问题"的解决之中。具体而言,环视当代世界,各国政治中普遍存在的一个问题,很显然就是所谓的"代表性断裂"危机。[①]"能否代表""如何代表""代表谁",关于"代表"的问题可以说是政治学中古老而又全新的话题。而通过选举机制与议会等机构,在当代,特别是西方国家中"代表"的问题似乎已经被解决了,但事实却并非如此,美国政治中的"特朗普"现象、英国出现的"脱欧"危机、在法国街头发生的"黄背心"运动、日本政界中的自民党一党独大与在野党乱立及民众对政治的冷漠,还有全球各地爆发的各式各样的"民粹主义"运动。面对着这些问题,恐怕没有人敢拍着胸脯说"根本不存在代表性危机"吧。民主与民粹仿佛就像《红楼梦》里的"风月宝鉴"一样,在当代似乎形成了一体两面的关系。而中江兆民就曾经勇敢地挑战了"如何代表"的课题。"有限委任论"就是他交出的答卷,在前文中论述过这一制度构想不应当与"三级会议"或限

[①] 汪晖:《代表性断裂与"后政党政治"》,《开放时代》2014年第2期。

制性选举等相联系，这实际上是中江兆民为解决在代议制中如何尽可能地体现"人民主权"问题而进行的思想努力。中江兆民并非一位激进的空想家，在他的名作《三醉人经纶问答》中，兆民通过虚构的三个人物——洋学绅士、豪杰君和南海先生表达了三种时人的政治、外交论，与洋学绅士激进的民主共和论、豪杰君保守的专制扩张论不同，南海先生主张的君主立宪与防守自卫实际上更多地体现了兆民的主张。当然也有观点认为这三种主张都不是兆民完全支持的，他只不过是向读者提供了三种可能而已。我们也确实能够在甲午战争前后他的时事评论中观察到在对亚洲政策方面，中江兆民的思想里有一种"国权主义"倾向。不过在笔者看来，这种现象更多的是思想家个人思想面向复杂性的体现，是追求"政治之理"的兆民的"现实主义"一面的自然流露。因为倡导"民权"的兆民曾经就提出过"虚君共和"论，他从解释拉丁语的"共和（respublica）"一词入手，认为共和政治的真谛在于政治归于公共，所以只要实现了"政治为公有物"就都是共和政治，而不问是否存在君主。① 可见中江兆民虽然追求理想，但绝非流于空谈，而是着眼于制度的运作。在当代，许多国家也在尝试着如何弥补现有民主制度的缺陷，比如一些国家开展了"协商民主"或抽签机制的尝试。② 然而这些尝试却遇到了许多问题，如何将它们建制化就是其中最大的困境。所谓的协商民主也好，或经抽签组成的公民大会也罢，如何能够制度性的、经常性的参与国家的立法与决策，是摆在制度设计者面前的一道难题。而在第九章我们所讨论的"有限委任"原则

---

① ［日］中江兆民：《君民共治の説》，《中江兆民全集》第 14 卷，岩波书店 1984 年版，第 10 頁。

② 可参见刘明《西方协商民主理论中的程序与实质》，《西南大学学报》（社会科学版）2019 年第 1 期；王绍光《西方民主一个新动向：抽签的理论与实践》，《武汉大学学报》（哲学社会科学版）2017 年第 4 期等。

与人民代表大会的"一院两层"制是不是能够给当今的民主制度创新提供有益的路径刺激？如果能够出现如下制度化安排，即基于"有限委任"选举（抑或抽签）机制建立的公民大会成为常设立法机构的上位机构——正如人民代表大会相对于人大常委会那样——开展对议会的定期监督，是不是能够在一定程度上克服现代民主制度中产生的代表性危机？这也许是当今中国政治制度中最有可能给人类提供制度性贡献资源的那一部分，当然这一切还有赖于在中国进一步完善人大制度与协商民主机制，因为制度话语的建设最终还需要以实实在在的制度实践为依托。

从基层入手

所谓国家治理体系与治理能力的现代化，最终还需要落实在基层。关注中国的基层社会又是本书研究对象中国论的另一大特征，影响最为深远的莫过于内藤湖南对"乡团"的考察。不过令人遗憾的是，从基层入手解决中国问题的思路在内藤湖南那里并没有结出有利于中国人的精神食粮。正如有批判指出的，其背景是内藤湖南对日本主导亚洲、"开发"中国的所谓"天职"的鼓吹。为此内藤甚至创立了"文化中心转移说"的理论，暗示文化中心已经从中国最终转移到日本，美化日本在中国的扩张、为侵略提供理论依据。[①] 对于今天的中国人而言，揭露并批判内藤湖南中国史研究背后的政治意图虽然是必要的，但却不是一件有难度的工作，对我们而言真正困难的是能否解答内藤湖南所挖掘出的中国基层社会治理的难题。内藤湖南影响之所以巨大，是因为

---

① 相关批评可参见曹星《略论内藤湖南的"文化中心移动说"》，《史学理论与史学史学刊》，社会科学文献出版社 2010 年版；黄艳《从"宋代近世说"到日本的"天职"——内藤湖南中国论的政治目的分析》，《四川大学学报》（哲学社会科学版）2016 年第 3 期。

他发现了真问题。"英雄所见略同",我们看到在本书中橘朴、竹内好、沟口雄三都从不同角度继承了内藤湖南的问题意识,连国际共产主义战士尾崎秀实都把建设新东亚的希望寄托于中日两国的农业及农民革命。更不用说,在学术史上宫崎市定沿着内藤所开创的思路,写下了名著《东洋的近世》。而基层治理中的政权缺位与国家财政汲取能力的缺失又是中国人"一盘散沙"的制度原因,也是近代以来中国革命、建设、改革所要面临解决的一大问题。不过当我们现在已经能够"集中力量办大事"创造众多人间奇迹时,却突然发现基层治理的课题仍然没有得到很好的解决,"细致入微办小事"好像更难。当年内藤湖南所说的"中央"与基层民政"无涉"的矛盾,到如今转变为"办大事"与"办小事"的能力失衡,仿佛绕了一圈又回到了原点。显然,内藤湖南所关注的"乡团自治"已经无法直接为我们解决今天的问题提供可能的路径了,因为今天的中国处于快速的城市化途中,信息化、智能化给我们的生活带来了难以想象的变革,中国已经不再是那个乡土中国了。不过在基层治理方面,内藤湖南的祖国日本仍然能给今天的中国许多启示,在对民众自治能力的培养、自治组织的扶持、让民众参与基层治理并获得政策的"拥有感"等方面,[①] 当今的日本无疑具有许多值得我们细心观察的地方。最终,"自治"恐怕仍然是解决基层问题的一把钥匙,但"土豪劣绅""黑恶势力"绝不能借"自治"卷土重来,"天高皇帝远"也不应是"自治"的状态。正如有研究指出的,当下基层自治所面临的课题是,一方面国家需要依靠基层自治组织维护稳定,另一方面又对自治组织施予了过多的行政负担,削弱了其自治效能,结果令基层自治组织很难获得群众信赖,甚至反

---

① 参见李海金《城镇化进程中的基层治理:日本的经验与启示》,《社会科学战线》2016年第7期。

而影响到了社会稳定。① 如果沿着橘朴等人的思路，在今天要想通过基层自治解决治理难题，作为一个现实的选择是，需要在中央层面创新支持基层自治的制度供给，同时在基层形成执政党基层组织、行政执法部门与民众自治组织、各类民间组织间的良性互动，通过协商民主等形式让民众在共同解决身边"小事"的过程中获得政治的"参与感"，形成良性的自治体系与自治文化。

慎待传统

如何对待传统是本书各研究对象所共同思考的问题。有人巧妙地将儒家传统思想融化到自身所构建的政治理论当中（如中江兆民）、有人将传统的政治理想树立为人类另一个可以追求的未来（如橘朴）、还有人就把传统作为必须坚守的现实并为此不惜给近代西方的代议制度做了"外科手术"，那就是有贺长雄。我们在第三章中共同领略了他为近代中国设计的一套"儒家宪政"方案，有贺建议把儒学作为民国的国民教育基础，并通过选举限制条款在参议院中增加了代表传统人士的比重。更为重要的是，他通过对"大总统"选举程序的设计，保证了政治精英，特别是倾向于保守的政治精英对元首及行政权力的掌控。有贺的方案是典型的"政治工学"的体现，如果用现代的眼光来看他的方案可以称得上是儒家半总统制，单从制度上讲本身具有很大的"可能性"。然而可能性却不等于"可行性"，有贺方案的最大问题也许就在于对选举人和候选人设置了限制性条款，这些条款的"正当性"在新文化的浪潮中很容易成为众矢之的，在当代恐怕也无法被接受。无独有偶，当代新儒家的各种政体方案也或多或少存在类似问题，比如所谓的"儒家三

---

① 李晓东：《現代中国の省察——「百姓」社会の視点から》，国際書院 2018 年版，第 271 頁。

院制"。西方国家的两院制来源于等级制度，或者像美国那样为了代表联邦各地方利益。如果上议院代表贵族身份，那么在现代政治当中其权重便不会太大；而如果代表地方，则会与代表国民的下议院划分职权。像日本的参议院在当代就比较尴尬，因为它既失去了贵族身份，又在构成上不能与众议院产生本质差异，所以国会改革中废除参议院的呼声一直存在。而回到"儒家三院制"时就会发现，代表天的"神圣合法性"的通儒院、代表历史文化合法性的国体院与庶民院的区分在于"身份"与"教养"。但中国是一个对等级制容忍度很低的国家，我们在历史上，至少是近世以来等级制并非政治的基本架构，更何况在近代经过了革命的洗礼，恐怕很少会有人基于"身份"而表达认同。当通过分权思想把基于身份和儒学教养程度不同的代表们分配到三个代议机关里时，就必须要有心理准备，那就是围绕现实争议课题时，三个机关可能会给出不同的答案，如果通儒院与庶民院意见相左，这可并非地方利益或党派之争，而是所谓"神圣"与"人民"之争。很显然，这种情况对于儒士集团而言绝非是一件值得期待的事情，因为在现代政治当中，人民早已成为无形的"帝王"，政治只能代表人民而不能与人民作对。也许儒学与当代政治的结合可以有其他的形式，并不一定要体现在"政体"层面，儒学可以为当代政治的"政道"提供更多的资源。就如橘朴所做的努力，对儒家传统思想的转化应当有助于解决中国的现实问题，正像儒家各时期的思想也是为了解决历史上的问题而诞生一样。一个有生命力的思想体系必须能够回应时代课题，无论是收入分配、基层治理、民族主义等"旧"问题，还是性别、人工智能等"新"问题，中国的传统政治思想资源能够给今人提供怎样的启示呢？

而在如何对待传统思想资源的问题上，可以说中江丑吉为我们树立了一个良好的榜样，恐怕在本书中的研究对象里还没有谁能够比中江丑吉更熟悉先秦时期的思想文献了，但他绝不是要做一个复古家。中江丑吉在中国传统思想中寻找的，是中国能够在新的历史阶段融入世界历史的进程中，发挥其应有作用的可能性因素。因为中江认为，世界历史一定是朝着"人性"的自我实现方向发展，中国也不能例外。在中江的思想理路里，对于中国而言真正的"革命"应该是一场"人性革命"，也即以尊重"人性"、实现"人性"为价值取向的革命。这不由得让我们去重新认识"解放"二字，所谓"解放"不就是"人"获得尊重，"人性"得到实现的过程吗？并且"解放"还不仅仅是政治意义上的，既包括了思想的解放，也包括了对生产力的解放，近现代中国的变革道路，确实就是一条不断获得"解放"的道路。这条"解放"之路，也一定还会持续下去，因为只要历史仍然存在，"人性"的自我实现就没有尽头。就在本书的写作接近尾声之际，一场突如其来的新冠病毒席卷全球，让我们见识了历史的偶然性是如何打乱了几乎所有国家的发展轨迹的。而在疫情当中，保护生命这个"人性"最基本的需求被凸显出来，一个国家的政治制度、经济发展模式、社会治理机制是否能够满足"人性"的基本需求成为人们关注的焦点。"中国道路"在这个意义上也接受了考验并给出了答卷。我想人类要实现解放，还有一层意义，那就是实现免于疫病威胁的生命意义上的解放。人类历史，如果其本身存在价值性意义，那么其发展方向必然要朝着满足"生命解放"的轨迹前进。

下一个百年

回顾近代以来中日两国的变革历程，人们都会注意到以明治维新为标志两国走上了不同的道路，书写了差异鲜明甚至完全相反的历史。如果仔细梳理一下中日两国与西方之间的交往，其实能够发现中国对西方的关注热情一点也不比日本低，比如利玛窦与明代士大夫之间的交往佳话,再比如康熙帝对西方自然科学的钻研,更有起始于1842年的《海国图志》。但人们总是在问,为什么在我们不断地经历洋务运动、戊戌变法、清末新政、辛亥革命等一系列历史激流时,而日本只通过明治维新就完成了国家转型与建设的第一步呢?其原因要分析起来还需要再专门写一本书了,不过如果允许笔者结合本书所论在这里做一下大胆地假设的话,仅就政治而言恐怕概括起来讲,那是因为日本恰恰较早地经历了革命——明治维新——从而较顺利地接受了近代西方的政道(确切地讲是部分)——虽然日本在20世纪30年代曾一度进行过挑战,而且念错了经——并在第二次世界大战之后加以巩固;与之相对,中国(从总体上而言)则一直对近代西方的政道抱有疑虑,或是希望保守住旧政道,或是希望能够探索出一条新政道、创制出一套新政体——显然我们也为此付出了沉重代价。在明治维新之前,横井小楠在《国是三论》(1860年)中就已经从朱子学对"理"之探索的"讲习讨论"之法入手,全面肯定了英国的议会制与美国的总统制,他所提倡的"讨论"成了推动明治维新的另一政治理念——公议舆论的重要理论支撑,可谓影响广泛。于1866年首次问世的《西洋事情》则为日本社会全面准确地理解西方提供了翔实的资料,并且福泽谕吉还告诉日本人西洋文明的第一要诀在于"自由"——这也是福泽在《文明论之概略》中反复强调的"文明之精神"。福泽在《西洋事情外篇》中所译的"文明开化"(civilization)也成了明治维新后社会动向的集中写照。通过思想家们的不断努力与政治过程参与者们的学习与实践,在明治维新这一历史过程中,日本的政治参与者们总体上接受了现代政治中最核心的部分,那就是第一——组织性的政治力量——最终形成了政党政治,第二——即基于公议舆论的代议制度(当然,即便是现代日本仍然以其独特的方式对西方的政道与政体施以"改造",比如自民党的长期执政、议会内为数众多的世袭议员)。通过对西方国家的考察,明治期日本的政治精英还发现西方的政治乃是基于"法理"与"道理"的分离,支撑西方人"自主"精神的实质是"营求私利之一意"[①]。日本在接受了西方的政道与政体后走上了迈向帝国主义之路,也开始了其追求政治之"利"的国家行为——虽然这并非日本的全部,以中江兆民为代表——如果从对人的生命的尊重与对和平的祈求来讲,可能他的儿子中江丑吉表现得更为彻底——还是有"支流"在追寻政治之"理"的。而近代西方的政党政治与代议制度在中国相对而言却遇到了更大的阻力,就如第一章中论及的,像黄遵宪到晚年也没能认同政党政治。论其根源,那是因为中国对近代西方政道的不信任,实际上有贺长雄非常典型地代言了这种对以自由主义为基础的近代西方政道的疑虑以及对其政体的改造尝试。当中国社会经过了辛亥革命开始准备熟悉实践政党政治与代议制的运作时,却发现第一次世界大战后世界范围内都掀起了对这些制度的反思。这也坚定了中国对西方的政道与政体的疑虑,并在此疑虑中继续追寻政治之"理"与新的政道,就像李大钊,他以及他之后的革命者们开启的不仅仅是一条救亡图存之路,还是一条追寻政治之"理"及基于此"理"的新政道之路。放弃了"理"而执迷于"利"的日本受到了应有的惩罚,在第二次世界大战后继续了对西方政道与政体的实践。一度偏执于"理"而忽略了"利"的中国也吃尽了苦头,终于彻底明白了"贫穷不是社会主义"的道理,在改革开放后重启了对政治之"理"与"利"的双重实践与追求。这些曲折的历史可以说从一个侧面反映出了两国各自政道与政体之间的张力与调整。笔者相信所有曲折都并非徒劳,因为反思在东亚展开的这些思想与实践的努力,一定会有助于我们对世界的新的想象。1920年4月,

---

[①] [日]久米邦武:《特命全権大使米欧回覧実記》,岩波书店1982年版,第258页。

中国革命的挚友宫崎滔天向日本的杂志投稿预测百年之后的世界与日本，他说：

> 自觉的人类改造运动与毫无自觉的资本主义者维持现状的努力，二者相互冲突而开阶级斗争之端。时势过激之处，不得已则现不自然之共产社会。然以天性自由为生命之人类，不能久安于此境，必加以改良。百年后之人类，依土地之正当分配，将稳定生活置于农业之上，在自然因果律之下，以有节制的个人自由主义为基础，定能创制出理想社会。遗憾者，身为圈外国之我国（日本），明年也好，百年后也罢，都只能被世界大势所牵引而别无他法。①

很显然1920年后100年的世界并没有滔天描绘的那么理想，经历曲折走过一段邪路的日本也没有他预想的那么迷茫。之所以他把当时的日本称为"圈外国"，是因为滔天从内心深处始终认为代表世界大趋势的是以三民主义为标志的孙文革命，而他感到20世纪初期的日本正在与世界发展的大趋势背道而驰。如今，特别是"新冠"疫情后的世界到底向何处去呢，谁又能够代表世界前进的趋势？这个世界真的会变好吗？人类的政治活动能为创造一个更美好的世界做出贡献吗？从历史与现实中看仅凭近代西方的政道与政体似乎不足以实现。21世纪的中国应当为此做出什么新的贡献？笔者认为那就是创造性地探索出一条成熟的新政道和与之相配的新政体。为了世界，本书以日本为方法、以中国为目的进行了一次思想史之旅，而需要通过实践来回答的课题则已经超出了笔者的能力，只能等待历史的检验了。希望这次思想史之旅能够有助于我们

---

① ［日］宫崎滔天：《世界の大勢に引摺られて》，《日本及日本人》第780号，1920年4月4日。《宫崎滔天全集》第2卷，平凡社1971年版，第656页。

发现"他者",理解"他者",能够让我们对成为作为"他者"的知音也多一些信心。最后,笔者愿意再用三句话总结一下本次日本思想史之旅:近现代日本思想史中关于中国变革的研究与日本思想界围绕现代性的思考具有"一体两面"的本质关联;解决近代以来中国所面临的政道与政体间矛盾关系是本书所考察的日本思想家在思考如何重构近代中国时所关注的主要问题;近现代中国的变革与发展是在不断处理政道与政体间矛盾中进行的,而创造出一套全新的、相互协调适应的政道与政体将是中国道路对人类政治文明的历史贡献。

参考文献

史料、文集

《陈天华集》，湖南人民出版社1982年版。

《大家論叢　清国立憲問題》，清韓問題研究会1908年版。

《大隈伯演説集》，早稻田大学出版部1907年版。

《宫崎滔天全集》，平凡社1971年版。

《黄遵宪全集》，中华书局2005年版。

《经学教科书·伦理教科书》，广陵书社2016年版。

《橘樸　翻刻と研究——『京津日日新聞』》，山田辰雄·家近亮子·浜口裕子编，慶応義塾大学出版会2005年版。

《橘樸著作集》，勁草書房1966年版。

《康有为全集》，中国人民大学出版社2007年版。

《李大钊全集》，人民出版社2006年版。

《漫游随录·扶桑游记》，湖南人民出版社1982年版。

《明六雜誌》，岩波文庫2009年版。

《明治维新亲历记》，[英]萨道义、谭媛媛译，文汇出版社2017年版。

《内藤湖南全集》，筑摩書房1971年版。

《人民代表大会制度重要文献选编》，中国民主法制出版社、中央文献出版社2015年版。

《孙中山全集》，中华书局1981年版。

《特命全権大使米欧回覧実記》，岩波書店1982年版。

《外交時報》刊载有贺长雄系列文章。

《尾崎秀実著作集》，勁草書房1977年版。

《現代史資料ゾルゲ事件》，みすず書房1962年版。

《伊東巳代治関係文書》，[日]国会图书馆藏。

《伊藤公直話》，千倉書房1936年版。

《英韶日记》，岳麓出版社1986年版。

《月刊支那研究》全三卷。

《中江兆民全集》，岩波書店1983年版。

《竹内好評論集》，筑摩書房1966年版。

《竹内好全集》，筑摩書房1980年版。

[日]福泽谕吉：《福泽谕吉自传》，杨永良译，文汇出版社2018年版。

[日]福泽谕吉：《文明论概略》，北京编译社译，商务印书馆1960年版。

[日]溝口雄三：《方法としての中国》，東京大学出版会1989年版。

[日]溝口雄三：《中国の衝撃》，東京大学出版会2004年版。

[日]溝口雄三：《中国前近代思想の屈折と展開》，東京大学出版会1980年版。

[日]溝口雄三：《中国思想のエッセンス》，岩波書店2011年版。

[日]橘樸：《支那建設論》，大陸新報社1944年版。

[日]橘樸：《支那社会研究》，日本評論社1936年版。

[日]橘樸：《支那思想研究》，日本評論社1936年版。

[日]鈴江言一等編：《中江丑吉書簡集》，みすず書房1975年版。

［日］茅原华山：《人間生活史》，弘学館書店1914年版。

［日］有贺长雄：《观弈闲评》，1913年8月版。

［日］有贺长雄：《支那の开明と西洋の开明との差別（支那西洋开化之别）》，《学艺志林》1883年第12号。

［日］有賀長雄：《支那正観》，外交時報社1918年版。

［日］中江丑吉：《中国古代政治思想》，岩波書店1975年版。

［日］竹越與三郎：《新日本史》，岩波文库2005年版。

中文论著

安启念：《列宁对马克思的继承与发展：关于列宁主义的再认识》，《教学与研究》2013年第3期。

［日］安丸良夫：《近代天皇观的形成》，刘金才、徐滔等译，北京大学出版社2010年版。

［英］白哲特：《英国宪制》，李国庆译，北京大学出版社2005年版。

［加］贝淡宁：《中国的儒家宪政》，《原道》2012年第1期。

［日］滨野洁等：《日本经济史1600—2000》，彭曦等译，南京大学出版社2010年版。

蔡定剑：《中国人民代表大会制度》，法律出版社2003年版。

蔡文成：《代表·回应·责任：人大代表制度的政治逻辑》，《兰州大学学报》（社会科学版）2017年第4期。

曹星：《略论内藤湖南的"文化中心移动说"》，《史学理论与史学史学刊》，社会科学文献出版社2010年版。

程舒伟：《议会政治与近代中国》，商务印书馆2006年版。

程湘清：《论坚持和完善人民代表大会制度》，《求是》2004年第18期。

崔新京：《关于中国"洋务运动"和日本"明治维新"的文化思

考》，《日本研究》1999 年第 2 期。

崔世广：《明治维新与近代日本》，《日本学刊》2018 年第 3 期。

［日］代田智明：《论竹内好 关于他的思想、方法、态度》，《世界汉学》1998 年第 1 期。

戴东阳：《论黄遵宪对日本明治维新的认识》，《日本学刊》2018 年第 3 期。

邓伟权：《中江丑吉的中日关系论》，《中日关系史研究》2011 年第 2 期。

［日］渡边浩：《东亚的王权与思想》，区建英译，上海古籍出版社 2016 年版。

方艳华：《试论伪满祀孔典礼的堕落与变异——兼论"王道政治"的历史命运》，《辽宁师范大学学报》（社会科学版）2007 年第 6 期。

方艳华：《伪满"王道政治"的出笼与其异化错位研究》，《兰州学刊》2007 年第 5 期。

冯帆：《从改革主体看中日改革的差距——明治维新与戊戌变法成败缘由新探》，《湖北社会科学》2009 年第 5 期。

［法］弗朗索瓦·基佐：《欧洲代议制政府的历史起源》，张清津等译，复旦大学出版社 2008 年版。

［美］傅佛果：《内藤湖南：政治与汉学（1866—1934）》，陶德民、何英莺译，江苏人民出版社 2016 年版。

［美］傅佛果：《中江丑吉在中国》，邓伟权、石井知章译，商务印书馆 2011 年版。

干春松：《重回王道——儒家与世界秩序》，华东师范大学出版社 2012 年版。

葛兆光：《思想史研究课堂讲录续编》，生活·读书·新知三联书店 2012 年版。

顾乃忠：《论文化的普遍性和特殊性——兼评孔汉思的"普遍理论"和沟口雄三的"作为方法的中国"》，《浙江社会科学》2002年第6期。

郭敬东：《近百年王道思想研究述评》，《船山学刊》2014年第2期。

韩东育：《也说"儒家社会主义共和国"》，《读书》2007年第8期。

［韩］李春馥：《戊戌时期康有为议会思想研究》，人民出版社2010年版。

韩一德：《李大钊留学日本时期的史实考察》，《近代史研究》1989年第2期。

韩毓海：《五百年来谁著史》，九州出版社2011年版。

韩毓海：《竹内好何以成为问题》，《读书》2006年第4期。

何力群：《中江兆民的政治活动与政治思想》，博士学位论文，吉林大学，2011年。

［日］后藤延子：《李大钊思想研究》，中国社会出版社1999年版。

呼艳芳：《从洋务运动和明治维新看近代中日改革之成效》，《内蒙古农业大学学报》（社会科学版）2012年第6期。

胡鞍钢：《中国集体领导体制》，中国人民大学出版社2013年版。

胡天舒：《内藤湖南中国观的变与不变》，《中南大学学报》（社会科学版）2013年第3期。

胡稹、洪晨晖：《"日本"国号起源再考》，《外国问题研究》2011年第4期。

黄任宇：《资本主义与二十一世纪》，生活·读书·新知三联书店1997年版。

黄艳：《从"宋代近世说"到日本的"天职"——内藤湖南中国论的政治目的分析》，《四川大学学报》（哲学社会科学版）2016年第3期。

［日］吉田孝：《日本的诞生》，周萍萍译，新星出版社2019年版。

贾艳：《对明治维新与戊戌变法的比较研究》，《济南职业学院学报》2014年第3期。

蒋劲松：《代议法导论：基于中国人大制民主法治化》，法律出版社2016年版。

蒋立峰：《铃江言一与中国革命》，《日本学刊》1993年第3期。

金观涛、刘清峰：《观念史研究　中国现代重要政治术语的形成》，法律出版社2009年版。

金欣：《中国立宪史上的"宪法—富强"观再探讨》，《交大法学》2018年第1期。

井上清：《中国的洋务运动与日本的明治维新》，《近代史研究》1985年第1期。

康庆：《沟口雄三的中国学方法研究》，《武汉大学学报》（人文科学版）2003年第2期。

李超：《观弈闲评：有贺长雄宪法理论研究》，上海三联书店2019年版。

李超：《论民初宪法顾问有贺长雄的制宪思想》，《湖北社会科学》2015年第7期。

李超：《民初宪法顾问有贺长雄研究综述》，《学术探索》2015年第10期。

李海金：《城镇化进程中的基层治理：日本的经验与启示》，《社会科学战线》2016年第7期。

李权兴：《李大钊文章"援引说"释义——以李大钊对日本学者学术观点的援引为例》，《滨州学院学报》2006年第4期。

李永晶：《分身：新日本论》，北京联合出版公司2020年版。

刘宝辉：《论西方代议制的历史渊源、理论预设与制度形态》，《社会科学论坛》2016年第11期。

刘超:《东洋何以近代,回心还是转向?——竹内好的东洋近代观探究》,《鲁迅研究月刊》2016年第5期。

刘家鑫:《日本近代知识分子的中国观——中国通代表人物的思想轨迹》(第二版),南开大学出版社2015年版。

刘民山:《李大钊与幸德秋水》,《近代史研究》1995年第4期。

刘明:《西方协商民主理论中的程序与实质》,《西南大学学报》(社会科学版)2019年第1期。

刘明:《西学东渐与晚清"三代观"的变迁》,《武汉大学学报》(人文科学版)2017年第4期。

刘肖委:《近年来人大代表研究综述》,《人大研究》2011年第10期。

刘毅:《关于明治维新性质的几点质疑》,《日本研究》2001年第1期。

刘岳兵:《近代中日思想文化交涉史研究》,江苏人民出版社2019年版。

刘岳兵:《清末维新派的明治维新论及其对日本研究的启示》,《日本问题研究》2017年第4期。

刘泽华:《论"王道"与"王制"——从传统"王道"思维中走出来》,《天津社会科学》2014年第5期。

[法]卢梭:《社会契约论》,何兆武译,商务印书馆2003年版。

吕万和:《明治维新与中华民族的觉醒——近代中国人"明治维新观"的考察》,《天津社会科学》1991年第2期。

[日]马场公彦:《战后日本人的中国观》,苑崇利、胡亮、杨清淞译,社会科学文献出版社2015年版。

彭永捷主持:《王道政治与天下主义》,《现代哲学》2013年第2期。

[日]平石直昭(文):《竹内好历史观的转变——大东亚·鲁迅·

亚洲》，鱼鸢堂译，《世界哲学》2010 年第 1 期。

浦兴祖：《人大"一院双层"结构的有效拓展——纪念县级以上地方各级人大常委会设立 30 周年》，《探索与争鸣》2009 年第 12 期。

钱婉约：《从汉学到中国学：近代日本的中国研究》，中华书局 2007 年版。

钱婉约：《内藤湖南的中国学》，九州出版社 2020 年版。

钱婉约：《内藤湖南研究》，中华书局 2004 年版。

任剑涛：《天道、王道与王权——王道政治的基本结构及其文明矫正功能》，《中国人民大学学报》2012 年第 2 期。

任立：《沟口雄三对中日思想概念的比较》，《日本问题研究》2016 年第 3 期。

尚小明：《有贺长雄与民初制宪活动几件史事辨析》，《近代史研究》2013 年第 2 期。

邵艳红译：《我与中国研究之缘——沟口雄三氏访谈》，《国际汉学》2010 年第 1 期。

[日] 石川祯浩：《李大钊早期思想中的日本因素——以茅原华山为例》，《社会科学研究》2007 年第 3 期。

史艳玲、张如意：《日本中国学研究的新视角——当代汉学家沟口雄三的中国学研究》，《河北大学学报》（哲学社会科学版）2008 年第 5 期。

宋成有：《明治维新若干问题的再思考》，《日本学刊》2018 年第 3 期。

孙歌：《思想史中的日本与中国》，上海交通大学出版社 2017 年版。

孙歌：《在中国的历史脉动中求真——沟口雄三的学术世界》，《开放时代》2010 年第 11 期。

孙歌：《中国革命的思想史意义》，《开放时代》2013 年第 5 期。

孙宏云：《清末预备立宪中的外方因素：有贺长雄一脉》，《历史研究》2013 年第 5 期。

孙江：《在亚洲超越"近代"？——一个批评性的回顾》，《江苏社会科学》2016 年第 3 期。

孙江：《重审中国的"近代"：在思想与社会之间》，社会科学文献出版社 2018 年版。

唐永亮：《中江兆民的国际政治思想》，社会科学文献出版社 2010 年版。

田正平、良小朋：《中国和日本近代化改革的比较考察——以戊戌变法和明治维新为中心》，《浙江大学学报》（人文社会科学版）1999 年第 6 期。

汪晖：《代表性断裂与"后政党政治"》，《开放时代》2014 年第 2 期。

汪晖：《文化与政治的变奏 一战和中国的"思想战"》，上海人民出版社 2014 年版。

汪晖：《现代中国思想的兴起》，生活·读书·新知三联书店 2008 年版。

王汎森：《思想是生活的一种方式——中国近代思想史的再思考》，北京大学出版社 2018 年版。

王理万：《立法官僚化：理解中国立法过程的新视角》，《中国法律评论》2016 年第 2 期。

王美平：《日本对中国的认知演变 从甲午战争到九一八事变》，社会科学文献出版社 2021 年版。

王奇生：《党员、党权与党争：1924—1949 年中国国民党的组织形态》，华文出版社 2010 年版。

王绍光编：《理想政治秩序：中西古今的探求》，生活·读书·新知三联书店 2011 年版。

王绍光编：《选主批判——对当代西方民主的反思》，欧树军译，北京大学出版社2014年版。

王绍光：《西方民主一个新动向：抽签的理论与实践》，《武汉大学学报》（哲学社会科学版）2017年第4期。

王绍光：《"王道政治"是个好东西？——评"儒家宪政"》，《开放时代》2010年第9期。

王向远：《马克思"亚细亚生产方式"理论纵横建构论析》，《东方丛刊》2019年第1期。

王晓秋：《戊戌维新与明治维新之比较》，《文史知识》1998年第6期。

［英］威廉斯：《关键词：文化与社会的词汇》，刘建基译，生活·读书·新知三联书店2016年版。

吴汉全：《李大钊早期真理初探》，《贵州教育学院学报》（社会科学版）1992年第1期。

吴汉全：《留学日本与李大钊早期思想的发展》，《徐州师范大学学报》（哲学社会科学版）2000年第4期。

谢晓东：《走出王道：对儒家理想政治的批判性考察》，《哲学动态》2014年第8期。

徐万胜：《冷战后日本政党体制研究——1996年体制论》，社会科学文献出版社2009年版。

许纪霖：《以中国为方法，以世界为目的》，《国外社会科学》1998年第1期。

许知远编：《脆弱的新政：明治维新与清末新政比较》（东方历史评论14），贵州人民出版社2018年版。

薛天依：《辛亥革命后内藤湖南的中国认识》，《外国问题研究》2014年第2期。

薛天依：《辛亥革命至国民革命时期日本的对华认识》，社会科学文献出版社 2019 年版。

严安生：《灵台无计逃神矢——近代中国人留日精神史》，陈言译，生活·读书·新知三联书店 2018 年版。

杨栋梁等编著：《近代以来日本的中国观》，江苏人民出版社 2012 年版。

杨栋梁：《民国初期内藤湖南的"支那论"辨析》，《南开学报》（哲学社会科学版）2012 年第 1 期。

杨栋梁：《在学识与良知之间：国策学者内藤湖南的"支那论"》，《史学月刊》2014 年第 7 期。

杨鹏飞：《论明治维新的初衷与维新的双重命运》，《历史教学》2017 年第 10 期。

张礼恒：《朝鲜人眼中的日本明治维新——以 1881 年"朝士视察团"鱼允中的记录为中心》，《东岳论丛》2014 年第 11 期。

张小苑、宋阳：《近三十年来中江兆民思想研究》，《日本问题研究》2013 年第 4 期。

张学继：《论有贺长雄与民初宪政的演变》，《近代史研究》2006 年第 3 期。

张跃：《还历史本来面目——重新审视日本明治维新》，《东北亚论坛》2006 年第 5 期。

章永乐：《多民族国家传统的接续与共和宪政的困境——重审清帝逊位系列诏书》，《清史研究》2012 年第 2 期。

章永乐：《旧邦新造 1911—1917》，北京大学出版社 2011 年版。

赵京华：《社会革命与亚洲改造的大视野——尾崎秀实的现代中国论》，《开放时代》2018 年第 2 期。

赵京华：《中日间的思想：以东亚同时代史为视角》，生活·读书·新知三联书店 2019 年版。

赵京华：《作为"同时代史"的中国革命》，《读书》2014 年第

11 期。

郑伟健：《李大钊真理观探略》，《齐鲁学刊》1990 年第 2 期。

郑翔贵：《晚清传媒视野中的日本》，上海古籍出版社 2003 年版。

郑永年：《政治渐进主义　中国的政治改革和民主化前景》，中華欧亜教育基金 2000 年版。

周杰生：《制度变迁理论视角下的洋务运动与明治维新之比较》，《中共福建省委党校学报》2017 年第 12 期。

朱天忆：《论康有为明治改革思想之来源》，《华东理工大学学报》（社会科学版）2010 年第 5 期。

日文论著

［法］Guthmann Thierry：《明治維新とフランス革命の類似——日本史の独自性神話批判》，《人文論叢》2013 年总第 30 号。

［日］奥健太郎、河野康子等：《自民党政治の源流―事前審査制の史的検証》，吉田書店 2015 年版。

［日］阪谷芳直編：《中江丑吉という人》，大和書房 1979 年版。

［日］阪谷芳直：《中江丑吉の中国認識》，《中国研究月報》1997 年第 11 号。

［日］阪谷芳直等編：《中江丑吉の人間像》，風媒社 1970 年版。

［日］坂本義和、R. E. Ward 編：《日本占領の研究》，東京大学出版社 1987 年版。

［日］坂野潤治：《日本近代史》，筑摩書房 2012 年版。

［日］坂元ひろ子：《中国近代の思想文化史》，岩波新書 2016 年版。

［日］曽田三郎：《中華民国の誕生と大正期の日本人》，思文閣出版 2013 年版。

［日］池田誠：《内藤湖南の国民的使命感について——日本ナショ

ナリズムの一典型》,《立命館大学人文科学研究所紀要》1968年総第 13 号。

［日］川尻文彦:《マルクス主義受容以前の李大釗初探》,《愛知県立大学外国語学部紀要》2015 年総第 47 号。

［日］村川一郎:《自民党の政策決定システム》,教育社 1989 年版。

［日］大和寛:「与党主導型の政策決定——日本」,日本国際交流センター編《アメリカの議会・日本の国会——相互依存時代に役立つ日米議会の〈機能と実態〉》,サイマル出版社 1982 年版。

［日］大山礼子:《比較議会政治論》,岩波書店 2003 年版。

［日］大山礼子:《国会学入門》,三省堂 2003 年版。

［日］大隈重信:《瀕死の支那に最後の忠言を與ふ》,《新日本》第 12 巻第 10 号,1912 年 10 月。

［日］島田虔次:《中国での兆民受容》,《中江兆民全集月報 2》1983 年。

［日］島田虔次:《中国における近代思維の挫折》,筑摩書房 1970 年版。

［日］東野治之:《遣唐使》,岩波書店 2007 年版。

［日］多田好問:《岩倉公実記》,皇后公職 1906 年版。

［日］渡辺浩:《アンシャン・レジームと明治革命——トクヴィルをてがかりに》,松本礼二等編:《トクヴィルとデモクラシーの現在》,東京大学出版会 2009 年版。

［日］渡辺浩:《東アジアの王権と思想》,東京大学出版会 1997 年版。

［日］渡辺浩:《日本政治思想史「十七～十九世紀」》,東京大学出版会 2010 年版。

［日］飯尾潤:《日本の統治構造》,中公新書 2008 年版。

［日］福田忠之：《中華民国初期の政治過程と日本人顧問有賀長雄——袁世凱政権期の立憲事業に関連して》,《アジア文化交流研究》2009年3月第4号。

［日］宮村治雄：《中江兆民『選挙人目さまし』代表制をめぐる原理的考察》,《現代思想》2005年総第33号。

［日］溝口雄三：《〈中国の近代〉を見る視点》,《UP》1980年10月号—1981年1月号。

［日］谷川道雄：《内藤湖南の思想次元》,《東アジア文化交渉研究別冊3》2008年号。

［日］光辻克馬・山影進：《明治維新はどれほど蓋然的だったのか：幕末動乱期のマルチエージェントシミュレーション（MAS）分析》,《青山国際政経論集95号》2015年11月。

何鵬挙：《「人和」の実現と「公会」——加藤弘之の初期議会論における政道と政体》,《日本学研究》2014年総第24期。

何鵬挙：《革命から改造へ——宮崎滔天の夢と中国》,《日本研究》(日文研) 2016年総第52集。

何鵬挙：《政道と政体——近代日本における中国観察》, 勁草書房2016年版。

［日］后藤延子：《李大釗と中国社会党——加入か否かをめぐって》,《人文科学論集》1997年第2号。

［日］后藤延子：《中島端『支那分割の運命』とその周辺（一）——アジア主義者の選択》,《人文科学論集》2005年第3号。

［日］吉田傑俊：《福沢諭吉と中江兆民 〈近代化〉と〈民主化〉の思想》, 大月書店2008年版。

［日］加茂具樹：《現代中国政治と人民代表大会——人代の機能改革と「領導・被領導」関係の変化》, 慶応義塾大学出版社2006年版。

[日] 葭森健介：《"共同体论"与"儒教社会主义"——以谷川道雄、沟口雄三的"公""私"言说为中心》，《江海学刊》2015年第6期。

[日] 井田進也：「『政理叢談』原典目録ならびに原著者略伝」、『人文学報』1978年第3号。

[日] 久米郁男・川出良枝・古城佳子・田中愛治・真渕勝：《政治学——Political Science: Scope and Theory》，有斐閣2003年版。

李廷江：《民国初期の日本人顧問》，《日本文化研究所紀要》1996年第2号。

李廷江：《民国初期の日本人顧問——袁世凱と法律顧問有賀長雄》，《国際政治》1997年第115号。

李暁東：《現代中国の省察——「百姓」社会の視点から》，国際書院2018年版。

[日] 林茂：《近代日本の思想家たち——中江兆民・幸徳秋水・吉野作造》，岩波新書1958年版。

[日] 瀧井一博：《伊藤博文　知の政治家》，中公新書2010年版。

[日] 馬場公彦：《戦後日本人の中国像》，新曜社2010年版。

内藤湖南研究会編：《内藤湖南の世界　アジア再生の思想》，河合文化教育研究所2001年版。

钱昕怡：《近代日本知识分子的中国革命论》（日文版），中国人民大学出版社2007年版。

[日] 清水亮太郎：《橘樸の戦場——民族・国家・資本主義を超えて》，《早稲田政治公法研究》2010年総第95号。

[日] 三谷太一郎：《人は時代といかに向き合うか》，東京大学出版会2014年版。

[日] 森川裕貫：《議会主義への失望から職能代表制への希望へ——章士釗の『聯業救国論』（1921年）》，《中国研究月報》2011年

第 4 号。

［日］山本紀綱:《橘さんの最期》,山本秀夫（編）:《甦る橘樸》,龍渓書舎 1981 年版。

［日］山本秀夫編:《橘樸と中国》,勁草書房 1990 年版。

［日］山本秀夫編《甦る橘樸》所収,龍渓書舎 1981 年版。

［日］山本秀夫:《橘樸》,中公叢書 1977 年版。

［日］山根幸夫:《日本人の中国観——内藤湖南と吉野作造の場合》,《東京女子大学論集》1968 年第 19 巻。

［日］山田央子:《明治政党論史》,創文社 1999 年版。

［日］手代木有児:《清末中国の西洋体験と文明観》,汲古書院 2013 年版。

［日］松本三之介:《近代日本の中国認識——徳川期儒学から東亜共同体論まで》,以文社 2011 年版。

［日］松本三之介:《戦後思想と竹内好》,《世界》1986 年総第 486 号。

［日］松本慎一:《中華民国三十年史》,岩波書店 1943 年版。

［日］松田宏一郎:《中江兆民における「約」と「法」》,《季刊日本思想史》2012 年総第 79 号。

［日］松下佐知子:《清末民国初期の日本人法律顧問——有賀長雄と副島義一の憲法構想と政治活動を中心として》,《史学雑誌》2001 年第 9 号。

［日］松下佐知子:《中国における「国家」の形成——有賀長雄の構想》,《日本歴史》2003 年総第 665 号。

孫歌:《竹内好という問い》,岩波書店 2005 年版。

［日］藤村一郎:《吉野作造の国際政治論——もうひとつの大陸政策》,有志舎 2012 年版。

［日］藤田昌志:《内藤湖南の日本論・中国論》,《三重大学国際

交流センター紀要》2008年第3号。

［日］田中武夫：《橘樸と佐藤大四郎——合作社事件・佐藤大四郎の生涯》，龍渓書舎1975年版。

［日］土屋昌明：《竹内好と文化大革命：映画『夜明けの国』をめぐって》，《専修大学社会科学研究所月報》2008年総第539号。

［日］丸山真男：《福沢諭吉の哲学》，岩波書店2001年版。

［日］西村成雄・国分良成：《党と国家　政治体制の軌跡》，岩波書店2009年版。

［日］小股憲明：《橘樸の社会思想と変革論》，《人文学報》1982年総第52号。

［日］小关素明：《明治维新"革命"论——权力的"起点"与普遍化的手段》，张东（译），《日本研究》2012年第1期。

［日］小松浩平：《内藤湖南における東アジア観の再検討——先行研究の整理を中心に》，《教育論叢》2012年総第55号。

熊達雲：《清末における中国憲政導入の試みに対する有賀長雄の影響と役割について》，《早稲田政治公法研究》1994年総第46号。

熊達雲：《有賀長雄と民国初期の北洋政権における憲法制定について》，《山梨学院大学法学論集》1994年総第30号。

［日］野村浩一：《近代日本の中国認識》，研文出版1981年版。

［日］野村浩一：《近代中国の思想世界——『新青年』の群像》，岩波書店1990年版。

［日］伊東貴之：《解説——伝統中国の復権、そして中国的近代を尋ねて》，見溝口雄三：《中国思想のエッセンスⅡ　東往西来》，岩波書店2011年版。

［日］苅部直：《「維新革命」への道——「文明」を求めた十九世

紀日本》，新潮社 2017 年版。

［日］有井博子：《有賀長雄》，《学苑》1965 年 6 月号。

［日］増田渉：《魯迅の印象》，角川書店 1970 年版。

［日］増淵龍夫：《日本の近代史学史における中国と日本（Ⅱ）——内藤湖南の場合》，《思想》1963 年総第 468 号。

［日］中西勝彦：《中国国民革命の展開と橘樸》（一），《法学雑誌》1983 年第 1 号。

［日］子安宣邦：《近代知のアルケオロジー——国家と戦争と知識人》，岩波書店 1996 年版。

［日］子安宣邦：《日本人は中国をどう語ってきたか》，青土社 2012 年版。

［日］佐藤美奈子：《『アジア』を語るということ——1980 年代以降の竹内好論》，《社会科学研究》2006 年第 1 号。

人名索引

三划

三浦梅园 157

大久保利通 19

大隈重信 6，14，28，29，35，36，126

山口辰六郎 244

丸山真男 188，209

马场公彦 4，187

马克思 9，14，16，42，43，48，55—57，61—63，98，105—109，114，141，163，186，202，231，232，239

四划

王韬 19，22

井上清 16

天野为之 45

木户孝允 19

中江丑吉 8，9，66，97—115，214，253，254，256

中江兆民 8，10，14，49—55，57—59，62，98，99，212—230，232，236，238—240，248，249，252，256

内藤湖南 6，8，9，25，96，118—140，142—145，153，168，169，182，195，200—202，250，251

毛泽东 7，164，173，175，181，182，184，231，244

长谷川如是闲 6

今井嘉幸 43

[英]巴克尔 59

孔子 47，71，91，95，96

五划

玉松操 18

石川祯浩 43, 59, 61

北一辉 6

卢梭 10, 21, 49—52, 59, 62, 63, 196, 214—218, 220, 221, 223, 226, 227, 239

代田智明 176, 189

白哲特 221

加藤弘之 43, 219

加藤惟孝 100

六划

吉野作造 6, 43, 46, 58, 130, 143

西乡隆盛 28

有贺长雄 8, 9, 66—81, 83, 85—90, 92—96, 99, 115, 132, 215, 219, 252, 256

列宁 107, 108, 231

托尔斯泰 45, 63

光绪 23, 33, 34, 38

竹内好 8, 10, 40, 109, 151, 172—190, 192, 245—247, 251

竹越與三郎 29, 30

伊东巳代治 80

伊藤博文 29, 34, 80

后藤延子 42—45, 57, 58

刘岳兵 5, 6, 32, 40

刘家鑫 5

刘锡鸿 198

安部矶雄 43

阪谷芳直 98, 100, 101, 108—114

孙中山 7, 39, 83, 90, 154, 163, 165, 166, 168, 181, 185

孙歌 175, 176, 192, 193

七划

苅部直 17, 18

村山富市（缺）

杉亨二 36

杨栋梁 4, 5, 120, 121, 131, 148

李大钊 8, 14, 42—63, 83, 96, 214, 256

李贽 195, 203

李超 67, 69, 88, 92

佐藤大四郎 149

希特勒 98

汪晖 48, 61, 135, 248

[法] 汪德迈 203

沟口雄三 8, 10, 172, 175,

191，193—197，199—210，243，251

尾崎秀实 6，138，139，141，142，251

张德彝 198

八划

武则天 241

幸德秋水 14，42，57—59，62，214

茅原华山 14，43，57，59—62

林乐知 18

松本三之介 4，176，224，225，230

岩仓具视 18

牧野之助 45

周恩来 1

河上肇 42，63

孟子 152，153，165，216

九划

赵京华 5，141，187

美浓部达吉 45

姜沆 210

津田左右吉 204

宫崎滔天 7，124，257

十划

盐泽昌贞 45

袁世凯 44，62，68，83，85，87，88，93，95，96，128，132

柴冈文雄 244

钱昕怡 5

钱婉约 4，5，120，121

爱默生 59

浮田和民 43，45

十一划

基佐 59，220，221

黄宗羲 196，199

黄遵宪 14，15，19—23，29，31，32，35，37—39，256

[英] 萨道义 28

曹汝霖 99，100

野村浩一 4，56，143，159

康有为 14，23—26，32—34，37—39，90，107，186

康同薇 32

康德 98，109

章宗祥 100

梁廷枏 198

梁启超 22，37，131

梁漱溟 205

密尔 63，221

十二划

斯宾塞 76，77

蒂里 17

蒋介石 112，162，164，166，169

黑格尔 98，109

傅兰雅 18

傅佛果 98，100，112，120

鲁迅 1，6，124，148，173，176—179，244，245

曾国藩 137，150，153

渡边浩 16，49，215

十三划

福田赳夫（缺）

福田德三 43，63

福泽谕吉 14，26—28，32，34，35，188，209，255

十四划

熊达云 68

十五划

墨索里尼 98

十六划

薛天依 5，121，123

橘朴 6，8—10，113，118，138—144，146，148—170，182，184，200—202，244，245，251—253

十八划

藤原惺窝 210

后　　记

　　为了弄明白近现代中国对日本思想史的意义与近现代日本思想史对中国的价值，笔者从2011年留学的那一刻起就开始不断地思索。所谓"十年磨一剑"，一些不成熟的想法如今和大家见面了。

　　记得留日后渡边浩老师一开始就告诫笔者说，思想史的研究不是给前人的思想打分，而是和前人进行对话。为此，最重要的其实就是弄清楚前人到底想了什么以及为什么那么想。作为中国人研究日本政治思想史，不能没有自己的"主体性"，这一点特别体现在研究的问题意识上。所以，笔者在博士阶段选择了近代日本的中国研究这样一个课题。作为阶段性成果，以笔者的博士论文为基础，通过日本"人间文化机构"的评审，于2016年经劲草书房在日本出版了《政道と政体——近代日本における中国観察》一书。而那一年则是笔者人生迄今最为痛苦的一年，因为那时母亲已经身患重病。记得当笔者拿到了样书送给母亲时，她虽然不认得日文，但仍然认真地一字一字地读出前言里的汉字，还一边念叨着"你也能写书啦"。遗憾的是，母亲已经看不到这本中文小册子的出版了。

　　如今笔者也成了父亲，才切身体会到为人父母对子女的成长进步，哪怕是学会了"1、2、3"时的那种喜悦之情。而没有家人的陪伴与鼓励，笔者是无法在完成繁重教学任务的同时坚持学术写作的。所以本书首先要献给笔者的父亲、笔者的妻子和可爱的女儿。是父亲"要有自己的东西"的谆谆教诲，是妻子为了本书出版的用心张罗，是女儿萌萌的眼神与甜美的笑声，让笔者断断续续终于凑齐了书稿。

本书的写作过程，也是笔者和学界师友们不断交流的过程。本书主要章节的初稿均在国内学术会议上宣读过，主要章节也已经发表在相关的学术期刊。在这一过程中，孙歌、刘岳兵、任锋、章永乐、钱昕怡、瞿骏等学界前辈对本书的部分内容先后提出了宝贵意见，此外有关杂志审稿的匿名专家也帮笔者重新认识到了文稿的问题，在这里笔者要向前述师友和专家致以诚挚的谢意。

笔者的工作单位——北京理工大学在笔者最困难的时刻提供了一份教职，提供了一个相对宽松自由的研究环境，让笔者能够继续延续自己的研究课题，并且还能将研究有机地转化为课堂教学，对于笔者而言这实在是难能可贵。笔者先后开设了专业选修课"近代日本的中国学研究"与通识课"近代日本的中国观察"，在与学生的互动交流中，也令笔者收获不少，是同学们的感想与疑问不断刺激笔者把思考深入下去。

热爱古典音乐的丸山真男先生曾经多次谈到过音乐对其思想史研究的启发，他曾经比喻说，思想史家的工作就如同演奏家的工作。因为画家也好，作家也罢，都是在创作，而演奏家却是受制于乐谱的，但不同的演奏家即便演奏相同的曲子也会表现出不同的韵味，这可以说是一种二度创作。而思想史家的工作就是在进行二度创作，与还原真相为原则的历史学家不同，就算是围绕相同的思想文献，不同的思想史家仍然能解读出多重内涵，归根结底，这是因为人的精神世界本身是具有多重面向的。笔者虽然没有祖父那样的音乐天赋，不是一位演奏家，但如今从事思想史的研究工作，在某种意义上讲也算是继承"家业"了。只不过，笔者无法确定的是自己是否对所研究的对象解读出了新的东西，"演奏"出了新的韵味。如果本书中的内容出现了"乱弹琴"的情况，责任全部在于笔者个人，还请学界师友与读者们指摘。

而本书能够最终得以出版，还有赖于中国社会科学出版社的鼎力支持，特别是编辑吴丽平老师等同志为此付出了辛勤工作，在此仅表示由衷的感谢。

最后还要向读者说明本书主要章节的相关发表情况，在出版过程中，笔者对各章进行了修改，相关内容请参见原文，具体如下。

第一章：《"改良""变法"抑或"革命"？——近代中日两国的明治维新论》，《政治思想史》2020年第4期。

第二章：《"余信真理"：李大钊的日本经验与其真理世界观的形成》，《日本哲学与思想研究》（2020年春季卷），清华大学出版社。

第三章：《在旧政道与新政体之间——日本"新儒家"有贺长雄的政体构想》，《政治思想史》2018年第3期。

第四章：《历史中的人性——"北漂"汉学家中江丑吉的中国观察》，《国际日本研究》2021年第1期，社会科学文献出版社。

第五章：（日文版）《内藤湖南における近代中国の構築》，《北東アジア研究》，第27号、島根県立大学北東アジア研究センター編、2017年3月。

第六章：《王道政治如何成为可能——橘朴的王道论与近代中国的重构》，《史林》2018年第2期。

第七章：《重读竹内好：中国道路如何成为"作为方法的亚洲"》，《海南大学学报》（人文社会科学版）2018年第1期。

第八章：《"明清变革"与中国道路——沟口雄三的思想世

界》,《国际汉学》2021 年第 2 期。

第九章:《代议者如何负责?》,《中国政治学》2021 年第 2 期,中国社会科学出版社。

再次声明,书中一切学术及表达问题,由笔者本人负责。期待读者朋友们的批评。正所谓,品有趣的灵魂,做有趣的学问,贻笑大方何所惧,博君一笑亦足矣。

2022 年春
于甘露园